❼ 選択

むしろ

前の箇所の叙述と後ろの箇所の叙述とを対比させて、前の叙述内容より後ろの叙述内容の方を選択する場合や、前の叙述内容を否定し、後ろの叙述内容をより妥当なものとして肯定する場合に使用される接続語。「むしろ [illegible] 下に、筆者独自のものの見方や考え方などが提示さ [illegible] ことが多い。

❽ 予想に反する事柄

ところが

前文で述べた内容から予想される内容と反対の事柄を述べようとする場合に使用される接続語。

❾ 逆接

だが・しかし・けれども

前文で述べた内容を打ち消したり、前文の内容と反対の事柄を述べようとしたりする場合に使用される接続語。

❿ 条件

ただし・もっとも

前で述べた事柄に条件をつけようとする場合や、前で述べた事柄の例外に触れておこうとする場合に使われる接続語。

[illegible]定・譲歩

[illegible]ん・むろん・確かに・なるほど

[illegible]所で述べた事柄に補足的な説明をつけようとす[illegible]一般的に認められている事柄や意見に言及し[illegible]場合に使用される接続語。とくに、後者の場[illegible]ちろん＋一般論＋逆接の接続語＋筆者の独自[illegible]いう形で、論理が展開されていくことが多い。

⓬ 転換

ところで・さて

話題を転換しようとする場合に使用される接続語。段落区分の問題を解こうとする時などには、とくに注意が必要な接続語。

Z-KAI

羽場 雅希 著　Ｚ会編集部 編

SMART STEP

スマートステップ

現代文

学習法・読解ルールからはじめる現代文入門

はしがき

現代社会の変化速度はすさまじいもので、私たちは日々、少しでも立ち止まるとすぐに置いていかれそうに感じるほどの急激な変化にさらされています。そのような社会の変化に呼応するかのように、大学入試や受験生を取り巻く環境も大きく変化してきました。高校生・既卒生を問わず、現代社会を生きるみなさんは、かつてとは比べものにならないほど忙しい毎日を過ごしていることと思われます。

本書は、そのような忙しいみなさんが「現代文学習を効率よく、効果的に進めていくための指針がわかる」ことを目指して編まれた参考書です。時として、現代文という科目はどうにも捉えどころのない科目のように感じることがあるでしょう。書き手の込めた思いと出題者の読み（解釈）が必ずしも一致するとは限らず、人によって感じ方や解答へのアプローチが異なることだって少なくありません。みなさんがそのような「得体の知れない」科目の学習を進めていくことの意義を感じられなかったり、学習の方法に悩んだりすることは不思議なことではないのです。部活や行事、外せない予定の数々で忙しい日々を送っている人なら、なおさらそうでしょう。

そこで本書は、学習法からスタートし段階的な学習を積むことで、一段高いレベルの現代文学習へと進んでいく足がかりになるよう三つの章立ての構成にしました。

第1章の「学習法編」では、忙しい毎日を過ごす中で現代文の学習を効果的に進めていくために意識しておきたいポイントや具体的な方法をつかみます。

第2章の「読解ルール編」では、短い文章に触れながら現代文読解の基本となる12の読解ルールを習得します。

第3章の「問題演習編」では、8題の問題演習を通して本書で学んだ読解ルールを定着させます。

羽場雅希・Z会編集部

ぜひ本書を最大限に活用し、次のステージへと歩みを進めていってください。何かと忙しい日々を過ごすみなさんにとって、本書が効果的な現代文学習を進める一助となることを願っております。

目次

第3章　問題演習編

本書の構成と利用法

第1章 学習法編 第1節～第6節 本書p11～82

現代文全般の学習のはじめ方から説明しています。各節にある の項目ごとに読んで、自分の学習法を組み立てましょう。

第2節では、自己分析フローチャートを設けています。フローチャートのタイプ別に、第1章で優先的に読むべき節を示しています。

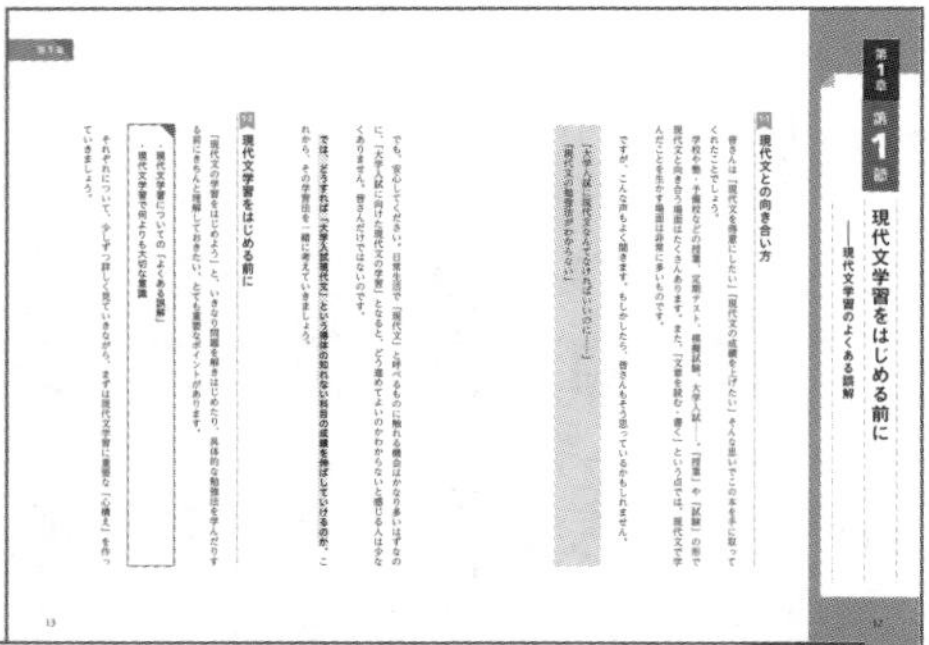

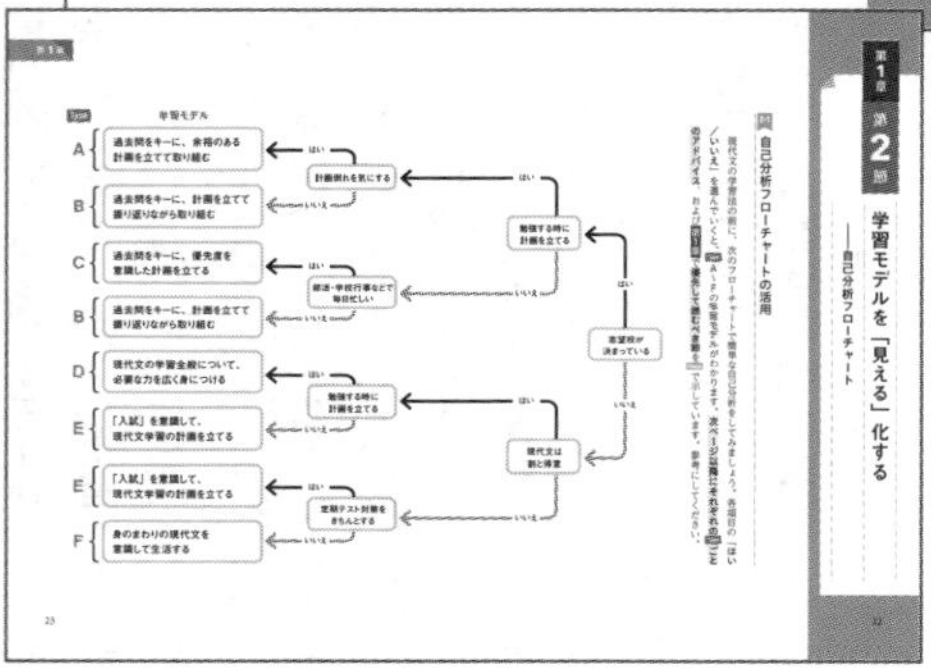

第2章 読解ルール編 第1節～第12節 本書p83～180

読解ルール解説・短文演習

読解ルールを説明しています。各節にある の項目ごとに読んだあと、問題演習で読解ルールを習得します。

①**解答時間・得点**…解答時間は目標時間です。時間を意識して解答しましょう。得点は10点満点になります。

②**語彙チェック**…問題の下段には、文章を読み進める際の重要語や注意すべき語句を示しています。

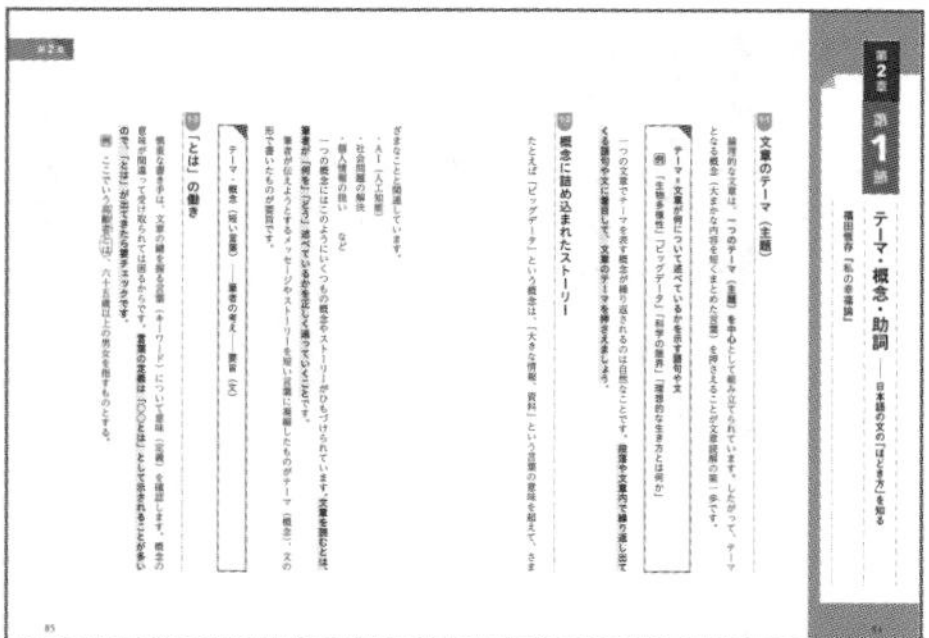

第3章 問題演習編 第1節～第8節 本書p181～267

問題

評論文や小説などジャンル・テーマ別の問題演習です。共通テストや私立大、国公立大対策の基礎力を養います。

③**解答時間・得点**…解答時間は目標時間です。時間を意識して解答しましょう。得点は50点満点になります。

④**設問**…漢字・語彙、客観式・記述式問題や複数資料の問題で構成した総合力を問う設問構成です。

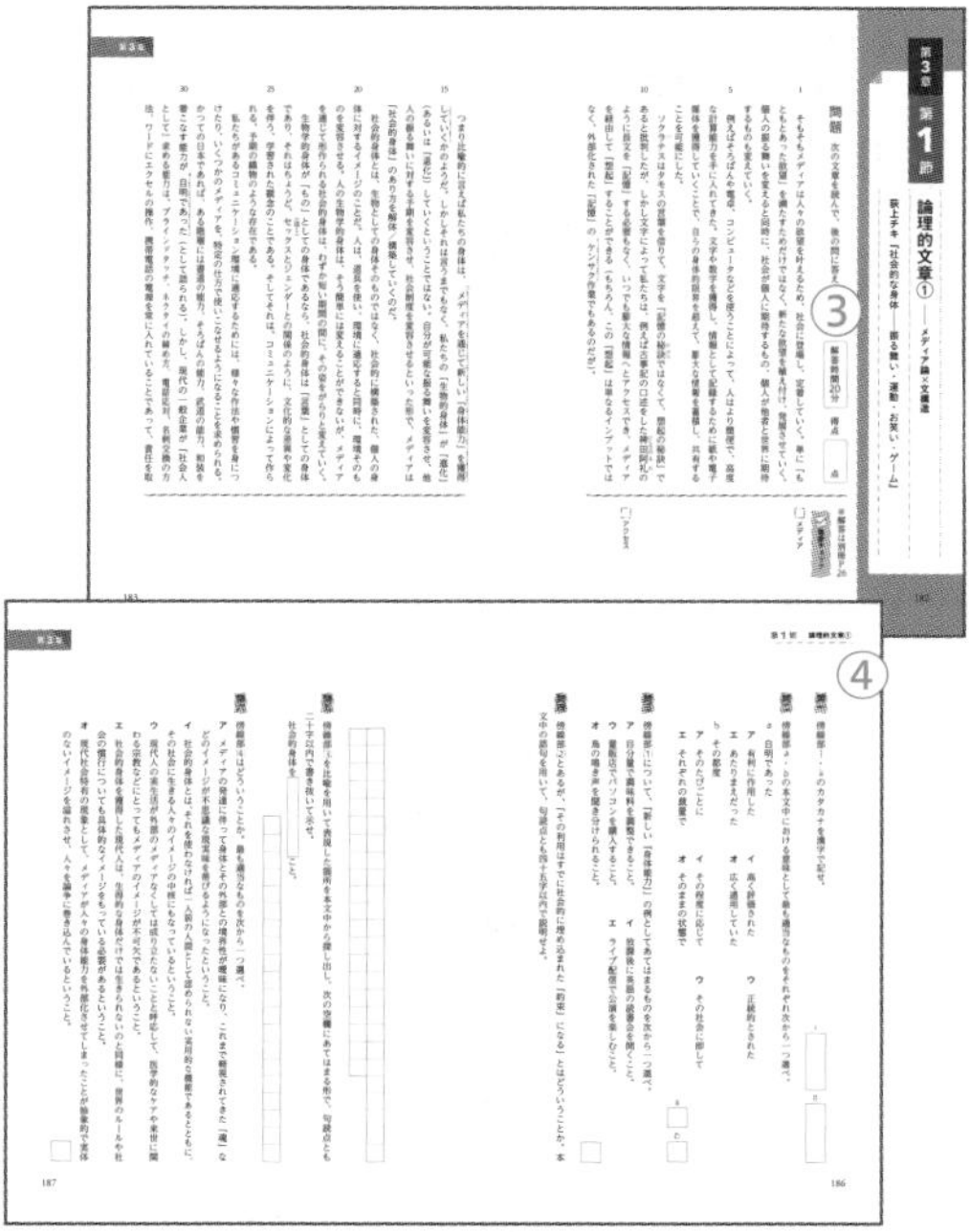

本文チェック

第2章・第3章の問題のあとに掲載されています。問題を解いたあとに、文章を正確に読めているかを確認します。

⑤**本文チェック**…問題文を再掲し、文章の構造や流れ、解答のヒントとなる箇所を示しています。

⑥**考え方**…読解のポイントを示しています。

■…設問を解く上で根拠となる箇所です。

■…設問を解く上でヒントとなる箇所です。

問…各設問の解答を導く上で着目すべき箇所です。

↓…論理展開を示します。

‖…同義の内容を示します。

↔…対比・逆の関係を示します。

⑦**展開・100字要約**…展開は意味段落（1～）の要約を示し、丸数字の部分をまとめたのが100字要約になります。

⑧**出典**…作者・出典などの解説をしています。

⑨**語彙チェック**…問題の下段で示した語句の意味です。

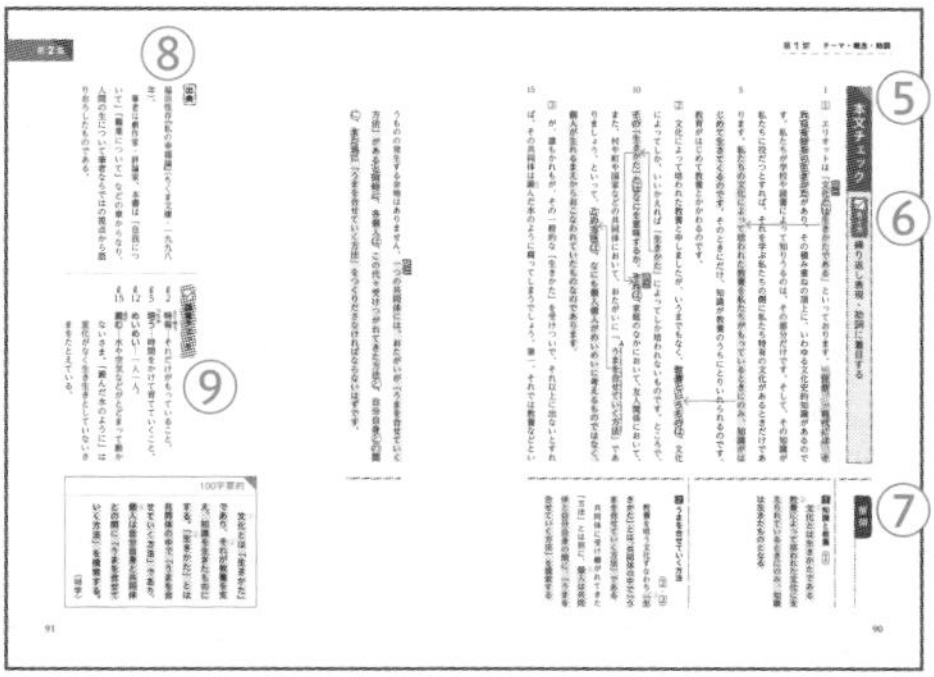

別冊：解答・解説

第2章・**第3章**の問題の解答・解説です。自分の解答プロセスが正しいかを確認しましょう。

①**解答**…解答と配点を示しています。**第3章**の記述問題では部分点・採点基準なども示しています。

②**設問解説**…各設問の種類、正解までのプロセス・根拠を示しています。各設問の◤と◗は、**第1章**と**第2章**の関連項目ですので、振り返って確認ができます。

③**選択肢チェック**…選択肢を再掲し、正誤の根拠を○・×で示しています。

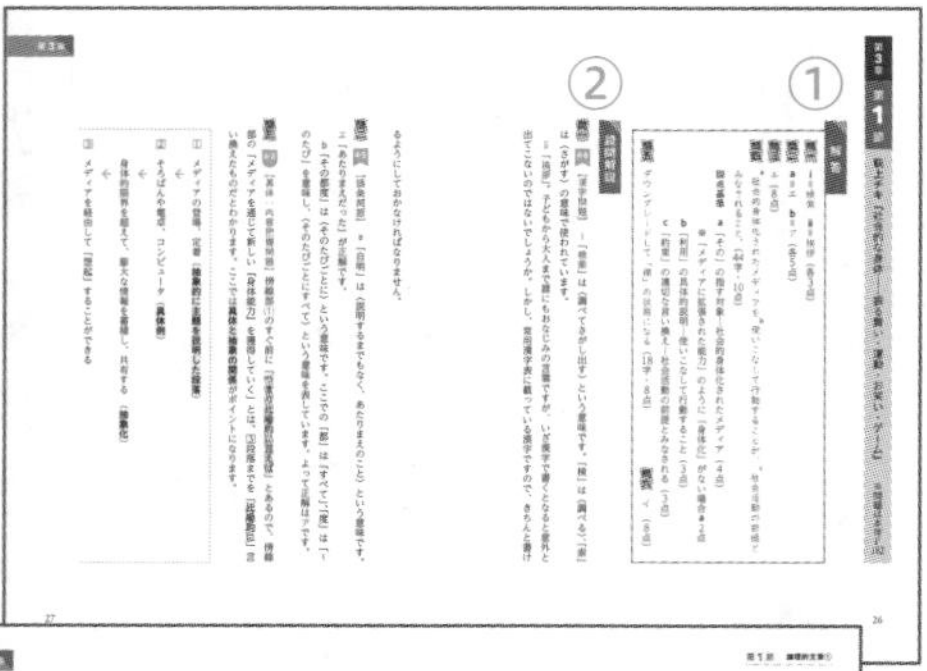

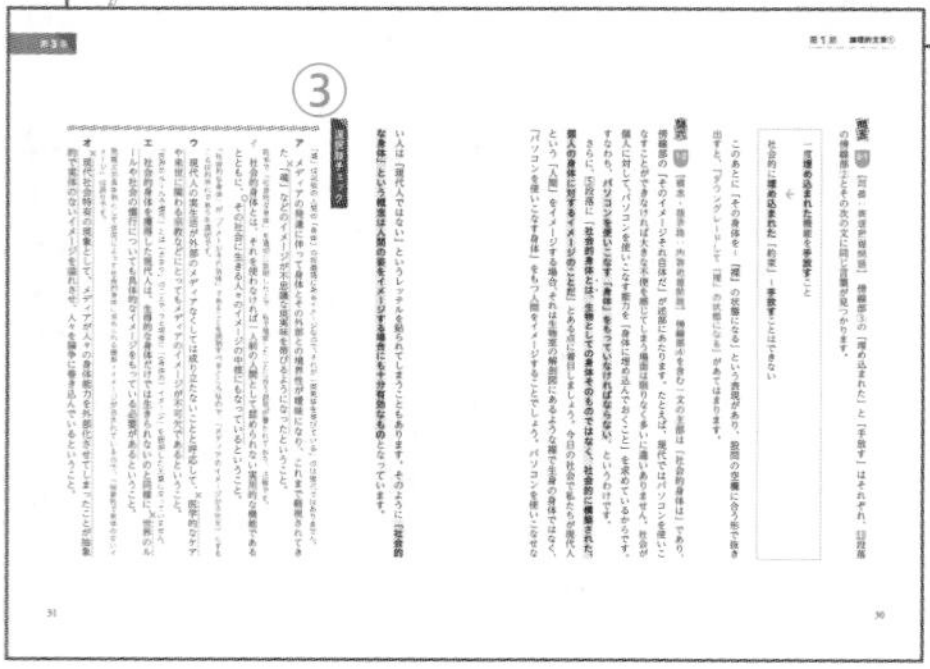

別冊：巻末付録

④**学習チェックシート**…学習記録・問題の得点を記録するものです。自分の得意・不得意を確認しましょう。各設問の◤と◗は、**第1章**と**第2章**の関連項目ですので、振り返って確認ができます。

⑤**語句索引／学習項目一覧**…語句索引は**第2章**・**第3章**の語彙チェック掲載語・**第3章**の漢字・語彙問題の索引です。学習項目一覧は、**第1章**・**第2章**の学習項目一覧です。どちらも振り返る際に活用しましょう。

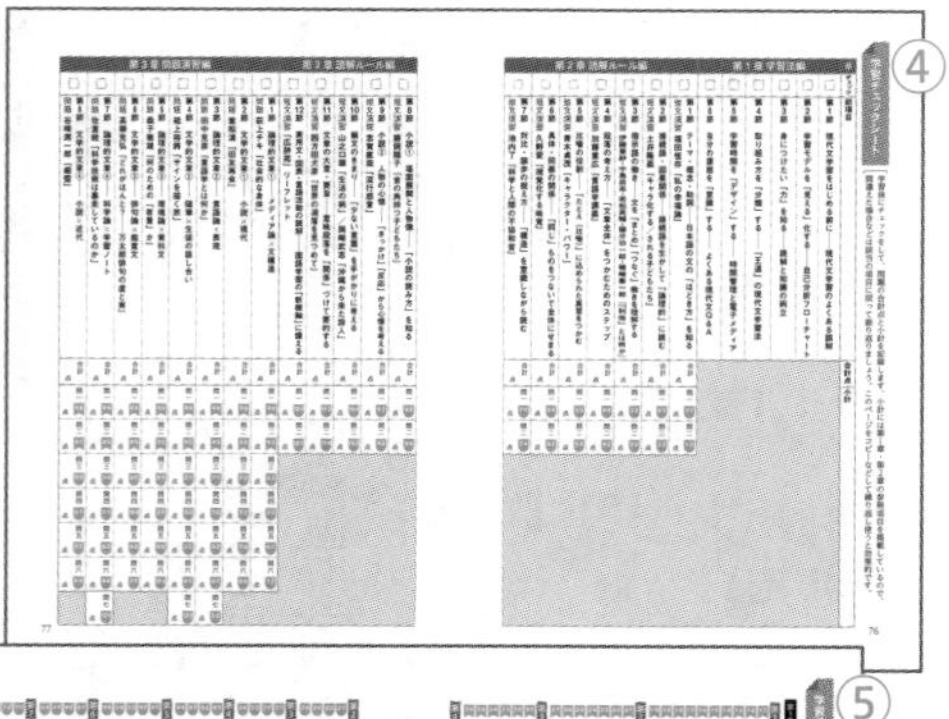

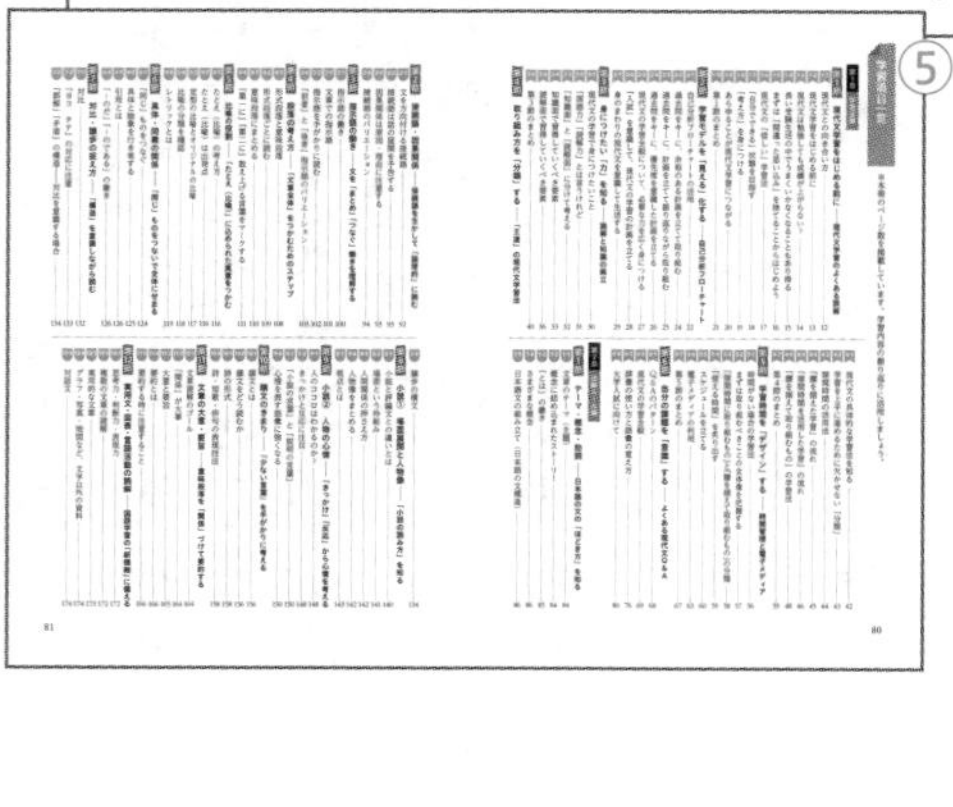

ステップ1 **第1章 学習法編** の利用法

現代文全般の学習のはじめ方から説明しています。全部の節を読む、あるいは、**第2節**のフローチャートを踏まえて読む節を選ぶなど、各自のペースで読み進めてください。

ステップ2 **第2章 読解ルール編** の利用法

第1章を読み終えたら、**第2章**→**第3章**の順に進んでください。**第2章**は次の流れで取り組むとよいでしょう。

> ①読解ルール解説を読み込む
> ②短文演習
> ③答え合わせ→確認

①読解ルール解説を読み込む

各節の最初に書かれている読解ルール解説を読み込みましょう。現代文の読解の際にどのようなことを意識するべきなのか、まずはきちんと理解します。

②短文演習

読解ルール解説を読んで理解したルールを意識しながら、各節の後半についている短文演習問題に取り組みます。

③答え合わせ→確認

答え合わせをしたあと、あとの本文チェックのページを見ながら、**本文読解の際に意識しておくべきルールに注目できたか**を確認します。この際、知らなかったり意味が曖昧だったりした語句については意味を確認することを忘れないようにしましょう。また、**その節で扱われていた読解ルールの中で見落としていたものがあったら、もう一度読解ルール解説のページに戻ってください**。

設問については別冊の解答・解説を見ながら、「**自分の考え方は正しかったか**」「**選択肢の選び方・切り方は正しかったか**」を確認しましょう。

第2章の内容が身についたという実感がもてるまで、第2章に繰り返し取り組んでください。そのあとで、**第3章**に進みます。

ステップ3 第3章 問題演習編 の利用法

第3章は問題演習を通して、第2章で学んだ力を定着させていく章です。**「問題演習→答え合わせ・確認」の流れで取り組んでみてください。**

①問題演習

第2章までで学習したポイントを意識しながら、まずは自力で問題を解きます。最初は難しく感じるかもしれませんが、記述問題にも取り組んでみましょう。

②答え合わせ→確認

答え合わせをしたら、あとの**本文チェックのページに示された考え方や文章の展開**に留意して、もう一度本文を読み返します。この際、知らなかったり意味が曖昧だったりした語句については意味を確認しておきましょう。

問題文の確認を終えたら、別冊の解答・設問解説を見ながら設問に関して**「自分の考え方は正しかったか」「選択肢の選び方・切り方は正しかったか」「記述解答のポイントを押さえられているか」**を確認しましょう。設問解説では各設問の鍵になる考え方を扱った第1章・第2章の該当箇所を◣と◢で示しています。**その考え方を意識できていなかった場合、もう一度その節の読解ルール解説のページに戻りましょう。**

□意味段落・本文の要約に挑戦してみる

第2章の短文演習、第3章の演習問題のどちらにも本文チェック部分に意味段落（1～）ごと・文章全体の要約例がついています。

余力のある人は一回目から、自信のない人は二回目の**演習の最後に、要約にも挑戦してみましょう。**「要約問題はハードルが高い」と感じる人は、**意味段落ごとの要約からはじめてみるとよいかもしれません。**

第2章、第3章ともに、学んだ内容が身についたと感じられるまで何度でも繰り返し取り組んでください。

第1章

学習法編

ステップ 1

第1章 第1節

現代文学習をはじめる前に
――現代文学習のよくある誤解

1-1 現代文との向き合い方

皆さんは「現代文を得意にしたい」「現代文の成績を上げたい」そんな思いでこの本を手に取ってくれたことでしょう。

学校や塾・予備校などの授業、定期テスト、模擬試験、大学入試……。「授業」や「試験」の形で現代文と向き合う場面はたくさんあります。また、「文章を読む・書く」という点では、現代文で学んだことを生かす場面は非常に多いものです。

ですが、こんな声もよく聞きます。もしかしたら、皆さんもそう思っているかもしれません。

「大学入試に現代文なんてなければいいのに……」
「現代文の勉強法がわからない」

でも、安心してください。日常生活で「現代文」と呼べるものに触れる機会はかなり多いはずなのに、「大学入試に向けた現代文の学習」となると、どう進めてよいのかわからないと感じる人は少なくありません。皆さんだけではないのです。

では、どうすれば「大学入試現代文」という得体の知れない科目の成績を伸ばしていけるのか。これから、その学習法を一緒に考えていきましょう。

1-2 現代文学習をはじめる前に

「現代文の学習をはじめよう」と、いきなり問題を解きはじめたり、具体的な勉強法を学んだりする前にきちんと理解しておきたい、とても重要なポイントがあります。

- 現代文学習についての「よくある誤解」
- 現代文学習で何よりも大切な意識

それぞれについて、少しずつ詳しく見ていきながら、まずは現代文学習に重要な「心構え」を作っていきましょう。

1-3

現代文は勉強しても成績が上がらない？

「何年も日本語を使ってきたのに苦手だから、現代文は勉強しても無駄」
「普段日本語を使って読み書きしているし、現代文は勉強しなくてもそれなりにできる」

こう思っている人はいませんか？

確かに、この本を手にしている多くの人が、これまで長い間、日本語を使って話したり読み書きをしたりしてきたことでしょう。「いまさら現代文の勉強って……」と考えてしまうのも無理はないのかもしれません。

でも、僕には自分自身が受験生だったころの経験を通して、また、これまで現代文を指導してきた経験を通して、確信していることがあります。それは、

現代文も「正しく」学習していくことで力をつけていける科目であり、そして同時に、「正しく」勉強しなければ思ったように成績を伸ばしにくい科目でもある。

ということです。

1-4 長い受験生活の中でうまくいかなくなることもあり得る

あるいは、こんな風に考えている人もいるかもしれません。

「現代文はそんなに勉強していないけれど、それなりにできているから問題ないはず」

気持ちはよくわかります。実際、とくに「現代文の勉強」をしなくてもしっかり成績が残せている受験生は毎年いるものです。そんな人にとっては改めて「現代文を勉強しよう」という気は起きにくいかもしれません。

とはいえ、**そんな人でも現代文の学習法を理解しておくことは大切です。**

> 短いようで長い受験生活の中では、ほんの少しの「つまずき」をきっかけに、それまでできていたことができなくなってしまうことがあり得ます。そんな時すぐに正しい道に戻れるように、順調な今のうちからある程度の準備をしておく必要があります。

つまずくことなく順調に受験勉強を進めていけることも大切ですが、**うまくいかなくなった時に修正できることはもっと重要**です。もちろん、**普段から現代文の学習をきちんと進めておくことで、つまずく可能性を低くしていける**であろうことは言うまでもありません。

1-5 まずは「間違った思い込み」を捨てることからはじめよう

これから正しく現代文の学習を進め、成績を上げていく／安定させていくために、

> まずは「いまさら現代文の勉強をしたところで……」という思い込みを捨て、「現代文も勉強する必要・価値がある科目だ」という意識をもちましょう。そして、『正しく』勉強していくことで、自分も現代文の成績を上げていけるんだ」と強く意識してください。

思い込みの力は偉大です。それはよくも悪くも僕たちの行動に多大な影響を与えます。「どうせ勉強しても……」と思うより、**「きちんと勉強することで効果がある」と思いながら勉強をしていく方が積極的に学ぶことができ、それが成績向上につながり、次のステージに進むことができるというよい流れを生み出します。**

逆に、「現代文の勉強をしても仕方がない」という思い込みを捨てることができなければ、現代文の勉強をすることに何の意味も見出せず、成績も伸び悩むという悪循環に陥りかねません。

まずは現代文学習に対する前向きなイメージをしっかりともってください。

現代文学習のすべてはそこからはじまります。

1-6 現代文の「惜しい」学習法

ところで、「現代文の問題演習」に対して、皆さんはどんな学習をイメージしますか？

① 問題を解く→答え合わせ→解説をよく読んで正解の「根拠」を確認する
② 解説を参考に、本文の大事な箇所を確認する
③ 解説を読んでもよくわからなかったら先生に質問する

こんな学習をイメージするのではないでしょうか。

この学習法は決して間違っていません。**解説を丁寧に読み込むことは大切ですし、根拠を確認することも欠かせません。理解できない部分は質問することも必要**でしょう。こうした学習ができていないという人は、まずこの学習に取り組むことを心がけてください。

でも、実はこの学習法は実に「惜しい」のです。

いったいどんな点が「惜しい」のでしょうか。

1-7 「自分でできる」状態を目指す

皆さんがこれから挑戦していく大学入試の現代文では、**基本的に「初めて読む文章」をその場で理解し、設問に解答していくことが求められます。**リード文や設問文、注などがヒントになることはあっても、基本的には**文章や設問を理解して答えを出すところまで、すべて自力で行わなくてはいけません。**本番で頼れるのはほとんど自分の力だけです。

> 現代文学習における最大のポイントは、『理解する』だけで終わらせず、『自分でできる』ようにならなければいけない」と常に意識することです。

こうしたことを踏まえて、先ほどの「惜しい勉強法」の例に戻りましょう。

解説をよく読み、本文の要点や解答の根拠を確認し、わからなかったら質問する。

もちろん、これは大切なことですが、それだけですべての文章に対して**「自力で」注目するべき箇所を見つけて本文を理解し、同じような考え方で解答を導き出すことができるようになっているのでしょうか。**

同じ文章・同じ問題が出題されるなら、この学習を繰り返していけば大丈夫かもしれません。でも、先ほども述べたように、大学入試現代文で出題されるのは基本的に「初めて読む文章」。**解説を読んで理解した、その問題が解けるようになるだけでは太刀打ちできない恐れがあります。**

1-8 「考え方」を身につける

では、「自分でできる」ようになるために何を意識して勉強していくべきなのでしょうか。

それは、**設問の答えという「結果」以上に、答えに至る「考え方・プロセス」を理解し、自分のものにしようとすること**です。

- ・どうしてそこに注目するのか　↓　どうやってそこに注目できるようになるか
- ・どうしてそのように理解できるのか　↓　どうやってそのように理解できるのか
- ・どうしてそのように考えるのか　↓　どうやってそのように考えられるのか

という具合に、**現代文の勉強をする時には常に「どうして？」から「どうやって？」へと考えを進める癖をつけましょう。そして、その答えを見つけられたら、次に問題を解く時はそれを意識しながら解いていきます**。

もちろん、自分一人ではその疑問に対する答えを見つけられないかもしれません。それでも、日頃から「どうして？」「どうやって？」と問い続けるうちに、現代文の文章と向き合う姿勢がこれまでの自分と大きく異なっていることに気づくはずです。

1-9 あらゆることが現代文学習につながる

最後にもう一つ。

> 現代文の力を養うのは、必ずしも机に向かって「現代文の学習」をしている時だけではありません。他の科目の学習をしている際にも、あるいは日常生活の中にも、現代文につながるものが至る所にあふれています。

僕たちは、**普段の生活の中で自分でも気づかないうちにさまざまな言葉に触れている**はずです。その中で出会う言葉の意味や使い方を理解し、使いこなせるようにしていくことも、「語彙《ごい》力」という観点では大切なことでしょう。

また、大学入試の現代文では、さまざまなジャンルの文章が出題されます。**その文章の内容を理解するための前提となる知識（ここでは「前提知識」と呼ぶことにします）がある方が有利**なのは言うまでもありません。

学校に通っている人は、さまざまな科目の学習を通してそうした前提知識を学ぶ機会があふれていますし、いわゆる「受験勉強」に限ってみても、多くの科目の学習をしているはずです。そうした機会を利用して、幅広い知識を吸収することが、現代文の学習につながっていきます。

「現代文の力をつけるのは現代文の学習を通してだけ」と考えず、「あらゆる知識がつながっている」という意識をもって日々の生活、日々の学習を活用していきましょう。

1-10
第1節のまとめ

□ 現代文に対する「間違った思い込み」を捨てる

「いまさら現代文の勉強なんて……」という考えを捨て、現代文は「正しく」勉強すれば成績が上がる科目であると理解する。

□ 「自分でできる」を目指して「考え方」を身につける

解説をよく読み、根拠や本文内容・重要なポイントを確認するだけでなく、試験本番に「自力で」できるようになることを目指す。そのために、「考え方」を身につけることを意識し、現代文の学習をする時は常に「どうして?」「どうやって?」と考える癖をつける。

□ 幅広く学ぶ

現代文の力を養うのは机に向かって「現代文の学習」をしている時だけではないことを意識し、日常のさまざまな場面を利用して現代文に必要な力を蓄える。

第1章 第2節

学習モデルを「見える」化する

——自己分析フローチャート

2-1 自己分析フローチャートの活用

現代文の学習法の前に、次のフローチャートで簡単な自己分析をしてみましょう。各項目の「**はい／いいえ**」を選んでいくと、Type **A～F** の**学習モデル**がわかります。**次ページ以降にそれぞれの** Type **ごとのアドバイス**、および**第1章**で**優先して読むべき節**を Check で示しています。参考にしてください。

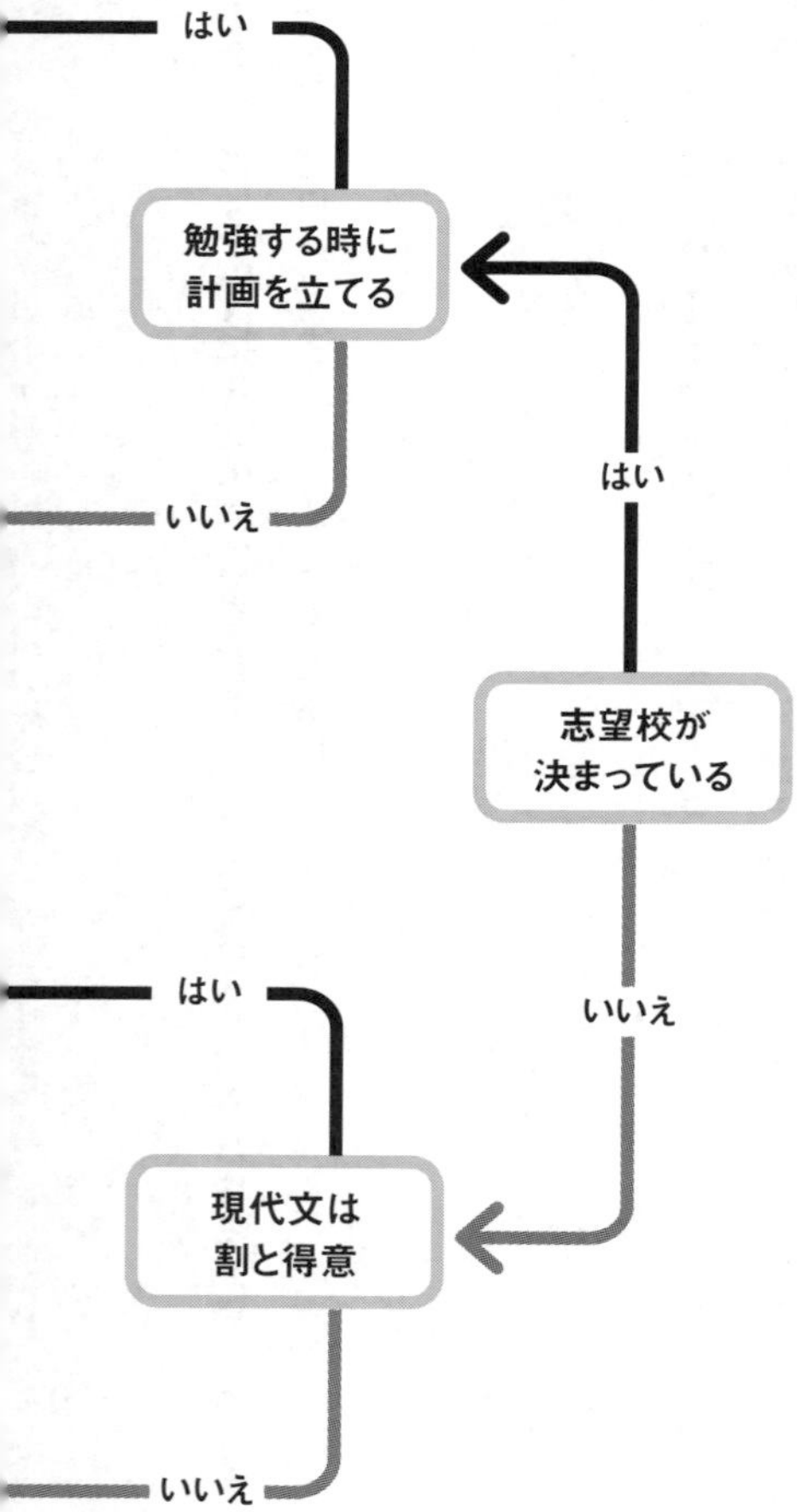

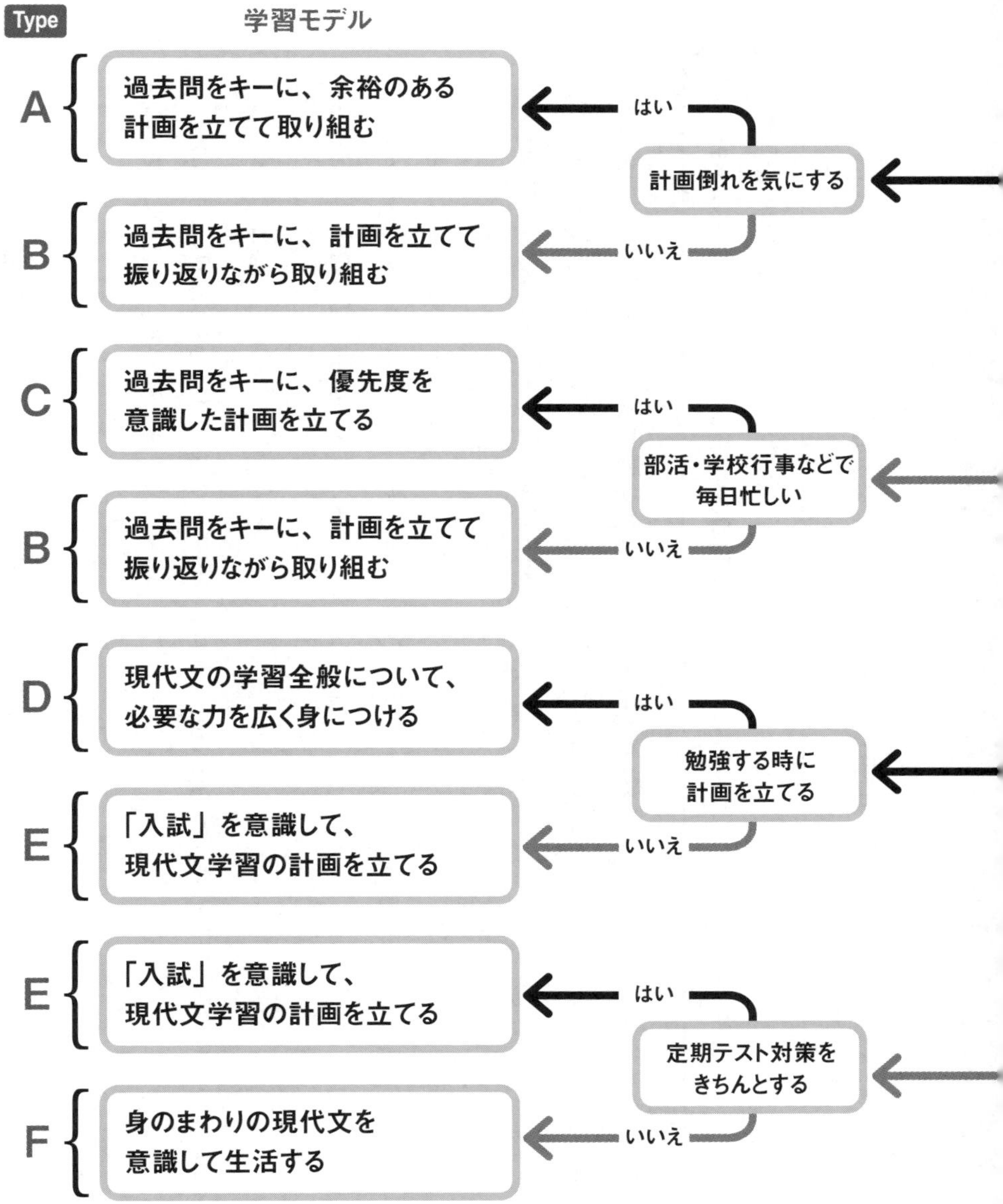
Type
学習モデル
A
過去問をキーに、余裕のある計画を立てて取り組む
はい
計画倒れを気にする
いいえ
B
過去問をキーに、計画を立てて振り返りながら取り組む
C
過去問をキーに、優先度を意識した計画を立てる
はい
部活・学校行事などで毎日忙しい
いいえ
B
過去問をキーに、計画を立てて振り返りながら取り組む
D
現代文の学習全般について、必要な力を広く身につける
はい
勉強する時に計画を立てる
いいえ
E
「入試」を意識して、現代文学習の計画を立てる
E
「入試」を意識して、現代文学習の計画を立てる
はい
定期テスト対策をきちんとする
いいえ
F
身のまわりの現代文を意識して生活する

2-2 Type A

過去問をキーに、余裕のある計画を立てて取り組む

Check 第5節

①志望校の過去問を一年分解いてみましょう

「解けた／解けなかった」を気にする必要はなく、志望校のレベルや出題分野をある程度感じ取ることが目的です。

②余裕のある学習計画を組み立てましょう

よく出題されているものを優先しつつ、「まったく手をつけていない」という分野がないように気をつけましょう。

③計画倒れにならない仕組みを作りましょう

このタイプの人は、計画通りに進まなかった時に焦ってしまうかもしれません。しかし、そのたびに計画を立て直して学習時間が減るようでは本末転倒です。

「うまく進まなかったものを処理する時間を予定に入れておく」
「計画を部分的に組み替えて調整する」

これらのように計画倒れにならない仕組みを作ることがおすすめです。

2-3 Type B

過去問をキーに、計画を立てて振り返りながら取り組む

Check 第5節・第6節

①志望校の過去問を一年分解いてみましょう

「解けた/解けなかった」を気にする必要はなく、志望校のレベルや出題分野をある程度感じ取ることが目的です。

②無理のない学習計画を組み立てましょう

せっかく計画を立てても、実行できなければ意味がありません。目標が高いとつい予定を詰め込んでしまいがちですが、実現可能な学習計画を立てて地道に取り組むことが大切です。

③学習後に計画を振り返りましょう

一日の終わりや一週間の終わりに、計画の進み具合を振り返る習慣をつけましょう。

「計画通りに進んだものは線を引いて消す」
「やり残したものはどこで挽回《ばんかい》するかを考える」

これらを繰り返すと、やり残しがなくなるだけでなく、達成感にもつながります。

2-4 Type C

過去問をキーに、優先度を意識した計画を立てる

Check 第4節・第5節

①志望校の過去問を一年分解いてみましょう

「解けた／解けなかった」を気にする必要はなく、志望校のレベルや出題分野をある程度感じ取ることが目的です。

②簡単な学習計画を組み立てましょう

忙しいと、計画を立てる時間も惜しいと感じるかもしれませんが、逆に忙しい人ほど計画的に効率よく学習を進める必要があります。

③計画を自分に合わせて修正しましょう

部活や学校行事で培った判断力や集中力を生かして、限られた時間を有効に活用する工夫をしましょう。

「優先順位を意識して、集中的に学習する」
「隙間時間を活用したり、臨機応変に計画を変更したりする」

生活リズムや自分の性格に合わせて計画を練り直すと、効率よく学習を進めることができます。

2-5 Type D

現代文の学習全般について、必要な力を広く身につける

Check 第3節・第4節・第5節

①入試現代文のイメージをつかみましょう

「行きたい大学も学部も決まっていない」のは、珍しいことではありません。共通テストや興味がある大学の過去問をいくつか解いてみて、入試現代文がどのようなものか感じ取りましょう。

②学習計画を立てて取り組みましょう

このタイプの人は、計画を立てることには抵抗がないはずです。①で把握した入試現代文のイメージをもとに、特定の分野に偏りすぎないように計画を立てて学習しましょう。

③計画を自分に合わせて修正しましょう

学習を進める過程で、行きたい大学や学部が絞られてくるかもしれません。その場合は Type A のパターンを参考にして、計画を見直しましょう。

> 「志望する大学や学部の過去問を解く」
> 「進路に向けた学習計画を組み立てる」

これらのようにやるべきことを明確にすることで、モチベーションも上がります。

2-6 Type E

「入試」を意識して、現代文学習の計画を立てる

Check 第3節・第4節・第5節・第6節

①学習計画を立てて定期テストに臨みましょう

何も計画がなければ、いきあたりばったりの学習になってしまいがちです。定期テストに向けた学習は、範囲が限定されているので計画が立てやすく、入試現代文に向かう基礎を作ってくれます。「今までやってきた／今やっている学習は入試につながる」という意識をもって学習計画を立て、実行しましょう。

②入試現代文の全体像をつかみましょう

とはいえ、「入試問題ならでは」の考え方が必要な場面もあります。共通テストや興味がある大学の過去問をいくつか解いてみて、入試現代文がどのようなものか感じ取りましょう。

③入試現代文に向けた学習をしましょう

まずは、次のことを意識して学習しましょう。

「入試現代文で必要とされる力を確認する」
「特定の分野に偏りすぎないように計画を立てる」

2-7 Type F

身のまわりの現代文を意識して生活する

Check 第1節・第3節・第4節・第5節・第6節

①情報を集めましょう

資料を調べたり、説明会に参加したりして、目標とする大学や興味のある分野に出会うチャンスを作りましょう。

②現代文学習に前向きに取り組みましょう

目標とすべきものに出会った時に「手が届きそうだ」と思えるように、準備だけはしておきたいものです。現代文で必要とする力を広く身につけられるよう、学習計画に現代文を取り入れましょう。

③日常生活の中で「現代文学習」を意識しましょう

私たちの生活は、「現代文」にあふれています。身のまわりの現代文を意識して生活することは、現代文学習の第一歩となります。たとえば、次に挙げるものは立派な現代文の学習です。

「知らない漢字や語句を見聞きしたら調べる」
「自分の考えを言葉にする」
「読んだ文章や聞いた話の内容をまとめる」

第1章

第3節 身につけたい「力」を知る

――読解と知識の両立

3-1 現代文の学習で身につけたいこと

皆さんは現代文の学習を通してどんな力をつけていきたいと考えていますか？

これから現代文の学習を進めていくにあたって、まずは「問題を解くために必要な力」にはいったいどんなものがあるのか、具体的なイメージをもつところからはじめてみましょう。

- 大学入試現代文で必要な「国語力」「読解力」の正体
- 知識面で習得したい要素
- 読解面で習得したい要素

それぞれの点について少しずつ掘り下げていきましょう。

3-2 「国語力」「読解力」とは言うけれど……

現代文の勉強をしている時はもちろん、他にもいろいろな場面で、

「国語力をつけよう」「読解力が足りない」

なんて言われたことはありませんか？

でも、改めて考えてみると「国語力」「読解力」というのは漠然としすぎていて、よくわからない気がしてきます。

そして、ここにこそ、

「現代文ってどんな勉強をすればよいのかわからない」

という悩みの原因があるのです。

3-3 「知識面」と「読解面」に分けて考える

「現代文の学習を通してどんな力をつけていけばよいか」が具体的にわかっていなければ、思うように成績を上げるのは難しいものです。

まずは、現代文学習で取り組むべき事柄を、**「知識面」と「読解面」に分けて考えてみるとよいでしょう。**次の図を見てください。

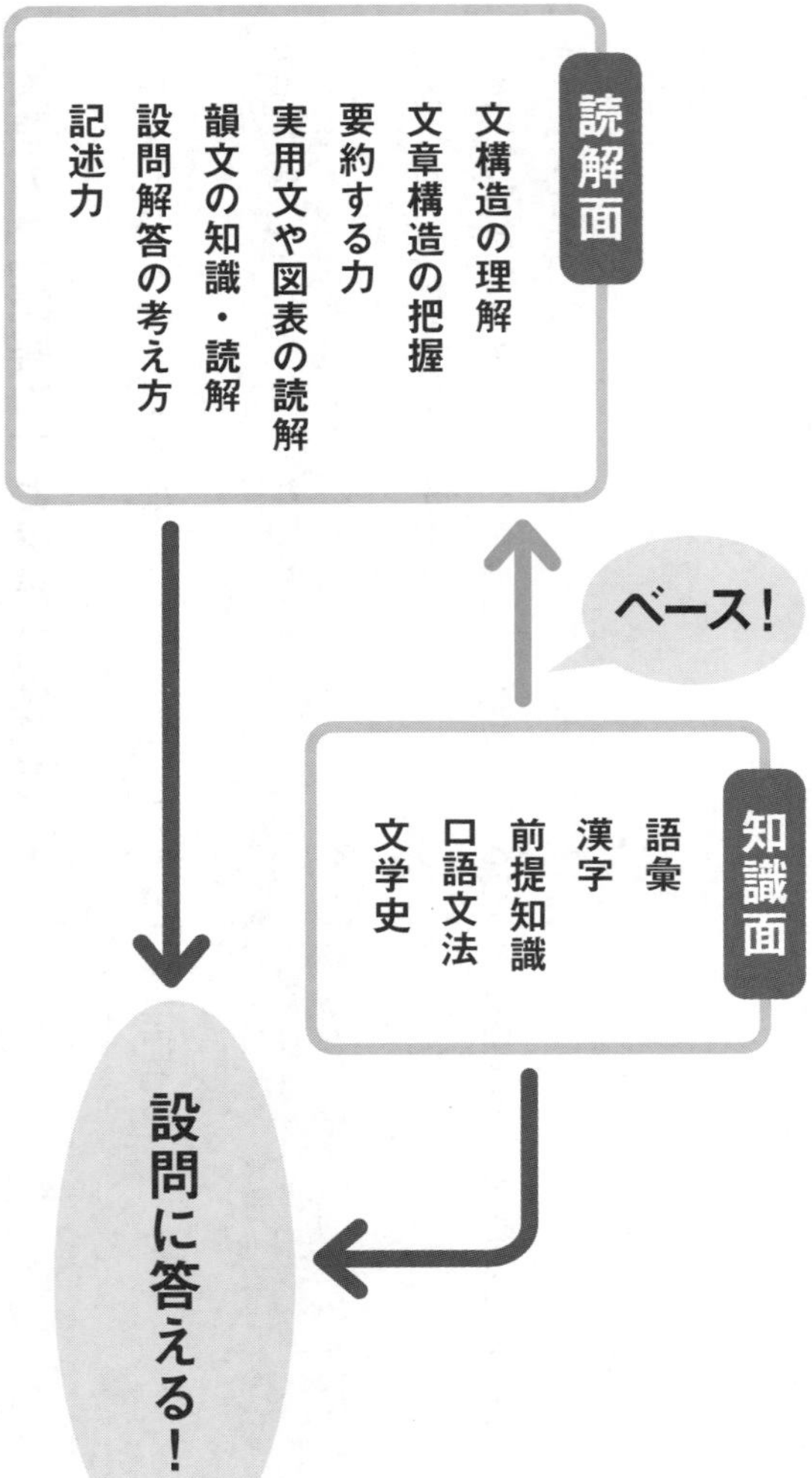

「現代文の学習」と聞くと、「たくさん文章を読んで問題を解く！」と思うかもしれません。

でも、**現代文学習の鍵を握るのは「知識」と「読解」の学習の両立です**。

「知識」については、設問で問われる場合があるだけでなく、文章を読んだり問題を解いたりする上でも必要です。**「知識がベースにあってはじめて、文章を読んだり問題を解いたりすることができる」**ということをきちんと意識してください。

3-4 知識面で習得していくべき要素

まずは、知識面で習得していきたい要素を紹介します。

□語彙

設問で問われることもありますし、読解の上でも欠かせない知識です。

文章の中に知らない語句が多ければ文章の内容を理解するのは難しくなりますし、選択肢の中に知らない言葉があると間違える可能性は高くなります。

文章や設問に出てくる語句の意味を自分の言葉で説明でき、使いこなすことのできる語彙力をつけていきたいものです。

□漢字

大学入試の現代文でも漢字の読み／書きは問われます。頻出の漢字はとくに、きちんと読めて書けるようになっておきましょう。

また、漢字の学習は**言葉の意味や使い方を知る上でもよい機会になります**。漢字学習の機会を活用して、語彙力の強化も図りましょう。

□前提知識

大学入試の現代文では、基本的に「初めて読む文章」を理解し、問題を解いていかなければなりません。しかも、出題されるのはさまざまなジャンル・テーマの文章です。

当然、知っていることが多ければ多いほど文章の理解度は高くなります。それだけでなく、**本文を理解する前提になる知識がなければ、内容を正しく読み取れないこともあり得ます**。そうならないためにも、文章を読むための前提となる知識を幅広くつけていきましょう。

□口語文法

文章は、語句が集まって作られた「文」が連なってできているもの。その際に言葉を結びつけるルールが「文法」です。文法を理解していないと、一文を正確に理解できない可能性があります。

「文法の知識が怪しいかもしれない……」という人は、**「主語・述語の関係」「並立の関係」「接続の関係」「副詞」「助詞」「助動詞」などを中心に、口語文法の知識を確認してみましょう**。

これら口語文法の知識は、あとで述べる読解面で習得していくべき「文構造の理解」にもつながっていきます。

□文学史

設問で問われることもあるのに、意外と学習するのを忘れがちなのが「文学史」です。「史」というくらいなので、文学の歴史を学んでいくことになります。

文学史は「作家と作品名を覚えればよい」と、丸暗記に走る人も多いですが、文学「史」である以上、**「流れ」や「特徴」を意識した学習を心がけたい**ところです。

受験直前期に一気に詰め込もうとするのではなく、ある程度早い段階から少しずつ学習を進めていくことをおすすめします。

3-5 読解面で習得していくべき要素

次に、読解面で習得していきたい要素を紹介しましょう。

□文構造の理解

文の構造を知ることは、一文が長い文章を理解したり、設問を解いたりする時に不可欠です。文法の知識をもとにして、次のように一文を細かく分析する視点をもっていたいものです。

- 文の主語や述語を確認する
- 目的語（ここではあえて「目的語」と呼びます）や修飾関係を確認する

□文章構造の把握

とくに評論文を読む上で重要なのが「文章構造」をつかむ力です。**文章の全体像を把握しつつ、それぞれの「意味段落」の話題は何か、文章の展開はどのようなものかをつかむことが文章内容を理解し、設問を「速く正確に解く」ことにつながります**。

また、文章構造をつかむ際に、「対比の関係」「例示」など、筆者がどのような「論じ方」をしているかに注目する力もつけていきましょう。

□要約する力

読み取った文章内容をきちんと自分の中で整理する力も欠かせません。ここで言う「要約」とは、文章の中心部分、筆者の「言いたいこと」をまとめることを指します。

とはいえ、いきなり「文章全体を要約する！」というのは難しいでしょうから、まずはそれぞれの段落の内容をまとめていくところからはじめるとよいでしょう。**一つ一つの段落の内容を要約する練習をし、徐々に意味段落の要約、文章全体の要約へと進んでいきます**。

きちんとした「記述解答」とまではいかなくても構いませんが、**段落ごと、意味段落ごと、文章全体の要約ができる**ようになることを目指したいものです。

□実用文や図表の読解

最近の大学入試では、法律の条文や契約書、新聞記事などの実用文や、表、ポスター、グラフなどの図表が絡んだ出題にも備えておく必要があります。このタイプの問題では、**実用文や図表を読み取るだけでなく、読み取った情報を「生かす」という考え方も重要です**。

とくに実用文やグラフ、データなど、普段あまり触れる機会のない資料の読み取り方は慣れておかなければ難しいものです。**いろいろな問題にあたって、「どこに注目するのか」「どのような考え方をするべきなのか」という「視点」を養っていきましょう。**

□韻文の知識・読解

以前は大学入試現代文でそれほど注目されていなかった**韻文（詩・短歌・俳句など）も、近年の大学入試では出題の可能性が高まっています。**

詩や短歌、俳句などにはそれぞれに「ルール」や特徴的な表現技法があるため、まずはそれらについての知識を身につけることが重要です。

また、評論文や小説などの散文とは違った読みづらさを感じることも多いでしょうから、**「韻文の読み方」の学習を通して、慣れていく必要があります。**

□設問解答の考え方

「文章を正しく読めれば自然と問題が解ける！」と言いたいところですが、やはり**問題の「解き方」あるいは「考え方」も身につけていかなければ、設問に正しく答えるのは難しいものです。**

「ただなんとなく設問を読んで、ただなんとなく答えを探している」

という状態にならないよう、**それぞれの問題の「考え方」をきちんと理解し、根拠をもって答えていけるようにしていきましょう。**

□記述力

現代文の問題を解く上で基本となるのが「記述解答」です。**設問、文章の内容を正確に把握して自分で解答をまとめ、記述する。**まずはこれが基本だと思ってください。とはいえ、中には、

「自分は共通テストしか使わないからマーク式の問題だけでよい」

と思う人もいるでしょう。

それでも、**問題を「速く正確に解く」ためにも記述解答を作る力は欠かせないのです。**

マーク式の問題で受験生にお馴染みの解き方に「消去法」というものがあります。一部の問題では有効な解き方ですが、慣れないうちはおすすめしません。時間がかかりすぎる場合があり、「本文には書かれているけれど、この問題の答えにはならない」という選択肢を選ぶ危険性もあります。

設問や傍線部、本文をもとに「解答のイメージ」をつかみ、それに一番近い選択肢を選ぶ

という考え方をしていきたいところです。この**「解答のイメージ」をつかむ上で、記述解答を作る練習は大きな意味をもちます。**

現代文学習のスタート段階だからこそ、記述式の問題にもきちんと向き合っていきましょう。

3-6

第3節のまとめ

□ **大学入試現代文で必要な「国語力」「読解力」を分解して考える**

「国語力をつける」「読解力を伸ばす」などの漠然とした言葉ではなく、身につけていきたい力を具体的に意識して学習していくイメージをもつ。

また、現代文の問題を読んで解くためには、「知識」と「読解」の両方が必要だと認識すること。

□ **知識面で習得したい要素**

□ **語彙**　語句の意味を説明でき、自分で使いこなせる状態を目指そう。

□ **漢字**　頻出の漢字を押さえ、その熟語の意味も説明できるようにしよう。

□ **前提知識**　文章を正しく理解するための前提になる知識を身につけよう。

□ **口語文法**　文の構造を理解し、文と文の関係を読み取るために身につけよう。

□ **文学史**　「流れ」や「特徴」を意識して文学史の学習を進めよう。

□ **読解面で習得したい要素**

□ **文構造の理解** 主語・述語・目的語・修飾語をきちんと把握する意識をもとう。

□ **文章構造の把握** 対比や例示に注目して、意味段落の話題や展開をつかむようにしよう。

□ **要約する力** 段落ごと、意味段落ごと、文章全体の要約ができるようになろう。

□ **実用文や図表の読解** 実用文や図表の読み取り方と活用の仕方を身につけよう。

□ **韻文の知識・読解** 詩や俳句、短歌、川柳など韻文の知識と読み方を身につけよう。

□ **設問解答の考え方** 問題の「考え方」を理解し、根拠をもって答えていけるようになろう。

□ **記述力** 記述解答を作るための考え方や表現力を身につけよう。

第1章 第4節

取り組み方を「分類」する

――「王道」の現代文学習法

4-1 現代文の具体的な学習法を知る

いよいよ、大学入試に向けた現代文学習を進めていくための具体的な学習法を紹介していきます。

ここでは、

- ・やるべきことの多い現代文学習を上手に進めるために欠かせない「分類」
- ・隙間時間の活用法
- ・腰を据えて現代文学習をする際のポイント

のそれぞれの点について解説していきます。

4-2 学習を上手に進めるために欠かせない「分類」

現代文学習において、やるべきことは多く存在します。すべてを同じようにやろうとするのは難しいものです。上手に学習を進めていくことがポイントになります。

まずは、取り組む学習を次のように「隙間時間に毎日取り組むもの」と「腰を据えて取り組むもの」に分類しましょう。

- 隙間時間に毎日取り組むもの……語彙・前提知識の学習
- 腰を据えて取り組むもの……漢字・読解問題・文学史・韻文

「隙間時間に毎日取り組むもの」は「電車の中で」など、**あらかじめいつ取り組むかを決めて習慣化したいもの**です。

一方、「腰を据えて取り組むもの」は、ある程度まとまった勉強時間が確保できる時に集中して取り組んでいきます。

4-3 隙間時間の活用法

「電車の中」「授業の合間」など、ふとした瞬間に訪れる隙間時間も、積み重ねれば膨大な時間になります。これを活用しない手はありません。

隙間時間を活用するためのポイントは、「机がなくてもできる」ことと、「キリのよさをそれほど意識しなくて済む」学習をすることです。

そう考えると、**語彙や前提知識の学習は隙間時間での学習に向いている**と言えそうです。

もちろん、隙間時間すべてを現代文の語彙力強化に充ててほしいというわけではありません。たとえば**「行きの電車内では英単語、帰りは現代文の語彙、休み時間に前提知識の学習」など、自分の中でローテーションを組んでみてください。**

具体的な取り組み方については後ほど解説します。

4-4 「腰を据えた学習」の流れ

一定時間、机に向かって学習ができる時は次の流れで取り組んでいくとよいでしょう。

①漢字の学習

漢字はやはり「書ける」ことが重要なので、机に向かって取り組むことをおすすめします。また、「集中力」や「やる気」は何かに取り組んでいるうちに出てくるものです。

※この効果は「作業興奮」と呼ばれることもあります。

集中力が必要な「読解問題の演習」に取り組む前に、まずは手を動かしましょう。

②読解問題の演習（韻文／文学史の学習）

漢字の学習を10～15分程度行い、読解学習に向かう準備がある程度できたら、読解問題に取り組んでいきます。

読解演習の代わりに韻文や文学史の学習を行うのもこのタイミングです。

こちらも詳しくは後ほど解説します。

4-5 「隙間時間を活用した学習」の流れ

隙間時間を活用するわけですから、「キリのよさ」はあまり気にせず取り組んでいきましょう。

□語彙

語彙集や「語彙ノート」（p78～79参照）を用意し、それを読み込みます。その際、語句とその意味だけでなく、必ず例文も確認するようにしてください。また、**詳しい解説や、類義語・対義語・派生語などの関連語句にも目を通すようにしましょう。**

語彙の学習では、「意味を『理解する』こと」と「使いこなせること」の両方が重要です。たとえば、

▼逆説……一見間違っているようで、実は正しい内容を含むこと。

のように、書かれている意味をそのまま覚えるだけではなく、

例　「急がば回れ」は逆説的な表現である。

と、**例文を確認したり、自分で短文を作ってみたりして「本当にその言葉が理解できている」状態を目指したいものです。**

□前提知識

語彙集の中に「近代」「現代社会」「経済」「思想」「メディア」などの頻出テーマに関する知識の解説が掲載されている場合、その解説を読み込んでいきましょう。最初は「難しい」と感じるかもしれませんが、焦らずに少しずつ読み進めてください。

たとえば、「近代思想」を学ぶ場合、

> キーワード……物心（心身）二元論／理性／啓蒙主義／合理主義／世俗化　など

と、まずはそのテーマに出てくる**キーワード**を確認します。その上で、解説を参考にしながら、

> 物質と精神（**理性**）を分けて考える「**物心（心身）二元論**」に基づき、物質である自然は、精神（**理性**）をもつ唯一の存在である人間が支配・操作する対象としてみなされるようになった。……

というように、**キーワードのつながりや背景を**理解していきましょう。

前提知識と語彙の学習の境目は曖昧ですが、**キーワードを押さえるだけでなく、そのテーマの概要をつかむことを目指しましょう**。

4-6
「腰を据えて取り組むもの」の学習法

漢字や読解演習などは、ある程度まとまった時間を確保し、机に向かって学習しましょう。

□漢字

漢字は「書ける」ことも大切ですが、すべての漢字を「何度も書く」必要はありません。一度書いてみて、書けなかったものにチェックを入れ、

①漢字そのものが書けないもの
②漢字は書けるが、意味や使い方のわからなかった漢字や熟語

に分類しておきます。

①はきちんと書けるようになるまで書いて覚え、「何も見ずに書ける」ように練習しましょう。

②はその漢字／熟語の意味や使い方が理解できたかどうか、例文の中に知らない語句はないかを確認してください。知らない語句がある場合は辞書を引くことも忘れずに。

□読解問題

「演習→答え合わせ→確認」という流れを意識しましょう。

①演習

まずは問題を解きます。その際に、**これまで学習してきた「読み方」や「解き方」を意識しながら読む／解くことが重要です。**

設問に解答する時は、基本的に**「解答のイメージをつかんで解く」**ことを意識しましょう。

②答え合わせ

答え合わせをしていきます。**記述問題については「一字一句合っている」必要はありません。**

解答例をいくつかのポイントに分けて、そのポイントが書けているかを確認してください。

③確認

本文と照らし合わせながら、解答解説を熟読します。

まずは、**読み取った本文内容・解答の根拠は正しいかを確認してください。**そして、「本文のどこに注目するか」「どう考えてその問題を解くのか」を確認します。その上で、**これまでに学んだ読み方や考え方を思い出しながら「なぜ本文のその箇所に注目するのか」「どうしたらそう考えられるのか」を考えてみましょう。**

□実用文や図表の読解

近年では、

法律の条文や契約書、広告、新聞記事などの実用文

グラフや表などの図表

が問題文として出題され、国語の教科書でも扱われています。

これらの実用文や図表などは、それぞれの性質によって意識すべきポイントが異なります。何が出題されてもある程度対応できるように、さまざまなパターンに慣れておくことが重要です。次の指針を押さえておきましょう。

①実用文の読解

実用文は、必要な情報が評論・随筆・小説などよりも簡潔にまとめられていることが多いため、ある程度の慣れも必要です。情報を正確に読み取る訓練をしておきましょう。

②グラフの読解

グラフは、伝えたい内容・目的に応じてさまざまな種類のグラフが用いられます。

「推移を表したい時は折れ線グラフ」

「比率を表したい時は円グラフ」

というように、それぞれのグラフの特徴を把握しておきましょう。

③表の読解

現代文でも、数値などのデータを示したい時には表が用いられることがあります。そのデータが何を伝えるためのものなのかを把握し、数値を正確に読み取る訓練をしていきましょう。

④読み取った情報の活用（資料と組み合わされた文章の読解演習）

基本的に、実用文や図表、ポスターなどは「資料」として扱われることが多く、本文の理解を深めるために示されているものです。

そこで、実用文や図表から読み取った情報を本文読解の中で生かしていくための考え方を習得しましょう。

以上の指針を押さえて練習していけば、実用文や図表が出題されても恐れる必要はありません。

まずは実用文や図表に**「慣れる」ことを目指して必要な知識を身につけ、読解演習を行っていきましょう。**

□韻文の知識・読解

詩や短歌、俳句などの韻文も、試験本番で韻文が出題された時に慌てなくて済むように準備をしておきましょう。

「韻文」の学習でまず身につけたいのは次の三つです。

①韻文の形式・表現技法の知識

韻文には形式があり、その短い言葉の中でさまざまな意味を伝えるため、多くの表現技法が用いられます。**形式や表現技法の種類、それぞれの働きを理解していきましょう。**

②比喩の理解

表現技法の中でも、「比喩」を理解することは韻文の読解の鍵を握ると言っても過言ではありません。比喩に出会ったら、「何を何にたとえているか」を考える癖をつけましょう。

③基本的な読解法（一語・一文ずつ正確にとらえる読解）

韻文の読解でも、**一語一語きちんと理解して、一文ずつ丁寧に読み解いていくことが必要です。**

まずは知識事項を身につけ、そのあとは読解演習に進んでいきましょう。韻文の読解演習の方法は基本的に先の「読解問題」（p49）**と同じように進めてください。**

□文学史

文学史は、「流れ」や「特徴」を重視しながら早めに対策をはじめることが重要です。
その際、次のイメージで進めていくとよいでしょう。

①「〜主義」「〜派」などの文学史で登場する用語を理解した上で軸を作る

まずは、文学史の説明で使われる言葉の意味を理解します。

例「〜主義」……文学に対する特定の思想や立場

「〜派」……主義や主張、流儀、所属する雑誌などが同じ人々の集団

次に、この「〜主義」や「〜派」の流れと主要な作家を押さえます。

その際、「自然主義↔反自然主義」のような主義の対立や、「反自然主義＝高踏派─耽美派─白樺派」のような派生、流派同士の関係については、当時の社会との関わりに注目すると理解しやすくなります。

②細かい知識をつけ加える

作者ごとの作品名や、作者についての押さえておきたいエピソードなどを入れていきます。

その際、わかる範囲で作品ごとのあらすじも確認すると記憶に残りやすいでしょう。

③問題演習

ある程度区切りのよい範囲を確認したら、学んだ範囲の問題演習をして知識を定着させます。

□要約

要約問題の出題意図は、問題文全体の内容を理解できているかを問うことです。というのも、文章全体の内容を正しく理解していなければ要約ができないからです。客観式の問題では要約の内容、記述式の問題では要約そのものが問われます。

自分で答えを書くことが大切です。自分が書いた要約と解答の要約例が違った場合には、どこが違うかを確認して本文を読み返します。そして、必要な内容を入れた要約文をもう一度書きます。そうした積み重ねによって要約力がつきます。

「本書の構成と利用法」のｐ10でも記載していますが、本書の第2章の短文演習、第3章の演習問題には、本文チェック部分に意味段落ごと・文章全体の要約例がついています。

余力のある人は一回目から、自信のない人は二回目に取り組む際、**演習の最後に要約にも挑戦してみましょう**。「要約問題はハードルが高い」と感じる人は、まずは**意味段落ごとの要約に取り組むことからはじめるとよいでしょう**。それをつなげたものに少し手を加えると、文章全体の要約文ができます。余裕が出てきたら、他の問題集の問題文なども要約してみてください。

4-7

第4節のまとめ

□ 現代文学習は二つのタイプに分類して進めていく

取り組むべき学習を「隙間時間に毎日取り組むもの」と「腰を据えて取り組むもの」に分類し、それぞれに合った取り組み方をする。

□ 隙間時間に毎日取り組むもの

□ **語彙**　意味を「理解する」「使いこなせるようになる」ことを意識しよう。

□ **前提知識**　語彙集などを通して頻出テーマに関する知識を少しずつ覚えよう。

□ 腰を据えて取り組むもの

□ **漢字**　机上で書いて覚え、熟語の意味も調べよう。

□ **読解問題**　「演習→答え合わせ→確認」の流れを意識して学習しよう。

□ **実用文や図表の読解**　必要な知識を身につけ、読解で活用できるようにしよう。

□ **韻文の知識・読解**　まずは知識事項を身につけ、読解演習を通して慣れておこう。

□ **文学史**　「流れ」や「特徴」を重視して早めに対策をはじめよう。

□ **要約**　問題を解くだけではなく、要約もするようにしよう。

第1章 第5節

学習時間を「デザイン」する

——時間管理と電子メディア

5-1 時間がない場合の学習法

部活をやっていてもいなくても、高校生というのは何かと忙しいもの。既卒生であっても、やらなければならないことが多く、「時間がない」と感じることも多いでしょう。

ここでは、

- ・「取り組むべきことの分類」と「使える時間の炙《あぶ》り出し」
- ・現代文の学習スケジュールの立て方
- ・電子メディアの活用法

について、少しずつ掘り下げていきましょう。

5-2 まずは取り組むべきことの全体像を把握する

時間がないと感じている受験生が上手に学習を進めていくためには、「時間管理」が欠かせません。「その時の気分で勉強する」姿勢ではうまくいかないものなのです。

そこでまずは、次の例のように自分が取り組むべきことを思いつく限り書き出してみましょう。

書き出したら、**「時間がかかるかどうか」「どれくらいの頻度で取り組みたいか」を考え、その項目を下の図のように分類してみてください。**

例
- 読解問題／要約
- 実用文や図表の読解／韻文の読解／文学史
- 韻文の知識／口語文法
- 語彙／前提知識／漢字

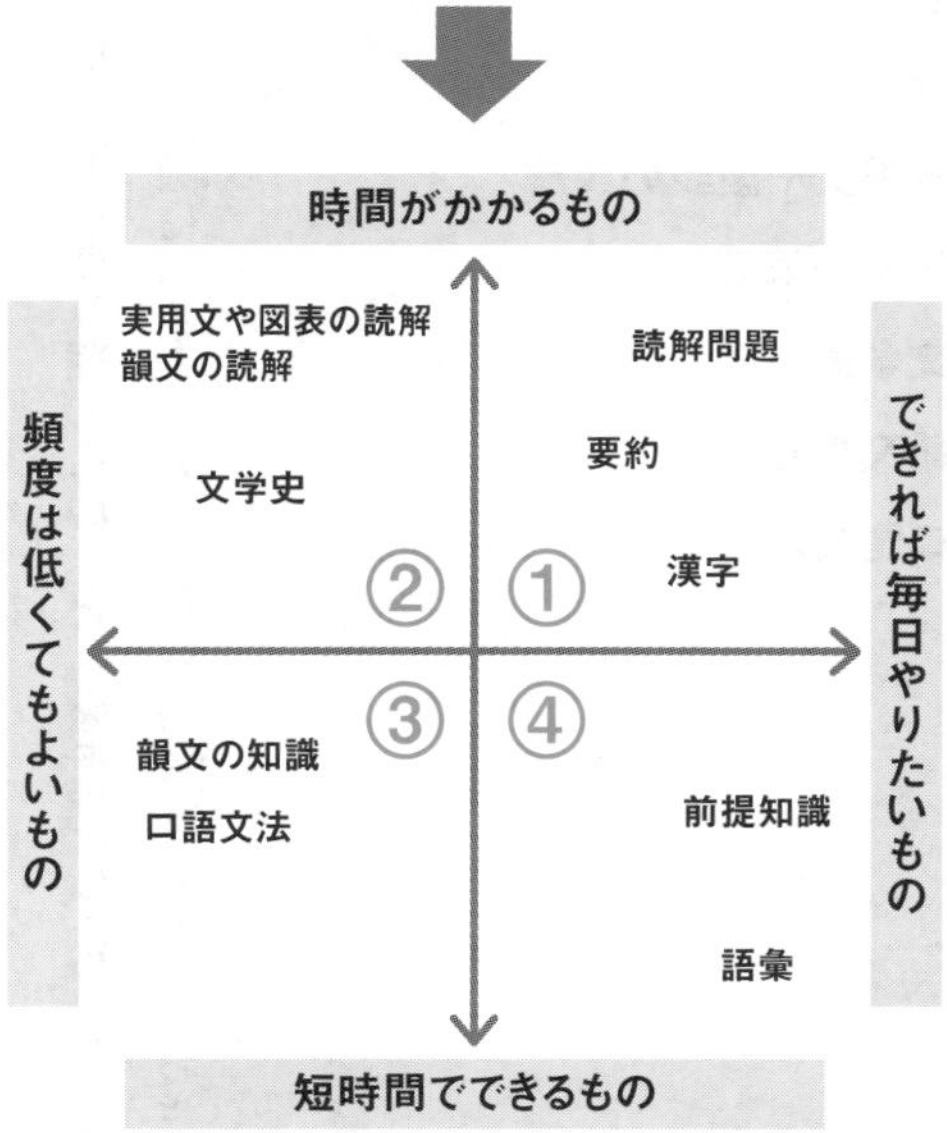

このようにして、まずは**自分が取り組むべきことの全体像**を把握しましょう。

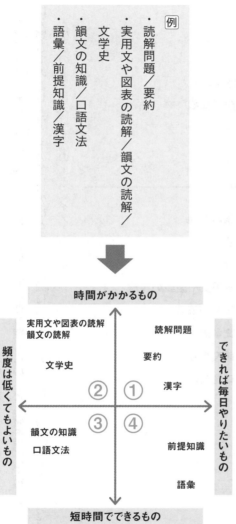

5-3 「隙間時間に取り組むもの」と「腰を据えて取り組むもの」の分類

次に、先ほど分類したものを、さらに「隙間時間に取り組むもの」と「腰を据えて取り組むもの」に分類してみましょう。その際に、先ほど分類した図にある①～④の各項目の数字も加えておきます。

先ほどの例で言えば、次のようなイメージです。

隙間時間に取り組むもの	語彙	④
	前提知識	④
腰を据えて取り組むもの	読解問題	①
	要約	①
	漢字	①
	実用文や図表の読解	②
	韻文の読解	②
	文学史	②
	韻文の知識	③
	口語文法	③

ちなみに、「隙間時間に取り組むもの」と「腰を据えて取り組むもの」それぞれの学習の流れは第4節で紹介した通りです。

5-4 「使える時間」を炙《あぶ》り出す

やるべきことを分類できたら、今度は自分の予定を確認します。手帳（時間目盛りがついているものがよいです）やカレンダーアプリなどを活用しましょう。

この時のポイントは「学校の授業」「部活」「外出の予定」など、確実に「机に向かって問題集や参考書に向き合う時間が取れない」予定を先に埋めることです。

	日	月	火	……	土
7:00					
8:00					
9:00					
10.00		授業	授業		
11:00					
12:00					
13:00	部活				部活
14:00		授業	授業		
15:00					
16:00					
17:00					
18:00					
19:00					
20:00		塾・予備校			塾・予備校
21:00					
22:00					
23:00					
0:00					

この予定表の空いている時間が「自分の勉強に使える時間」ということになります。

5-5 スケジュールを立てる

これで、具体的な学習スケジュールを立てていく準備が整いました。それでは、ここから学習スケジュールを作っていきましょう。

□1週間の「タスク（勉強する課題）」を決める

まずスケジュール帳の**「自分の勉強に使える時間」**に、**「腰を据えて取り組むもの」を割り振っていきます**。

この際、先の図の①を中心に組み立て、そのあと②・③の順に割り振ります。そして「隙間時間で取り組むもの」として④を割り振ります。イメージとしては、1カ月の学習が次のバランスになるように組み立てるのがおすすめです。

■学習バランスの比率

読解問題／要約／漢字（①）
語彙／前提知識（④）
8（9）

実用文や図表の読解／韻文の読解／文学史（②）
韻文の知識／口語文法（③）
2（1）

もちろん、**受験生は「現代文だけ」勉強するわけにはいかないので、他の科目とのバランスも意識しながら**組み込んでください。

■1週間の「タスク」の例

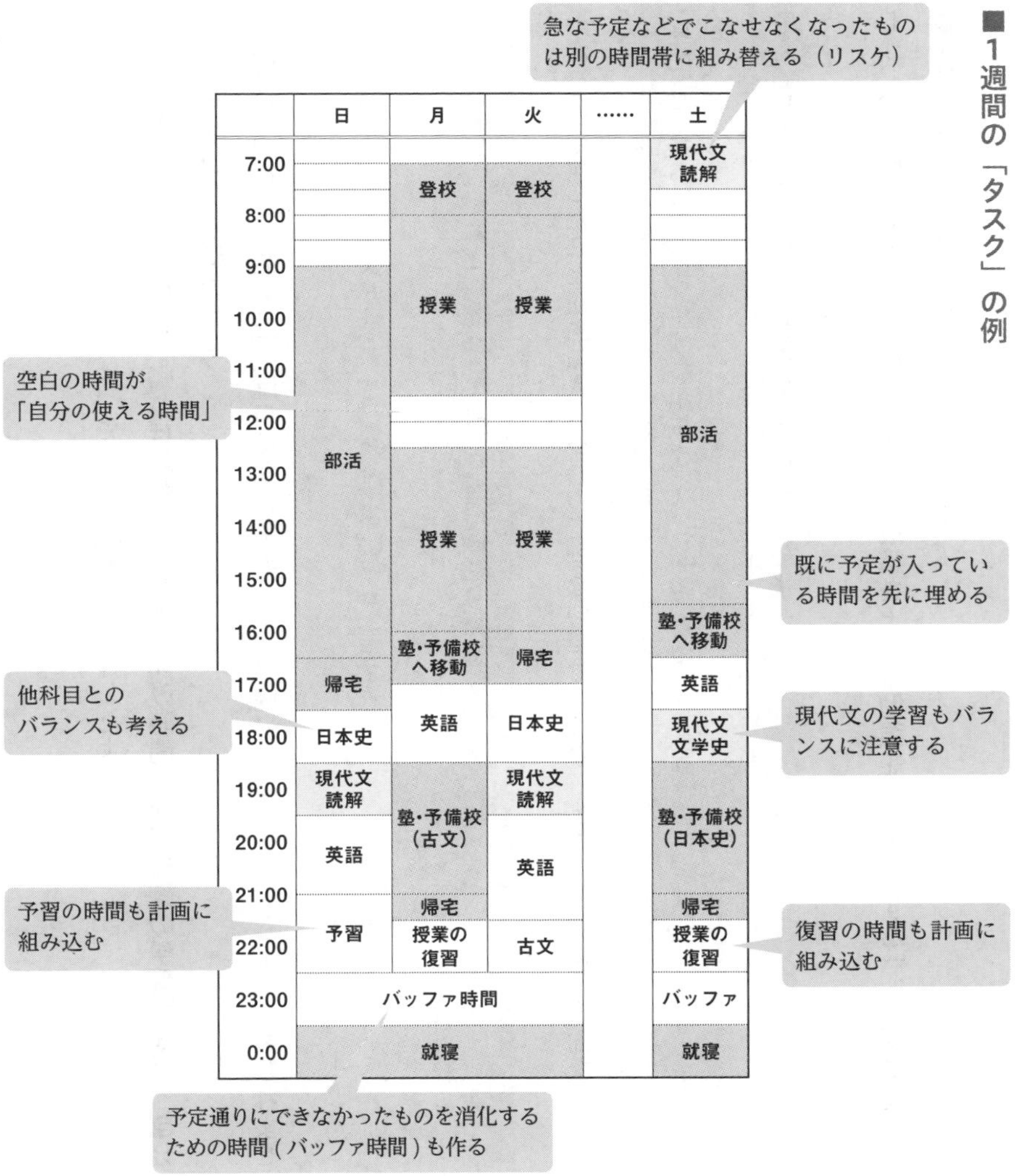
急な予定などでこなせなくなったものは別の時間帯に組み替える（リスケ）
日
月
火
……
土
7:00
8:00
9:00
10.00
11:00
12:00
13:00
14:00
15:00
16:00
17:00
18:00
19:00
20:00
21:00
22:00
23:00
0:00
部活
帰宅
日本史
現代文読解
英語
予習
登校
授業
授業
塾・予備校へ移動
英語
塾・予備校（古文）
帰宅
授業の復習
登校
授業
授業
帰宅
日本史
現代文読解
英語
古文
バッファ時間
就寝
現代文読解
部活
塾・予備校へ移動
英語
現代文文学史
塾・予備校（日本史）
帰宅
授業の復習
バッファ
就寝
空白の時間が「自分の使える時間」
他科目とのバランスも考える
予習の時間も計画に組み込む
既に予定が入っている時間を先に埋める
現代文の学習もバランスに注意する
復習の時間も計画に組み込む
予定通りにできなかったものを消化するための時間(バッファ時間)も作る

□ローテーション

「隙間時間に取り組むもの」は、先の第4節でも紹介したように、**「行きの電車内では英単語、帰りは現代文の語彙、休み時間に前提知識の学習」など、自分の中でローテーションを組みましょう。**

「月曜日は現代文の語彙」「火曜日は前提知識」など、曜日ごとに決めてもよいかもしれません。

□「1カ月でバランスが取れていればよい」と考える

「計画を立てたけれど、気づいた時には計画通りに進んでいない」

そんな経験をしたことがある人は多いのではないでしょうか。また、とくに几帳面な人などは、

「身についているかどうかはわからないけれど、とにかく計画通りに進めなければ……」

と考えてしまうことだってあるかもしれません。

しかし、計画を立てることはあくまで**「成績を上げる勉強をきちんとする」ための手段であって、計画を立てること自体が目的ではありません。**

> 多少のズレには目をつぶりつつ、「一つ一つ身につけながら、1カ月でバランスが取れていればよい」という意識で、余裕をもって計画に基づいた学習に取り組んでいきましょう。

もちろん、**「無理に詰め込んだ予定」を立てないように、ゆとりをもった計画を立てたり、計画から遅れが出た時に調整できるような時間をあらかじめ用意したりしておくこと**も大切です。

5-6 電子メディアの利用

何かと忙しい受験生にとって、ウェブや電子機器などの電子メディアを活用していくことのメリットは見逃せません。

電子メディアの活用については否定的な意見を耳にすることがあるかもしれません。

しかし、重要なのは**注意すべき点を理解した上で「活用できるものは活用する」という姿勢で学習するということです**。

□電子メディアを活用するメリットと「落とし穴」

電子メディアを活用することには、たとえば次のようなメリットが考えられるでしょう。

- さまざまな情報に「簡単に」アクセスできる
- 今までは接点をもつことの難しかった専門家たちの発信に触れることができる
- 自分だけでは出会えなかった便利なツールを知ることができる

など

このように、電子メディアは活用できると非常に便利です。

しかし、一方で次のような「落とし穴」も考えられます。

- 真偽のわからない情報があふれている
- SNSなどで「自分の承認欲求を満たすため」の投稿をすることが目的になってしまう
- 気がついたら無関係なページを開いている状態に陥りやすい

など

メリットと「落とし穴」があることを十分理解した上で、メリットを最大限生かしつつ、「落とし穴」にはまらないように気をつけながら電子メディアを活用していきましょう。

□「落とし穴」にはまらないために……

それぞれの「落とし穴」によって対処法は異なりますが、共通して言えることは**「『落とし穴』の存在や性質をきちんと理解しておく」**ことでしょう。

そこで、使おうとしているツールを使う前に、あるいは使いながら、「どんな危険性が潜んでいるか」を常に考えるようにしてください。

ここでは先ほど挙げた「落とし穴」に絞って、その「落とし穴」にはまらないために意識しておきたいポイントを紹介します。

・真偽のわからない情報があふれている
↓**［その情報の発信者は誰（どこ）なのかを確認する。複数の情報を比較する。］**
・ＳＮＳなどで「自分の承認欲求を満たすため」の投稿をすることが目的になってしまう
↓**［投稿をしばらくやめて情報収集をするだけにしてみる。］**
・気がついたら無関係なページを開いている状態に陥りやすい
↓**［「目的意識」を明確にする。時間をあらかじめ決め、タイマーをセットしておく。］**

□役割分担をする

「辞書を使おう」と話した際、「紙の辞書と電子辞書、どちらを使えばよいの？」と聞かれることがよくあります。

結論から言えば、紙の辞書と電子辞書、それぞれに特徴やよさがあるので、どちらがよいと断言できるものではありません。このように**複数のツールが存在するものは、「役割分担」の意識をもつこと**をおすすめします。

たとえば、次のように考えておくとよいでしょう。

・じっくり読み込んだり、書き込んだりしながら使いたい時は紙の辞書
・外出先や「すぐ引きたい」場面では電子辞書
など、**自分の中で使い分けのルールをある程度決めておく。**

□使い方を悩むよりも、まずは使ってみる姿勢が重要

いずれにせよ、「どれを使えばよいのだろう」と悩むより、「どれでもよいからまずは使ってみる」ことが重要です。

「紙の辞書でなければ意味がない。でも今は紙の辞書が近くにない」と、結局調べずに終わる人よりも、「身近にあるものでとりあえず調べてみる」人の方が効果的に学習できるのは想像に難くないでしょう。

どんなものを使うにせよ、結局は「実行できる人」が成績を伸ばす上では優位であるということを肝に銘じておきたいものです。

5-7

第5節のまとめ

□スケジュールを立てる前の下準備

□分類する　取り組むべきことを分類し、整理する。

□使える時間の確認　既に埋まっている予定を書き出し、自分が使える時間を把握する。

□現代文の学習スケジュールを立てる

□タスクを決める　「自分が使える時間」に取り組むべき内容をあてはめていく。

□ローテーションを組む　「隙間時間に取り組むもの」をあらかじめ決めておく。

□余裕をもつ　「一カ月でバランスが取れればよい」と、心に余裕をもつ。

□電子メディアを活用する

□メリットの理解　電子メディアを活用することのメリットを理解する。

□「落とし穴」の対処法　電子メディアの「落とし穴」を理解し、対処法を考えておく。

□役割分担　複数のツールがある場合、ある程度の役割分担を決めておく。

□使ってみる　あれこれ考えて尻込みする前に「使ってみる」姿勢をもつ。

第1章

第6節 自分の課題を「意識」する

――よくある現代文Q&A

6-1 Q&Aのパターン

ここでは、よく出てくる質問に答えていきます。

次の三つの項目に分けて取り上げています。ぜひ、皆さんの学習の参考にしてみてください。

・現代文の学習全般
・辞書の使い方と語彙の覚え方
・大学入試に向けて

各Q&Aに、これまでの関連する節をCheckで示していますので、戻って確認するのもよいでしょう。

6-2 現代文の学習全般

Q. 現代文は勉強したら成績が上がるものですか?
A. 正しく勉強していけば上がります。

Check 第1節

第1節でも触れたように、「現代文は勉強しても効果が薄い」と考える人は多いものですが、きちんと勉強していくうちに成績は上がっていくものです。

とはいえ、ただ**「ひたすら問題を解いて答え合わせをする」「授業を聞いている」だけで成績が上がるわけではありません。**

「自分で解ける」状態を目指して、さまざまな文章に触れながら「読み方」や「解き方」、「考え方」を習得していく必要があります。そのためにこそ現代文の授業や参考書、問題集があるわけです。

まずは現代文学習に前向きなイメージをもち、「自分で解ける」ようになることを目指して、丁寧な学習を積み重ねていってください。

Q. どれくらいのペースで学習すればいいですか？
A. 人によりますが、二～三日に一回は読解問題に触れましょう。

Check 第5節

現代文に触れる日数が多いほどよいのは言うまでもありません。受験科目数や時間を考えると、毎日触れるのは難しい場合も多いでしょうが、だからといって、「他の科目の学習ばかりしていて、気づけば現代文に全然触れていない……」という状況は避けたいものです。

目安としては、二～三日に一度は現代文の読解問題に触れるようにしましょう。もちろん、頻度を増やせる時は増やすようにしてください。

ところで、「ペース」にばかり意識が向くと、

・とにかく問題集を先に進めるために、一日一題ずつ新しい問題に進む
・問題集を三周する

という、「先に進める」ことが目的になった学習になりがちです。問題を解くのは「現代文の成績を上げる」ためであって、「とにかく問題集を進める」ためではないはず。そう、目的と手段が入れ替わってしまっているんですね。

そうならないための仕組みを作りましょう。

おすすめの方法としては、**その日の現代文（読解）学習を「前にやった問題の復習からはじめる」**ということです。読解問題に取り組む際に、

①まずは前回の問題を解き直してみる。
②答え合わせをし、本文内容や解答のイメージがある程度正しくつかめていたら新しい問題へ進み、そうでなければ、解説を参考にもう一度その問題を復習する。

こんなイメージで学習することで、「とにかく先へ」という思考に陥らないようにすることができるでしょう。

一方で、文学史や漢字、語彙の知識などの「暗記事項」の場合は、回数勝負の面もあります。**これらの「暗記事項」は「前回学んだ内容を簡単に確認したら次に進む、ひとまず一周したらまた最初から取り組む」というように、全体を通して学習することを繰り返しながら覚えていきましょう。**

Q. 参考書・問題集の解説を読んでも理解できない時はどうすればよいですか？
A. まずは焦らず、じっくり読み込んでみましょう。

Check 第4節

現代文の解説が理解できないという声はよく聞きます。

そもそも、参考書・問題集は解説が『文章』で書かれています。つまり、**「読解力」を養うために書かれた解説を読むために、ある程度の「読解力」が必要になるわけです。**

これでは、「現代文が苦手なのを何とかしたいから現代文の学習をはじめよう」と考えている人にとっては難しく、苦痛に感じることがあるのも自然なことでしょう。

くれぐれも避けたいのは、「よくわからないから」とあきらめて、

- 解説は難しいからと読まなくなり、答えの丸付けだけで終わってしまう
- 記述問題の解説を読まないためポイントがわからず、なんとなくで採点してしまう

ということです。

本書の場合、各問題のあとに「本文チェック」（読解のヒント）のページがあります。**まずは、「本文解析」（ヒント）のページで問題文の展開を流れでつかみましょう。その上で設問解説を読むと、理解しやすくなるはずです。**

設問解説には、**解答までのプロセス・選択肢の○と×の根拠・記述問題のポイント**が記されています。あきらめず、これらと向き合って考えることが現代文の力につながります。

ところで、**「知識がついてきたおかげで、昔は理解できなかったことが理解できるようになった」**という経験をしたことはありませんか？

たとえば、口語文法の「文節」という単元。最初に学習した時は「どうして『そう言えば』は『そう』と『言えば』で分けるのだろう」と思っていたけれど、あとで「一文節に自立語は一つ」「文節は自立語からはじまる」というルールや、「『そう』や『言う』は自立語、『ば』は付属語」という知識が入ってくると、自信をもって区切る／区切らないの判断ができるようになったのではないでしょうか。

現代文の学習もこれと同じです。**最初は難しいと感じるかもしれませんが、丁寧にじっくりと解説と向き合いながら文章を読むことに慣れたり、知識が増えてきたりすると、徐々に理解できるようになってくるものです。**

Q. 一度解いた問題を解き直す意味はあるんですか？
A. もちろんあります。

Check 第3節

一度解いた客観式問題などでは、「選択肢を見た瞬間に正解がわかる」状態になっていることがあるでしょう。そんな問題を解き直すことに意味を見出せないという人もいるかもしれません。

それでも、少なくとも次の二つの点から、現代文の問題を解き直す意味はあると言えます。

①本文内容の理解度を高める
②本文の「読み方」「解き方」「考え方」を確認する

大学入試現代文では「同じ文章・問題が出題される」可能性はそれほど高くありませんが、**同じようなテーマ・ジャンルの文章が出題されることはよくあります。**

一度読んだ文章を改めて読み込み、そのテーマやジャンルについての理解度を高めておくことで、次に同じテーマ・ジャンルの文章と向き合う時に理解しやすくなるでしょう。**「一度触れた内容では間違えない」状態を目指してください。**

また、現代文の学習の目的は「その問題が解けるようになる」ことではなく、「その問題を通して『読み方』『解き方』『考え方』を身につける」ことです。

解答を覚えていたとしても、**本文の「読み方」の確認や「解き方」「考え方」の確認をする**ためにも解き直していきましょう。

それでもやはり「解答を覚えている」状態で解き直してもあまり効果がないように感じるかもしれません。そこで、**解き直す際には「『解答のイメージ』が正しく浮かぶかどうか」を基準にしてみるとよいでしょう**。

問題を解く際、先の第3節で解説したように、**設問文や傍線部、本文をもとに「解答のイメージ」をつかみ、選択肢を見る際にはその「解答のイメージ」と合っているかどうかを確認します**。記述解答や抜き出し問題の場合も同様です。自分の「解答のイメージ」が解答と一致しているかを確認するようにしてください。

6-3 辞書の使い方と語彙の覚え方

Q. どんな時に辞書を引けばいいのですか？
A. 気になったらすぐに引きましょう。

Check 第3節

辞書はいつ引いてもよいものですが、最低限見るべきタイミングとしては、

①知らない言葉に出会った場合
②理解が曖昧な語句に出会った場合

こうした時には必ず辞書を引くようにしたいものです。

①の「知らない言葉に出会った場合」に辞書を引くのはイメージしやすいと思いますが、**最も意識してもらいたいのが、②の「理解が曖昧な語句に出会った場合」に辞書を引くことです。**

現代文の学習をしていると、**「見たことはあるけれど、意味は曖昧」「意味を説明しろと言われると難しい」「思っていたのと違う意味で使われている」**言葉に出会うことがあります。こうした言葉を見逃さず、一つ一つ辞書で確認していくうちに、強靭《じん》な語彙力を手に入れることができるでしょう。

また、繰り返しになりますが、語彙力を高めるためには、言葉の「辞書的な意味」を押さえるだけでなく「理解し、使いこなせる」状態を目指すことが欠かせません。

ある言葉の意味を辞書で調べた時に、「いまいち理解できない」ということもあるでしょう。そんな時は、**別の辞書を引いてみる**ことをおすすめします。

同じ言葉でも、辞書によって説明の仕方や例文などは異なるものです。例としては次のようなものが挙げられます。

●**象徴**
辞書A…言葉では説明できない概念などを具体的に表すこと。(例文) ハトは平和の象徴。
辞書B…目に見えないものを、色や音、形などを借りて表すこと。(例文) 平和の象徴。

これを読み比べると、「言葉では説明できない概念」が「目に見えないもの」であり、「具体的に表す」が「色や音、形などを借りて表す」ことであるとつかめます。

このように辞書を読み比べることで、「ある辞書の説明を読んでも理解できなかった語句が、別の辞書の説明を見たらあっさり納得できた」ということも、しばしば起こります。

紙の辞書を使っているという場合はなかなか難しいかもしれませんが、複数の辞書を使える環境にある場合は読み比べてみると理解度が高まるでしょう。

Q. 語彙力を高めるために取り組むべきことは何ですか？
A. 語彙集を使った学習と「語彙ノート」の作成です。

Check 第4節

語彙力を高めるためには語彙集を用いた学習をすると同時に、問題演習や日常で出会う言葉を身につけていくことが欠かせません。そのためにおすすめしたいのがオリジナルの「語彙ノート」です。**「語彙ノート」は、問題演習や日常で出会った「説明できない言葉」を書き留めておくもの。**電子辞書などの「ブックマーク」機能（呼び方は製品によって違うかもしれません）を活用してもよいでしょう。**作った「語彙ノート」は定期的に見返す**ようにしてください。

「語彙ノート」の具体的な作り方は、

①ノートかルーズリーフ（書き込める電子機器でも可）を用意する。
②「語句（読み方）」「意味」「例文」を書き留める。

というものです。

ある程度見やすいに越したことはないですが、極端に綺麗なレイアウトにこだわったり、「詳しい解説を全部書き写そう」と思ったりする必要はありません。

●「語彙ノート」の例

■逆説（ぎゃくせつ）

一見間違っているようで、実は正しい内容を含むこと。

（例）「急がば回れ」は逆説的な表現である。

■御託《ごたく》を並《なら》べる

「語彙ノート」に限らず、やはり学習は「続ける」ことが最大のポイントです。「細かい部分にこだわった方がやる気が出るし、続けられる」というタイプの人はある程度こだわってもよいでしょうが、基本的にはシンプルに「記録しておく」ものだと思っておくとよいでしょう。

また、**「語彙ノート」を作る時は必ず例文も書き留めておく**ようにしましょう。**語彙力を高めるためには、言葉の「辞書的な意味」を押さえるだけでなく「理解し、使いこなせる」状態を目指すことが欠かせません。**その言葉の使われ方を確認する意味でも、きちんと例文も書き写しておきたいものです。

6-4 大学入試に向けて

Q. 現代文は共通テストだけなので、勉強時間を割かなくてもよいですか？
A. ある程度は勉強しておきましょう。

Check 第5節

主に理系の受験生にとって、現代文という科目は共通テストでしか使わない、あるいは受験するうちの何校かでしか使わないということも多いでしょう。

そのような人が「現代文よりも、メインで使う科目の学習に時間を割きたい」と思うのは当然のことだとは思います。どの科目も大学入試で問われる内容は難度が高いものですし、現代文の優先度が低くなるのは仕方ありません。「現代文が嫌い」という人もいるでしょう。

とはいえ、やはり現代文の学習をすることなく入試に臨むのはおすすめしません。

忘れてはいけないのが、（傾斜配点のある場合もあるとはいえ）大学入試の大半が総合得点で合否が決まるということ、現代文も他の科目も得点の価値は同じだということです。

つまり、現代文の一点も、英語の一点も、数学の一点も、基本的には同じ「一点」なのです。

そう考えると、現代文も対策しておく必要があるのがわかるのではないでしょうか。**自分がメインで使う科目とのバランスを考えて優先順位をつけながらも、きちんと学習していきましょう。**

文理を問わず、「他の科目の学習に追われているうちに現代文の学習ができないまま……」という事態は起こりがちです。

先の 第5節 で解説した「学習スケジュールの立て方」を参考に、**現代文学習に取り組む時間をきちんと確保していくようにしてください。**

Check 第1節

Q. 現代文の勉強を今からはじめても、入試に間に合いますか？

A. 「間に合わせる」ためにどうするかを考えましょう。

時期や置かれた状況にもよりますが、こう聞きたくなる気持ちもわかります。実際、毎年のように出てくる質問です。

早くはじめると有利なのは事実ですが、いつはじめても「もっと早くはじめていればよかったのでは？」という不安を覚える人はいるものです。

「そんな回答は求めていない」と言われそうですが、回答は「わからない」の一択です。間に合うかもしれないし、間に合わないかもしれない。

こればかりは入試が終わってみなければわかりません。はじめる時期だけでなく、ペースや理解度にもよるのです。

ちょっと視点を変えてみましょう。

もしここで「間に合わない」と回答したら、その志望校をあきらめますか？

「あきらめる」と答える人もいるかもしれませんが、多くの人はきっとあきらめはしないでしょう。**あきらめたくない志望校があるなら、「間に合わせる」という気持ちをもって学習を積み重ねていく以外ありません。**

そう、今すべきことは**「間に合うかどうか」心配することではなく、「間に合わせる」ためにどうするかを考えること**です。「間に合わせる」ことを前提に、どうしていくかを考えていきましょう。

本書がその参考になることを願っています。

第1章で解説した学習法を意識しながら、次章以降の学習に取り組んでいってください。

それでは、現代文学習をはじめていきましょう！

第2章

読解ルール編

ステップ
2

第1節 テーマ・概念・助詞 ——日本語の文の「ほどき方」を知る

福田恆存『私の幸福論』

1-1 文章のテーマ（主題）

論理的な文章は、**一つのテーマ（主題）を中心**として組み立てられています。したがって、テーマとなる概念（大まかな内容を短くまとめた言葉）を押さえることが文章読解の第一歩です。

> **テーマ＝文章が何について述べているかを示す語句や文**
>
> 例 「生物多様性」「ビッグデータ」「科学の限界」「理想的な生き方とは何か」

一つの文章でテーマを表す概念が繰り返されるのは自然なことです。**段落や文章内で繰り返し出てくる語句や文に着目して、文章のテーマを押さえましょう。**

1-2 概念に詰め込まれたストーリー

たとえば「ビッグデータ」という概念は、「大きな情報、資料」という言葉の意味を超えて、さまざまなことと関連しています。

・AI（人工知能）
・社会問題の解決
・個人情報の扱い　など

一つの概念にはこのようにいくつもの概念やストーリーがひもづけられています。**文章を読むとは、筆者が「何を」「どう」述べているかを正しく追っていくこと**です。

筆者が伝えようとするメッセージやストーリーを短い言葉に凝縮したものがテーマ（概念）、文の形で書いたものが要旨です。

> テーマ・概念（短い言葉）――筆者の考え――要旨（文）

1-3 「とは」の働き

慎重な書き手は、文章の鍵を握る言葉（キーワード）について意味（定義）を確認します。概念の意味が間違って受け取られては困るからです。**言葉の定義は「○○とは」として示されることが多いので、「とは」が出てきたら要チェックです。**

例　ここでいう高齢者とは、六十五歳以上の男女を指すものとする。

1-4 さまざまな概念

概念はすでにある言葉だけでなく、さまざまな形で示されます。

① **外来語などで示される新しい概念**

「ヤングケアラー」「Z世代」など、新しい概念が次々と登場しています。こうした言葉を押さえていくことも現代文の学習の一環です。

② **書き手オリジナルの概念**

筆者が考えたテーマについて、筆者が改めて定義した独自の概念や、新しく名づけた概念をもとに文章を書き進めていくことがあります。このケースでは、**言葉の意味の定義づけ（「○○とは」「○○とする」などの形で示される）**を押さえます。

例
・この「不条理」とは理性のないということである。
・この手の態度を、ここでは方法としての事なかれ主義としよう。

1-5 日本語文の組み立て（日本語の文構造）

文章には一文が長く、すぐに意味を理解するのが難しいものもあります。そのような場合に有効なのが、**文の構造を考える**という作業です。**格助詞（「を」「に」「と」など）や副助詞（「は」「も」など）に注意して、ある程度のまとまりに区切っていく**と構造が浮かび上がり、意味を把握しやすくなります。次の長い文の場合であれば、こんな具合です。

図書館で閲覧券の係へと「出世」していたという男の意外な事実は、希望を捨てず努力を怠らない姿勢と意気込みとがあれば現状から脱却できることを、人間一般に通じる真理として信じられるかもしれないことにつながっている。

すべての文で今回のような「分析」を行う必要はありません。ただ、複雑で意味を取りにくい文章に出会った場合に、**一つの手がかりとして助詞に○をつけ、構文をつかむことは有効**です。

- □ **繰り返し出てくる語句や文に着目してテーマを押さえる。**
- □ **「～とは」など筆者による言葉の定義をチェックする。**
- □ **長い文などは助詞に注意して、ある程度のまとまりに区切って考える。**

短文演習　次の文章を読んで、後の問に答えよ。

解答時間7分　得点　　点

エリオット（注1）は「文化とは生きかたである」といっております。一民族、一時代には、それ自身特有の生きかたがあり、その積み重ねの頂上に、いわゆる文化史的知識があるのです。私たちが学校や読書によって知りうるのは、その部分だけです。そして、その知識が私たちに役だつとすれば、それを学ぶ私たちの側に私たち特有の文化があるときだけであります。私たちの文化によって培われた教養を私たちがもっているときにのみ、知識がはじめて生きてくるのです。そのときにだけ、知識が教養のうちにとりいれられるのです。教育がはじめて教養とかかわるのです。

文化によって培われた教養と申しましたが、いうまでもなく、教養というものは、文化によってしか、いいかえれば、「生きかた」によってしか培われないものです。ところで、その「生きかた」とはなにを意味するか。それは、家庭のなかにおいて、友人関係において、また、村や町や国家などの共同体において、おたがいに「(A)うまを合せていく方法」でありましょう。といって、この方法は、なにも個人個人がめいめいに考えるものではなく、個人が生れるまえからおこなわれていたものなのであります。

が、誰もかれもが、その一般的な「生きかた」を受けついで、それ以上に出ないとすれば、その共同体は澱《よど》んだ水のように腐ってしまうでしょう。第一、それでは教養などというものの発生する余地はありません。一つの共同体には、おたがいが「うまを合せていく方法」があると同時に、各個人は、この代々受けつがれてきた方法と、自分自身との間

※解答は別冊P2

語彙チェック

- □ 特有
- □ 培う
- □ めいめい
- □ 澱む

に、また別に「うまを合せていく方法」をつくりださなければならないはずです。

（福田恆存『私の幸福論』による）

（注）1 エリオット…イギリスの詩人。

問一 本文のテーマとして**不適切なもの**を次から**二つ**選べ。

ア 文化　**イ** 民族　**ウ** 文明　**エ** 知識　**オ** 教養

問二 傍線部**A**「うまを合せていく方法」の説明として最も適当なものを次から一つ選べ。

ア 個人個人の「生きかた」によって徐々に培われていく方法である。

イ 家庭や友人関係と公的な関係を結びつけることを可能にする方法である。

ウ 共同体の外でも人が生きていくことを可能にするための方法である。

エ 個人が伝統的な方法と自己との折り合いをつけるための方法である。

オ 各個人の努力で次世代に伝えることが必要とされる方法である。

本文チェック

考え方　繰り返し表現・助詞に着目する

1　エリオットは「文化とは生きかたである」問一といっております。一民族、一時代には、それ自身特有の生きかたがあり、その積み重ねの頂上に、いわゆる文化史的知識があるのです。私たちが学校や読書によって知りうるのは、その部分だけです。そして、その知識が私たちに役だつとすれば、それを学ぶ私たちの側に私たち特有の文化があるときだけであります。私たちの文化によって培われた教養を私たちがもっているときにのみ、知識がはじめて生きてくるのです。そのときにだけ、知識が教養のうちにとりいれられるのです。教育がはじめて教養とかかわるのです。

2　文化によって培われた教養と申しましたが、いうまでもなく、教養というものは、文化によってしか、いいかえれば「生きかた」によってしか培われないものです。ところで、その「生きかた」とはなにを意味するか。問二それは、家庭のなかにおいて、友人関係において、また、村や町や国家などの共同体において、おたがいに「うまを合せていく方法」Aでありましょう。といって、この方法は、なにも個人個人がめいめいに考えるものではなく、個人が生れるまえからおこなわれていたものなのであります。

3　が、誰もかれもが、その一般的な「生きかた」を受けついで、それ以上に出ないとすれば、その共同体は澱《よど》んだ水のように腐ってしまうでしょう。第一、それでは教養などとい

展開

1 知識と教養（1）

①文化とは生きかたである。②教養によって培われた文化に支えられているときにのみ、知識は生きたものとなる。

2 うまを合せていく方法（2・3）

教養を培う文化すなわち③「生きかた」とは、共同体の中で「うまを合せていく方法」である。

共同体に受け継がれてきた「方法」とは別に、④個人は共同体と自分自身の間に、「うまを合せていく方法」を模索する。

うものの発生する余地はありません。**問二** 一つの共同体には、おたがいが「うまを合せていく方法」があると同時に、各個人は、この代々受けつがれてきた方法と、自分自身との間に、また別に「うまを合せていく方法」をつくりださなければならないはずです。

出典

福田恆存『私の幸福論』（ちくま文庫・一九九八年）。

筆者は劇作家・評論家。本書は「自我について」「職業について」などの章からなり、人間の生について筆者ならではの視点から語りおろしたものである。

語彙チェック

ℓ2 **特有《とくゆう》**…それだけがもっていること。

ℓ5 **培《つちか》う**…時間をかけて育てていくこと。

ℓ12 **めいめい**…一人一人。

ℓ15 **澱《よど》む**…水や空気などがとどまって動かないさま。「澱んだ水のように」は変化がなく生き生きとしていないさまをたとえている。

100字要約

①文化とは「生きかた」であり、②それが教養を支え、知識を生きたものにする。③「生きかた」とは共同体の中で「うまを合せていく方法」であり、④個人は自分自身と共同体との間に「うまを合せていく方法」を模索する。

（98字）

第2節 接続語・因果関係——接続語を生かして「論理的」に読む

土井隆義『キャラ化する／される子どもたち　排除型社会における新たな人間像』

2-1 文を方向付ける接続語

順接の「**だから**」「**したがって**」、**逆接**の「**だが**」「**しかし**」、**言い換え**や**要約**を示す「**つまり**」「**すなわち**」

——文と文がどのような関係にあるかを示しながら、文と文をつないでいくのが接続語です。

接続語は**文の方向性を示してくれる**便利な言葉です。本書の見返しに「主な接続語の意味用法」があるので、ぜひ確認してください。ここでは、注意すべき接続語の用法を押さえておきます。

「**また**」…前に書かれた内容と後ろに書かれた内容を並列させる

※「**また**」の前後には、ほぼ同じ構造をもった文や句などが並列しています。

例　うかつなアドバイスは考えるのを止めかねない。**また**創造性の芽を摘んでしまうこともある。

「**さて・ところで・では**」…話題を転換する

※段落の最初にある場合、意味段落（↓第4節）の区切りになることの多い接続語です。

例　**では**、望ましい解決のための条件とは何だろうか。

2-2 接続語は話の展開を予告する

「**しかし**」とあれば、次の文では前の文の内容を打ち消したり、反対の内容が続いたりすること、「**だから**」「**したがって**」とあれば、前の文をもとにして次の事実や考えが続くことがわかります。「**また**」が使われた場合には、「このあとに同等の内容がつけ加えられる」と注意して読みましょう。

このように、**一つ一つの接続語は文章の次の展開を予告しています**。接続語には、筆者が文章を書きついでいく際の息づかいが表れています。

2-3 因果関係は原因・理由に注意する

因果関係とは、いくつかの事柄の間の「**原因**」と「**結果**」の関係を表します。読解問題には「**なぜか**」「**どうしてか**」などの理由説明問題があります。その場合、原因・理由の部分をまず確認します。

たとえば「**だから**」「**したがって**」とある場合、**前に原因・理由などを示す根拠**が書かれています。

一方、**原因・理由を示す根拠は前にあると限らず、後ろにある場合もあります**。その場合、まずは後ろに「**ので**」「**から**」「**ため**」などの文末表現がないかどうか確認しましょう。

> ………。したがって、**○○○ということである。**
>
> ←
>
> **傍線部の前に「したがって」とあるので、前の文に原因・理由などを示す根拠があるとわかる。**

ただし、**接続語などがなくても、因果関係を表す場合があります**。その場合は、前後の文の関係から因果関係が成立している部分を探しましょう。

2-4 接続語のバリエーション

「接続語」ではありませんが、「接続語的」な働きをする大切な言葉です。

①「ともかく」「いずれにしろ」

「**ともかく**」「**いずれにしろ**（**いずれにせよ**）」（「閑話休題《かんわきゅうだい》」という言葉も同様です）などは、話題がそれたり話が複雑になったりしてきた場合に、話を元に戻すことを宣言する言葉です。

やや乱暴な言い方になりますが、「それまでの話はどうでもよいので本題に戻る」ことを宣言する言葉でもあります。

「**ともかく**」や「**いずれにしろ**」が出てきたら、**文章のテーマや主題を改めて確認し、そこに立ち返るよう**、モードを切り替えましょう。

② 呼応の副詞

「**あたかも〜のようだ**」「**まるで〜のようだ**」「**必ずしも〜ない**」など、前後の言葉がセットで（呼応して）使われることがあります。

続く言葉を「予告する」もので、たとえば「**まるで**」とあったら「**〜のようだ**」があとにくる表現です。

例 その笑顔は**まるで**天使**のようだ**。

③ **「もちろん（確かに）～しかし」**

「**もちろん（確かに）**」で譲歩して反対の意見や相手の主張などをいったん受け入れますが、「**しかし**」以下で本来の意見を述べる構文です（↓第7節）。

例 **もちろん**言語はコミュニケーションの手段として重要だ。**しかし**、それだけではない。

- □ 接続語から文の展開を予測して読む。
- □ 因果関係は原因・結果をチェックする。
- □ 「ともかく」「まるで～のようだ」「もちろん～しかし」などの働きに注意。

短文演習

次の文章を読んで、後の問に答えよ。

解答時間7分　得点　　点

かつて、A社会の側に安定した価値の物差しがあった時代には、時々の場の空気や気分などによって、個々の評価が大きく揺らぐことはありませんでした。だから、周囲の人びとによる一時的な評価を過剰に気にかけたり、それに翻弄されることも少なかったといえます。場合によっては、「我が道を進む」と孤高にふるまうことすらできました。社会の物差しを自らの内面に取り込み、それを自分の物差しとすることで、自己肯定感の安定した基盤を確保できたからです。また、そういった支配文化に違和感を覚えていた少年たちも、対抗文化の物差しを自らの内面に取り込み、それを自分の物差しとすることで、自己肯定感の安定した基盤を確保することができました。いずれにせよ、自分が属する文化の正当性に裏づけられたBジャイロスコープ（回転儀）が自分の内部で作動していたので、それを支えに一人で立っていることも容易だったのです。

しかし、人びとの価値観が多元化し、多様な生き方が認められるようになった今日の社会では、高感度の対人レーダーをつねに作動させて、場の空気を敏感に読み取り、自分に対する周囲の反応を探っていかなければ、自己肯定のための根拠を確認しづらくなっています。いわば内在化された「抽象的な他者」という普遍的な物差しが作用しなくなっているために、その代替として、身近にいる「具体的な他者」からの評価に依存するようになっているのです。

（土井隆義『キャラ化する／される子どもたち　排除型社会における新たな人間像』による）

※解答は別冊P4

語彙チェック

- □翻弄
- □対抗文化
- □抽象的
- □普遍的

問一 傍線部Aの説明として**不適切なもの**を次から一つ選べ。

ア まわりの人たちからの評価を気にしないという選択肢もあり得た。
イ 社会の側の物差しを取り込むことで自分を肯定することができた。
ウ 社会の側の物差しとは異なる物差しというものも存在していた。
エ 周囲の反応をいちいち気にしなくても、容易に一人立ちできた。
オ 「抽象的な他者」という普遍的な物差しが作用しなくなってきた。

問二 傍線部Bの「ジャイロスコープ（回転儀）」について、次の【説明文】を参考にしながら、対照的に用いられている比喩表現を文中から探し出し、十字で書き抜いて示せ。

【説明文】
ジャイロスコープ
物体の向きや角速度を検出する計測器であり、回転するこまを三つの回転軸で自由に向きを変えられるように支えた装置。支えが向きを変えても、こまは向きを変えない。

本文チェック

考え方　論理的な関係──接続語に着目する

1 かつて、社会の側に安定した価値の物差しがあった時代には、時々の場の空気や気分などによって、個々の評価が大きく揺らぐことはありませんでした。だから、周囲の人びとによる一時的な評価を過剰に気にかけたり、それに翻弄されることも少なかったといえます。場合によっては、「我が道を進む」と孤高にふるまうことすらできました。問一 社会の物差しを自らの内面に取り込み、それを自分の物差しとすることで、自己肯定感の安定した基盤を確保できたからです。また、そういった支配文化に違和感を覚えていた少年たちも、対抗文化の物差しを自らの内面に取り込み、それを自分の物差しとすることで、自己肯定感の安定した基盤を確保することができました。いずれにせよ、自分が属する文化の正当性に裏づけられたジャイロスコープ（回転儀）が自分の内部で作動していたので、問二 それを支えに一人で立っていることも容易だったのです。

2 しかし、人びとの価値観が多元化し、多様な生き方が認められるようになった今日の社会では、高感度の対人レーダーをつねに作動させて、場の空気を敏感に読み取り、自分に対する周囲の反応を探っていかなければ、問一 自己肯定のための根拠を確認しづらくなっていきます。いわば内在化された「抽象的な他者」という普遍的な物差しが作用しなくなっているために、その代替として、身近にいる「具体的な他者」からの評価に依存するようにな

展開

1 かつての社会（1）

①かつては社会の側に安定した価値の物差しがあったので、それを内面化するなどして自己を肯定し、一人で立っていることも容易だった。

2 今日の社会（2）

しかし、②今日の社会では普遍的な物差しが作用しなくなっており、自己肯定感のための根拠を確認しにくくなって、③身近で具体的な他者からの評価に依存

っているのです。

―　するようになっている。

出典

土井隆義『キャラ化する／される子どもたち　排除型社会における新たな人間像』（岩波書店・二〇〇九年）

筆者は社会学者。本書は「アイデンティティ」ではなく「キャラ」から自己を捉える現代のコミュニケーションのあり方や人間関係を論じたもの。岩波ブックレットの一冊。

語彙チェック

ℓ3　**翻弄《ほんろう》**…思うままにもてあそぶこと。

ℓ7　**対抗文化《たいこうぶんか》**…主流の高級な文化に対する若者文化などを指す。カウンターカルチャーともいう。

ℓ14　**抽象的《ちゅうしょうてき》**…個々のはっきりした形をもたないさま。⇔**具体的《ぐたいてき》**

ℓ14　**普遍的《ふへんてき》**…例外なく、どの場合にもあてはまるさま。⇔**個別的《こべつてき》**

100字要約

①かつては社会の側に安定した価値の物差しがあり、それを内面化するなどして自己を肯定できたが、②今日の社会では普遍的な物差しが作用しなくなっており、③身近で具体的な他者からの評価に依存するようになっている。（99字）

第2章 第3節

指示語の働き ——文を「まとめ」「つなぐ」働きを理解する

伊藤亜紗・中島岳志・若松英輔・國分功一郎・磯崎憲一郎『「利他」とは何か』

3-1 指示語の働き

Aさん「あの話、どうなったんだろう?」

Bさん「あの話、って?」

ごくありふれた会話です。Bさんには、Aさんの言う「あの話」が何かはわかりませんが、Aさんにとって「あの」はわかりきったものです。

この時、Aさんの頭の中では、ある一連の出来事が「あの話」とまとめられています。(言い換えるなら、「あの話」という「概念」ができあがっています。)

「これ」「あの」「そのような」などの指示語は、「もの」を指し示したり、繰り返しを避けたりするといった働きもありますが、文章読解で注意したいのは、**一連の「話」や「ことがら」「概念」を短くまとめる働きです**。

3-2 文章での指示語

どういうことか、例を挙げて説明しましょう。

例　Cという詩人には、世界文学史上の天才というイメージがつきまとう。
　しかし、そのイメージは、Cという人間の半分しか捉えていない。

「C＝世界文学史上の天才というイメージ」を「そのイメージ」と短くまとめた上で、「Cという人間」がどのようであったかという話題に移っています。

一つの文にいくつもの情報を詰め込んでしまうと文が複雑でわかりにくくなります。そこで一つ目の文をひとまず区切り、続く文を指示語ではじめることで、一つ目の文を前提にして次の話へとつながっていくことがはっきりとわかります。

＿＿＿＿＿＿＿＿＿＿。

＝

このことは、～

↓

- **前の文を前提にしていることがわかる**
- **次の「新しい」内容へとスムーズにつながる**

3-3 指示語を手がかりに読む

指示語には文を「つなぐ」働きがあるので、指示語を正しくつないでいくことで、文章の展開をたどることができます。たとえば読解問題で「『これ』は何を指すか」といった設問があります。これは「文章を正しく追うことができているか」という理解を問う設問です。

普段の会話では、「指示語が何を指すか」をいちいち確認しているわけではありません。文章の読解でも、すべての指示語について「何を指すか」をじっくり確認することは効率が悪いですし、その必要もありません。

ただし、**設問で問われている箇所やその前後、理解しづらい箇所では、接続語と指示語が何を指すのかをチェックすることを習慣づけましょう。**

例　――――。したがって、この傾向はあくまで暫定的なものでしかない。

→ **「したがって」が受ける部分と、「この傾向」が指す内容をチェック。**

なお、指示語は必ず前を指すとは限りません。時には後ろの内容を指す場合があります。ですので、**指示語が指しているものを考える際は、その前後をチェックするようにしましょう。**

例　今日の講義はおしまいですが、これを言い忘れていました。来週は休講です。

→ **「これ」は前の内容ではなく、「来週は休講です」を指す。**

3-4 「前者《ぜんしゃ》」と「後者《こうしゃ》」 指示語のバリエーション

「これ」「その」などの指示語ほど一般的ではありませんが、二つのものを順番に指す「前者」「後者」という言葉は、指示語のバリエーションの一つです。

前者＝二つ出てくるうち、前にあることがら
後者＝二つ出てくるうち、後ろにあることがら

例 東洋の文化と西洋の文化のうち、ある人は後者を高く評価し、ある人は前者に大きな価値があると考える。

この文では「東洋の文化」と「西洋の文化」が対比されています。そして、最初に出てくる「東洋の文化」を「前者」、次に出てくる「西洋の文化」を「後者」と言い換えて使っています。

- □ **指示語は前の文を「まとめ」、次に「つなぐ」。**
- □ **設問の箇所やわかりづらい箇所では「接続語」と「指示語」をチェック。**
- □ **「前者」「後者」も指示語の一種。**

短文演習　次の文章を読んで、後の問に答えよ。

解答時間7分　得点　　点

現代は、さまざまな業績が数字で測られる時代になっています。取りつけた契約の件数やページビューの数、研究者であれば論文の数やその被引用数など、私たちは常に「数字を意識しながら」生活するようになっています。

ジェリー・Z・ミュラー(注1)の『測りすぎ』は、そんな［　A　］がもたらす弊害について論じた本です。数値化そのものが悪というわけではありませんが、それが目的化すると、人は「数合わせ」さえするようになってしまいます。

たとえば、アメリカで二〇〇二年に施行された「落ちこぼれ防止法（NCLB）」の話が紹介されています。その目的は、その名のとおり、生徒間の学力格差をなくすこと。これにもとづいて、全国の小中学校で学力を測定するための共通テストが行われるようになりました。

ところが、このテストのスコアは同時に、教師や校長の昇給を左右するインセンティブ(注2)にもなっていました。結果として起こったのは、授業時間を共通テストのある数学と英語ばかりに費やし、歴史や社会、美術、体育、音楽といった科目をおろそかにする、教育内容の歪《ゆが》みでした。しかも、その数学と英語もテスト対策的な内容が中心になり、長文を読んだり長い作文を書いたりするのが苦手な生徒が増えてしまったのです。

さらに、テキサスとフロリダでは、調査の結果、<u>こんな実態</u>(B)が明らかになりました。その学校では、学力の低い生徒を「障害者」にカテゴライズすることにしたのです。そう

※解答は別冊P6

語彙チェック
□被引用数
□目的化

することで、彼らを評価対象から排除し、全体の平均点があがるようにしたのです。数字のために、「落ちこぼれをなくす」という本来の利他的な目的が歪められています。

（伊藤亜紗・中島岳志・若松英輔・國分功一郎・磯崎憲一郎『「利他」とは何か』による）

（注）1　ジェリー・Z・ミュラー…アメリカの歴史学者。
2　インセンティブ…意欲を引き出すために、外部から与える刺激のこと。

□ 利他的

問一 空欄**A**に入る最も適当なものを次から一つ選べ。

ア 数字による評価の行きすぎ　**イ** 数字を人間にたとえること
ウ 互いに業績を競うことの愚　**エ** 数字を軽視する研究者の勘
オ 論文や契約が創る人間関係

□

問二 傍線部**B**の説明として最も適当なものを次から一つ選べ。

ア 共通テストが、生徒の学力の向上という本来の目的を果たせなくなったこと。
イ テストの結果、学力の高い生徒と低い生徒の差がはっきりと出てしまったこと。
ウ 英語や数学の学習の中心がテスト対策になり、本来の学習ができなくなったこと。
エ 学力の低い者を評価対象から外してまで、全体の平均点を上げようとしたこと。
オ 「落ちこぼれをなくす」という目的のために、評価が細かく行われすぎていること。

□

本文チェック

考え方 指示語の内容と前後で考える

1 現代は、さまざまな業績が数字で測られる時代になっています。取りつけた契約の件数やページビューの数、研究者であれば論文の数やその被引用数など、問一 私たちは常に「数字を意識しながら」生活するようになっています。

2 ジェリー・Z・ミュラーの『測りすぎ』は、そんな［ A ］がもたらす弊害について論じた本です。数値化そのものが悪というわけではありませんが、それが目的化すると、人は「数合わせ」さえするようになってしまいます。

3 たとえば、アメリカで二〇〇二年に施行された「落ちこぼれ防止法（NCLB）」の話が紹介されています。その目的は、その名のとおり、生徒間の学力格差をなくすこと。これにもとづいて、全国の小中学校で学力を測定するための共通テストが行われるようになりました。

4 ところが、このテストのスコアは同時に、教師や校長の昇給を左右するインセンティブにもなっていました。結果として起こったのは、授業時間を共通テストのある数学と英語ばかりに費やし、歴史や社会、美術、体育、音楽といった科目をおろそかにする、教育内容の歪《ゆが》みでした。しかも、その数学と英語もテスト対策的な内容が中心になり、長文を読んだり長い作文を書いたりするのが苦手な生徒が増えてしまったのです。

展開

1 数字を気にする社会（1・2）

①現代はさまざまな業績が数字で測られ、私たちは常に数字を意識しながら生活しているが、②数字が目的化すると弊害が生じる。

2 落ちこぼれ防止法（3〜5）

生徒間の学力格差をなくすことを目的に③共通テストが行われるようになった。しかしテストのスコアが教師や校長の昇給を左右した。その結果、④スコアを上げようと教育内容が変更され、テスト対策が中心となった。⑤果てには学力の低い生徒が評価対象から排除され、⑥本来の利他的な目的が歪められた。

5 **さらに**、テキサスとフロリダでは、調査の結果、B**こんな実態**が明らかになりました。問二 その学校では、学力の低い生徒を「障害者」にカテゴライズすることにしたのです。そうすることで、彼らを評価対象から排除し、全体の平均点があがるようにしたのです。数字のために、「落ちこぼれをなくす」という本来の利他的な目的が歪められています。

出典

伊藤亜紗・中島岳志・若松英輔・國分功一郎・磯崎憲一郎『「利他」とは何か』（集英社新書・二〇二一年）の第一章「『うつわ』的利他」

問題文の筆者である伊藤亜紗は美学者。本書は新型コロナウイルスの蔓延《まんえん》がもたらした世界危機の中で、他者との関わり合いを「利他」というキーワードを軸として各分野から五人の執筆陣が考察を重ねた論考である。

語彙チェック

ℓ2 **被引用数**《ひいんようすう》…引用された数。「被」は「～される」という受け身の意味を表す。

ℓ5 **目的化**《もくてきか》…本来は手段であるはずのものが目的になってしまっていること。

ℓ19 **利他的**《りたてき》…自分を犠牲にして他人のために行動するさま。⇔利己的《りこてき》

100字要約

①現代はさまざまな業績が数字で測られるが、②数字が目的化すると弊害が生じる。③共通テストでの④スコアを上げるために教育内容が変更され、⑤学力の低い生徒が評価対象から外されるなど、⑥本来の利他的な目的が歪められた。（100字）

第2章 第4節

段落の考え方 ——「文章全体」をつかむためのステップ

加藤重広『言語学講義——その起源と未来』

4-1 形式段落と意味段落

形式段落とは、一字分下げてはじまる一つ一つの段落のことです。形式段落は、筆者が話題の区切りめを客観的な形で示したものです。

意味段落とは、通常、いくつかの形式段落を「意味のかたまり」でまとめあげた中間的な単位で、意味段落がいくつか集まって全体の文章ができあがります。

下の図のようにつかみましょう。

4-2 形式段落ごとに読む

一つ一つの形式段落は一般に、いくつかの文が集まってできあがっています。まずは接続語や指示語の使い方などに注意しながら、**形式段落ごとにテーマやキー・ワード、中心的な文（キー・センテンス）を確認します。**

段落ごとに見出しをつけたり、内容を一行程度の短い文でまとめられたりするようになることが最初の目標です。

> ①小説を書くということは、決して紙に向って筆を動かすことではない。②吾々《われわれ》の平生の生活が、それぞれ小説を書いているということになり、また、その中で、小説を作っているべきはずだ。③どうもこの本末を顚倒《てんとう》している人が多くて困る。④ちょっと一二年も、文学に親しむと、すぐもう、小説を書きたがる。⑤しかし、それでは駄目だ。⑥だから、小説を書くということは、紙に向って、筆を動かすことではなく、日常生活の中に、自分を見ることだ。⑦**すなわち、日常生活が小説を書くための修業なのだ。**⑧学生なら学校生活、職工ならその労働、会社員は会社の仕事、各々《おのおの》の生活をすればいい。
>
> （菊池寛「小説家たらんとする青年に与う」による）

右の文章のテーマは「小説を書くということ」です。また、一つの形式段落が八つの文からできていますが、**「すなわち」ではじまる⑦の文が最も中心的な文（キー・センテンス）にあたります。**

この段落の内容は、**「小説を書く修業となるのは日常生活だ」**とまとめることができます。

4-3 意味段落にまとめる

次に、いくつかの形式段落を一くくりにして、意味段落のまとまりを作っていきます。一概には言えませんが、次のようなことが手がかりになります。

①新しいトピックやキー・ワードが出てきた時
↓その形式段落から新しい意味段落

②「さて」「では」など話題を展開することを示す接続語が形式段落の最初にある時
↓その形式段落から新しい意味段落

形式段落と違い、意味段落の区切り方には「絶対にこれ」といった「一つだけの正解」はありません。**読み手の解釈で、「理解しやすいように区切る」と考え、柔軟に読んでいくことが大切です。**

4-4 「第一に」「第二に」数え上げる言葉をマークする

論理的に書かれた文章では、「第一に（まず）」「第二に（次に）」……のようにして、いくつかのことがらを順に並べていく書き方が出てくることがあります。そのような場合には、それぞれをマークして読んでいきます。

例　現代社会の特徴は次の三つにまとめられる。
第一に／まず、……。
第二に／次に、……
第三に／最後に、……

- □ **まずは形式段落一つ一つの要点をつかむ。**
- □ **トピックや接続語などに注意して意味段落をまとめる。**
- □ **「第一に」「第二に」など数え上げる表現はマークして読む。**

短文演習

次の文章を読んで、後の問に答えよ。
なお、本文上の[1]～[3]は段落番号を示す。

解答時間7分　得点　　点

[1] 旧約聖書に出てくるバベルの塔の話はよく知られている。ピーテル・ブリューゲル(注1)の絵で見たことがあるという方もあろうが、もちろん、あれは想像に過ぎない。人間が天まで届く高い塔を建てようと傲慢なもくろみを持ったので、神の怒りを買い、高い塔を建てようとした人々のことばがばらばらになって通じなくなったという寓話《ぐうわ》で、混乱という意味の語からバベルと呼ばれたというのである。

[2] つまり、神の逆鱗《げきりん》に触れる以前、人間はみな一つの同じ言語を話していて、天罰として言語が多様化したことになる。逆に言えば、人間が謙虚に暮らしていた昔には人は皆一つの言語を話していて、だれとでもコミュニケーションできたわけである。これを言語思想史では「単一言語幻想」と呼んでいる。もともとエデンの園にアダムとイブしかいないのなら古代は単一言語だったと考えるのはむしろ当然かもしれない。

[3] ヨーロッパで普遍言語の設計(注2)などの考えが現れるのは、この単一言語幻想が背景にあるからだとする指摘もある。ザメンホフのエスペラントという人工国際語は、他の人工語が潰《つい》えていく中で唯一生き残り、成功したと言ってもいいだろう（が、話者数は英語にははるかに及ばない）。人類が共有できる言語という理想もある種の単一言語幻想の現れである。

（加藤重広『言語学講義——その起源と未来』による）

※解答は別冊P8

語彙チェック

- □ 傲慢
- □ 寓話
- □ 逆鱗に触れる

（注）1　ピーテル・ブリューゲル…一六世紀の画家。
2　ザメンホフ…人工国際言語であるエスペラントの創案者。

問一　[1]・[2]段落に「見出し」をつける場合、その組み合わせとして最も適切なものを次から一つ選べ。

ア　[1]＝神の怒り　[2]＝単一言語幻想
イ　[1]＝バベルの塔　[2]＝単一言語幻想
ウ　[1]＝神の怒り　[2]＝言語の多様化
エ　[1]＝バベルの塔　[2]＝言語の多様化

□

問二　[3]段落で筆者が述べていることに合致するものを次から一つ選べ。

ア　単一言語幻想が背景となって、普遍言語や言語の共有という考えが生まれた。
イ　普遍言語や人工国際語を設計しようとする試みは、ヨーロッパだけで生じた。
ウ　言語を人工的に設計することの根本には、単一の言語に対する不信感が存在する。
エ　エスペラントという人工国際語ではなく、英語が国際語の役割を果たしている。
オ　言語を共有するのは筆者の理想であるが、単一言語という発想は幻想でしかない。

□

本文チェック

考え方 形式段落と意味段落に注意する

[1] 旧約聖書に出てくるバベルの塔の話はよく知られている。ピーテル・ブリューゲルの絵で見たことがあるという方もあろうが、もちろん、あれは想像に過ぎない。問一 人間が天まで届く高い塔を建てようと傲慢なもくろみを持ったので、神の怒りを買い、**高い塔を建てようとした人々のことばがばらばらになって通じなくなったという寓話《ぐうわ》**で、混乱という意味の語からバベルと呼ばれたというのである。

[2] つまり、神の逆鱗《げきりん》に触れる以前、人間はみな一つの同じ言語を話していて、天罰として言語が多様化したことになる。逆に言えば、問一 人間が謙虚に暮らしていた昔には人は皆一つの言語を話していて、だれとでもコミュニケーションできたわけである。これを言語思想史では「単一言語幻想」と呼んでいる。もともとエデンの園にアダムとイブしかいないのなら古代は単一言語だったと考えるのはむしろ当然かもしれない。

[3] 問二 ヨーロッパで普遍言語の設計などの考えが現れるのは、この単一言語幻想が背景にあるからだとする指摘もある。ザメンホフのエスペラントという人工国際語は、他の人工語が潰《つい》えていく中で唯一生き残り、成功したと言ってもいいだろう（が、話者数は英語にはるかに及ばない）。人類が共有できる言語という理想もある種の単一言語幻想の現れである。

展開

1 バベルの塔の寓話（[1]）

①バベルの塔の話は、人間が神の怒りを買い、②ことばがばらばらになって通じなくなったという寓話である。

2 単一言語幻想（[2]・[3]）

③単一言語幻想は、昔は皆一つの言語を話し、だれとでもコミュニケーションできたと考えることである。④普遍言語の設計や言語の共有という理想もある種の単一言語幻想の現れである。

出典

加藤重広『言語学講義——その起源と未来』（ちくま新書・二〇一九年）

筆者は言語学者。本書はAIをはじめ最新の動きを交えながら、言語学という学問の基本的な考え方と全体像を幅広い視点からわかりやすく論じている。

語彙チェック

ℓ3 **傲慢《ごうまん》**…おごり高ぶって人を見下すこと。

ℓ4 **寓話《ぐうわ》**…巧みな比喩を使って、人間にとって大切な教訓を表現したたとえ話。

ℓ6 **逆鱗《げきりん》に触《ふ》れる**…（竜を激しく怒らせることから転じて）目上の人を激しく怒らせること。

100字要約

①バベルの塔の話は、②ことばがばらばらになって通じなくなったという寓話だが、そこには③昔の言語は一つだったという単一言語幻想がある。④普遍言語の設計や言語の共有という理想もある種の単一言語幻想の現れである。（99字）

第2章 第5節

比喩の役割――「たとえ（比喩）」に込められた真意をつかむ

青木貞茂『キャラクター・パワー　ゆるキャラから国家ブランディングまで』

5-1 たとえ（比喩）の考え方

「はだかの王様」というお話があります。

アンデルセンの童話として世界的に有名な話ですが、まわりの者が真実を言わないために、自分の本当の姿がわかっていない権力者の姿を描いたこの話から、「○○は、はだかの王様だ」というように、孤立した権力者の姿をたとえた言葉として使うことがあります。

身近なこと、具体的なことにたとえて話を進めていくことは、話や文章をわかりやすくするための有効な手段です。

たとえ（比喩）では、「何を何にたとえているのか」「たとえを通して伝えたいことは何か」を意識しましょう。

5-2 たとえ（比喩）は出発点

文章のテーマに関わる箇所にたとえ（比喩）が登場する場合には、その背後にある「論」やストーリーを追っていきます。

「はだかの王様になった権力者」で考えてみましょう。

> はだかの王様 ― 権力者
> ＝
> ・まわりはみんなイエスマン（＝権力者に無批判で従う）
> ←
> ・真実に気づかない権力者

〈はだかの王様＝権力者〉という**見立て（一対一の対応）を出発点**として、そこからどのような「論」が展開しているかを、文章に沿って読み解いていきます。

5-3 定型の比喩とオリジナルの比喩

右に挙げた「はだかの王様」は、慣用的で定型的なたとえ（比喩）です。

他に、「色眼鏡で見る」（先入観をもって接する）なども同じです。

これとは別に、**たとえ（比喩）には筆者オリジナルの比喩や、いくつかの概念を組み合わせて作った造語**もあります。

例
・味覚の万国博覧会ともいうべき様相を呈している
→多くの国が集まる万国博覧会のように、味覚の種類が多彩であるさま
・「地獄の料理人」と異名を取ったレスラー
→地獄のように過酷なやり方で、相手をやりこめてしまう（＝料理する）レスラーの姿

定型的なたとえ（比喩）は、知識として使い方を理解しておきましょう。一方で、オリジナルの比喩は文章の中でそのつど正しく理解していきます。

5-4 比喩の分類を確認

まずは比喩の形式を三つ確認しておきましょう。

①　直喩（明喩）
「まるで」「～のような」などの言葉で、比喩であることを明示したもの。
例　・海みたいな空だ　・昨日のことのように覚えている

②　隠喩（メタファー）
「まるで」「～のような」などの言葉を使わない比喩表現。
例　・目が釘づけになった　・煙の天使が浮かんでいる

③ 擬人法
人間以外のものを人間とみなすもの。
例 ・キャベツとひき肉の四つ相撲がはじまった。

5-5 レトリックとは

たとえ（比喩）をはじめとして、わかりやすく、あるいは効果的に伝えることを目的として工夫された表現の技法を、レトリックといいます。

レトリックにはたとえ（比喩）の他、「反語」「擬音語、擬態語」「体言止め（名詞で終わらせる表現）」「倒置法」などさまざまなものがあります。

とくに小説など文学的文章の読解では、**レトリックの種類とその効果**を考えると、文章の個性や特徴が見えてきます。

- □ **たとえ（比喩）では、「何」をたとえ、「何」を言いたいのかを知ることが目標。**
- □ **定型的なたとえ（比喩）と筆者オリジナルのたとえ（比喩）がある。**
- □ **比喩の他にも、さまざまなレトリックがある。**

短文演習　次の文章を読んで、後の問に答えよ。

解答時間7分　得点　点

明治期の日本において、西欧の近代システムを取り入れることに格闘したのが、夏目漱石でした。ナチスによってドイツを追われ、東北大学で教えたカール・レーヴィットは、一九三六年の日本人の思想状況は、A まるで二階建ての家に住んでいるかのようだと指摘しています（『ヨーロッパのニヒリズム』）。一階には日本人として感じ考えたことが、二階にはプラトンからハイデガーにいたるまでのヨーロッパの学問が並べてある。日本人が一階と二階を行き来する梯子《はしご》は、どこにあるのだろうかと疑問を述べているのです。

やがて日本人は、二階建ての家に梯子がないまま、二つの思想が統合されていないまま、B 第二次世界大戦に突入してしまいました。そして戦争に負け、アメリカ化の時代を迎えます。マッカーサーが言った「一二歳の子供」である日本人は、アメリカ的な個人主義・自由主義を、明治維新期以上に強制的に導入することになったのです。

戦前のシステムは、占領軍の絶対権力によって表面上廃棄され、アメリカ型近代の過酷さや複雑さを、無条件で受け入れざるをえませんでした。しかも、明治期に始まった第一の近代化は、敗戦によって複雑骨折のような形となって失敗し、完全な清算がなされないまま、その上にアメリカ型近代がのっている。そんな形になってしまったのです。

（青木貞茂『キャラクター・パワー　ゆるキャラから国家ブランディングまで』による）

※解答は別冊P10

語彙チェック

- □統合
- □絶対権力
- □過酷

問一 傍線部**A**の説明として最も適当なものを次から一つ選べ。

ア 外国の文化を積極的に受け入れる日本人はごく一部でしかないこと。
イ 外見上は近代化しても心の奥底では西洋の文化を軽蔑していたこと。
ウ 日本人としての感性と外国から輸入された学問が断絶していること。
エ 急激的な近代化によって外国の文化が日本に一気に入ってきたこと。
オ 日本人は伝統的な習慣と学問的な思想を巧みに使い分けていること。

問二 傍線部**B**とあるが、第二次大戦後の近代化の挫折について筆者が比喩を用いて表現した言葉を文中から十字以内で探し出し、書き抜いて示せ。

本文チェック

考え方　「たとえ（比喩）」をもとに考える

1　明治期の日本において、西欧の近代システムを取り入れることに格闘したのが、夏目漱石でした。ナチスによってドイツを追われ、東北大学で教えたカール・レーヴィットは、一九三六年の日本人の思想状況は、Aまるで二階建ての家に住んでいるかのようだと指摘しています（『ヨーロッパのニヒリズム』）。問一 一階には日本人として感じ考えたことが、二階にはプラトンからハイデガーにいたるまでのヨーロッパの学問が並べてある。日本人が一階と二階を行き来する梯子《はしご》は、どこにあるのだろうかと疑問を述べているのです。

2　問二 やがて日本人は、二階建ての家に梯子がないまま、二つの思想が統合されていないまま、B第二次世界大戦に突入してしまいました。そして戦争に負け、アメリカ化の時代を迎えます。マッカーサーが言った「一二歳の子供」である日本人は、アメリカ的な個人主義・自由主義を、明治維新期以上に強制的に導入することになったのです。

3　戦前のシステムは、占領軍の絶対権力によって表面上廃棄され、アメリカ型近代の過酷さや複雑さを、無条件で受け入れざるをえませんでした。しかも、明治期に始まった第一の近代化は、敗戦によって複雑骨折のような形となって失敗し、完全な清算がなされないまま、その上にアメリカ型近代がのっている。そんな形になってしまったのです。

展開

1 明治期の日本（1）

①一九三六年の日本人の思想状況は、日本人の感性とヨーロッパの学問が断絶したまま併存する「二階建ての家」にたとえられた。

2 その後の変化（2・3）

②第二次世界大戦後、日本にはアメリカ的な個人主義・自由主義が強制的に導入された。③第一の近代化が清算されないまま、アメリカ的な個人主義・自由主義が導入されたのである。

出典

青木貞茂『キャラクター・パワー　ゆるキャラから国家ブランディングまで』（ＮＨＫ出版・二〇一四年）

筆者の専門は広告論・ブランド論。本書は日本社会にさまざまなマスコットやキャラクターがあふれていることに注目し、日本文化の深層にあるものや日本社会の本質を解明しようとした書。

語彙チェック

ℓ7 **統合《とうごう》**…二つ以上のものを合わせて一つにすること。

ℓ11 **絶対《ぜったい》権力《けんりょく》**…対抗する勢力のない絶大な権力。

ℓ11 **過酷《かこく》**…厳しすぎること。

100字要約

①一九三六年の日本人の思想状況は、日本人の感性とヨーロッパの学問が断絶したまま併存する「二階建ての家」にたとえられ、②第二次世界大戦後、③第一の近代化が清算されずアメリカ的な個人主義・自由主義が導入された。（100字）

第2章 第6節

具体・同義の関係――「同じ」ものをつないで全体にせまる

久野愛『視覚化する味覚――食を彩る資本主義』

6-1 「同じ」ものをつなぐ

文章の著者は、一つのことをさまざまな角度から記述して「わかりやすい」文章を目指します。すると、テーマとなる語句がキーワードとして何回も繰り返されるのは自然なことです。

日ごろ文章を読む場合には目で追っていくだけですが、難しい文章の場合には同じ意味の語句を**線で結ぶなどしてつないでいく**と、テーマのつながりが目に見えるものになり、文章の全体がはっきりと見えてきます。

同じ語句を結んでいくと、別の箇所にその語句の意味がはっきりと書かれているところが見つかる場合もあります。

例　○○○とは、――――である。
　　○○○について、………
　　このように○○○は、～

6-2
具体と抽象を行き来する

次に、文章の構成に関わる「同じ」をみていきましょう。

一つ目は、「具体と抽象の関係」です。

著者は**抽象と具体の間を行き来しながら、「同じ」ことを繰り返していきます**。注意したいのは、抽象と具体にはさまざまなレベルがあるということです。

> （抽象）
> ① 人類が大きな問題に直面していること
> ② 地球規模で環境破壊が進行していること
> ③ 砂漠化や温暖化が進んでいること
> ④ ××市の平均気温が5度上昇したこと
> （具体）

この例では、右にあるほど抽象的であり、左に行くほど具体的になっていきます。

「同じ」としてくくっていくことができるよう、抽象と具体の関係を意識しながら読んでいくことが大切です。

具体の部分は理解の手助けとなる部分、抽象の部分は筆者の考えが端的にまとめられた箇所です。

6-3 引用とは

二つ目は、引用です。

引用とは、文章中に**他の人の言った言葉や書いた文章をそのまま転載すること**です。

著者が他の人の言った言葉や書いた文章を引用するのは、**自分が書こうとしていることと何らかの関わりがあるから**です。この関わりとは大きく言って、

・同じことを言っているので、引用して説得力をもたせる。
・反対したいことを言っているので、引用した上で反論する。

というものです。

どちらの場合にも、文章のテーマ（主題）と関連づけ、結びつけていきます。

なお、**引用に続いて文章の著者自身が引用を自分の言葉で言い換えたり、解釈したりしている箇所がある場合には、その箇所を必ず参照してください**。

6-4 「〜のだ」「〜のである」の働き

最後に、大切な役割をする文末表現を紹介します。

文の最後にある「～のだ」「～のである」「～ということである」は、前の内容を補足したり、理由を述べたり、あるいはまとめたりするなど、何らかの形で前の文を説明することを表します。

例　シカはその柵を難なく乗り越えた。あっという間に成長したのである。
＝事実　＝説明

二つ目の文「あっという間に成長したのである」は、一つ目の文の「シカが柵を難なく乗り越えた」という事実について、筆者の考えていることを説明しています。

設問に関わる箇所では、接続語や指示語をチェックするのと同じく、**前後に「～のだ」「～のである」「～ということである」があればチェックし、強く結びつけて読んでいきます。**

- □「同じ」ものをつなげると文章の流れや全体像が「見えて」くる。
- □「具体と抽象」「本文と引用」を行き来しながら読む。
- □「～のだ」「～のである」「～ということである」は前の文を説明する。

短文演習

次の文章を読んで、後の問に答えよ。

解答時間7分　得点　　点

一八七〇年代以降の科学技術の発展や工業化は、大量生産体制を確立させたとともに、新たな産業を生み出し、さらに人々の生活を大きく変えた。例えば、鉄道網の発達や自動車の登場は新たな都市の風景や生活音を生み出した。また、技術革新や産業の発展で、企業は色や匂いを数値化するなど、それまで主観的なものと考えられてきた感覚を、A客観的かつ科学的に解明し操作できるものとして扱うようになった。香料メーカーがラベンダーやローズなどの香りの化学合成に成功し、人工香料が化粧品などに用いられるようになったのだ。こうして人工的に作り出された色や匂い、味などは、モノの品質判断基準や消費のあり方も変えることとなった。また、デパートの誕生やそこに陳列された多種多様な商品は、消費者の購買行動や嗜好の変化を促しただけではない。新しい技術や商品、販売手法は、B人々の五感の感じ方や感覚を通した周辺環境の認知の仕方にも多大な影響を与えるようになったのである。

　科学史家のスティーヴン・シェイピンは、こうした五感に訴える商品開発や環境構築を行う産業・研究機関・政府などが一体となったシステムを「感覚産業複合体（aesthetic-industrial complex)」と呼んだ。これは、企業戦略における五感の経済的重要性を示唆するとともに、企業だけに留《とど》まらず、政府や大学を含む研究機関など様々な組織・人々が関与する中で、新しい五感経験が誕生したことを意味している。例えばシェイピンが挙げている事例の一つが軍事食の開発で、第二次世界大戦中、政府機関の一つであるアメリカ

※解答は別冊P12

語彙チェック

- □ 主観的
- □ 嗜好
- □ 五感

陸軍需品科は、軍隊用の食事の味のみならず香りや色の研究を行っていた。兵士の体力の源である食事は、エネルギーや栄養を摂取するためだけでなく、いかにおいしく食べられるかが重要だったということである。

（久野愛『視覚化する味覚——食を彩る資本主義』による）

問一 傍線部Aと最も関わりの深いものを次から一つ選べ。

ア 鉄道網　**イ** 都市の風景　**ウ** 人工香料　**エ** デパート
オ 消費者の購買行動

問二 傍線部Bの事例として最も適当なものを次から一つ選べ。

ア 交通網の発達によって人々の行動範囲が広がり、「遠い」という感覚が衰退した。
イ 技術の革新が進められた結果、人工の香料と天然由来の香りの区別が曖昧になった。
ウ 人工の調味料や甘味料に慣れた人々は、刺激的で濃い味付けを好むようになった。
エ 都市化に伴って高層ビルが増えるとともに、里山に郷愁を見出す人々が多くなった。
オ 食べ物の見た目や香りが、栄養エネルギーと同等かそれ以上に重要視されはじめた。

本文チェック

考え方　具体と抽象の関係に着目する

[1]　一八七〇年代以降の科学技術の発展や工業化は、大量生産体制を確立させたとともに、新たな産業を生み出し、さらに人々の生活を大きく変えた。例えば、鉄道網の発達や自動車の登場は新たな都市の風景や生活音を生み出した。また、技術革新や産業の発展で、企業は色や匂いを数値化するなど、それまで主観的なものと考えられてきた感覚を、客観的かつ科学的に解明し操作できるものとして扱うようになった。香料メーカーがラベンダーやローズなどの香りの化学合成に成功し、人工香料が化粧品などに用いられるようになったのだ。こうして人工的に作り出された色や匂い、味などは、モノの品質判断基準や消費のあり方も変えることとなった。また、デパートの誕生やそこに陳列された多種多様な商品は、消費者の購買行動や嗜好の変化を促しただけではない。新しい技術や商品、販売手法は、人々の五感の感じ方や感覚を通した周辺環境の認知の仕方にも多大な影響を与えるようになったのである。

[2]　科学史家のスティーヴン・シェイピンは、こうした五感に訴える商品開発や環境構築を行う産業・研究機関・政府などが一体となったシステムを「感覚産業複合体（aesthetic-industrial complex）」と呼んだ。これは、企業戦略における五感の経済的重要性を示唆するとともに、企業だけに留《とど》まらず、政府や大学を含む研究機関など様々な組織・人々が

展開

1 科学技術の発展（[1]）

①科学技術の発展や工業化は新たな産業を生み出し、人々の生活を大きく変えた。②それは人々の五感や環境の認知の仕方にも多大な影響を与えた。

2 新しい五感経験（[2]）

五感に訴える③商品開発や環境構築に様々な組織や人々が関与して新しい五感経験が誕生した。

関与する中で、新しい五感経験が誕生したことを意味している。例えばシェイピンが挙げている事例の一つが軍事食の開発で、第二次世界大戦中、政府機関の一つであるアメリカ陸軍需品科は、軍隊用の食事の味のみならず香りや色の研究を行っていた。兵士の体力の源である食事は、エネルギーや栄養を摂取するためだけでなく、いかにおいしく食べられるかが重要だったということである。

出典

久野愛『視覚化する味覚――食を彩る資本主義』（岩波新書・二〇二二年）

筆者は人間の感覚や感情、技術、ビジネスを歴史的に究明することを専門とする。本書は、現代人が「自然な」色と認識する感覚が、実は政治や経済、社会との関係で歴史的に作り上げられたものであることを、食べ物の色に焦点をあてて論じている。

語句チェック

ℓ4 **主観的《しゅかんてき》**…人間の心理により判断が行われるさま。⇔客観的

ℓ9 **嗜好《しこう》**…（主に飲食物について）好み、親しむこと。

ℓ12 **五感《ごかん》**…視覚、聴覚、触覚、味覚、嗅覚の五つの感覚。

100字要約

①科学技術の発展や工業化は新たな産業を生み出し、人々の生活を大きく変えた。②それは人々の五感や環境の認知の仕方にも多大な影響を与え、③商品開発や環境構築に様々な組織や人々が関与して新しい五感経験が誕生した。（100字）

第7節 対比・譲歩の捉え方 ――「構造」を意識しながら読む

池内了『科学と人間の不協和音』

7-1 対比

二つのことがらを比べてみることで、違いやそれぞれの長所・短所がはっきりしてきます。文章でも、対照的な二つを比べながら書き進める書き方がよく使われます。

例
・ヨーロッパでは一般に～～。これに対して日本では～～。 **[場所の対比]**
・かつての日本は……。しかし現代では……。 **[時間の対比]**

対比の関係を理解するためには、次のような表現に注意します。

・「東洋⇕西洋」「自然⇕人工」のような**対義語**
・「**これに対して**」「**しかし**」などの対比や逆接を表す接続語
・「A**ではなく**B」「A**よりも**B」など、打消や比較の表現

7-2 「ヨコ／タテ」の対応に注意

たとえば、日本とヨーロッパを比べた文章を考えてみましょう。

ヨコの関係

日本	**タテの関係**	**ヨーロッパ**
世間のことを気にしすぎる		自律的に生きている
← そのため		← そのため
「同調圧力」が生まれる		他人のことに踏み込まない（自律的）

右のような図式では、「日本」と「ヨーロッパ」という二つのチャンネルをそれぞれ理解する（**ヨコの関係**）と同時に、「日本」と「ヨーロッパ」がどのように対比され、対応しているのかという理解（**タテの関係**）が必要です。

- 「日本」と「ヨーロッパ」それぞれの理解　＝**ヨコの関係**
- 「日本」と「ヨーロッパ」の対応　＝**タテの関係**

「日本の特徴は?」と問われたら、**ヨコの関係で「世間を気にする」と「同調圧力」の関係**を答えます。「日本とヨーロッパの違いは?」という問いには、**タテの関係から「世間⇕自律的」「同調圧力⇕自律的」の対応**を踏まえて答えます。文章を理解するとは、その構造を理解することでもあり、**対比という文章の構造**が、ここでは問われているのです。

7-3 「誤解」「矛盾」の構造——対比を意識する場合

たとえば「誤解」や「錯覚」という言葉の背後には、

正しい理解 ⇕ 間違った理解

という**対比される二つの考え方や見方**があります。次のような言葉でも同様です。

・**矛盾（＝つじつまの合わないこと）**
↓
「何」と「何」が、どのように「つじつまが合わない」のか。

・**逆**
↓
「何」と「何」が、どのように「逆」なのか。

こうした言葉に出会った場合にも、対比を意識しましょう。

7-4 譲歩の構文

譲歩とは、**一歩譲ること、自分の主張を取り下げ、相手の言い分を認めること**です。「**もちろん……**」「**確かに……**」などの形で「あなたの言うことにも一理ある」と、予想される反論をまず認めます。

曲者はこの「一理ある」です。相手の言い分を一部は認めても、完全に認めるわけではありません。

そこで、あとから**「しかし……」などでひっくり返し、根拠を挙げながら自分の主張を続けます。**

> **もちろん／確かに** ………。**しかし** ………。
> **＝譲歩** **＝主張**

この構文は一種の「レトリック」です（↓第5節）。

「もちろん」や「確かに」のあとに筆者の主張と合わない部分があったら、「譲歩」の構文である可能性が高いので、**「しかし」が出てくる可能性を意識しながら読んでいくとよいでしょう。**

- □ **文章を貫く「対比」の構造をつかむ。**
- □ **「誤解」や「矛盾」という言葉があったら、「対比」の関係を意識する。**
- □ **「もちろん」が来たら「しかし」が出てくる可能性を意識して読む。**

短文演習　次の文章を読んで、後の問に答えよ。

解答時間7分　得点　　点

[A]大量生産・大量消費・大量廃棄こそが現代社会を構築している基本構造であり、買い換え使い捨てが奨励されている。そして、科学や技術をそれに動員することこそが至上命令になっている。「役に立つ」ことがなければ意味がなく、「欲望を刺激する」要素がなければ開発が認められず研究費も出ないのだ。大学における経済論理の貫徹や実用化への圧力は、その方向への誘導であり、科学者も不本意であれそれに従っていかざるを得ない。物質的欲望が科学を駆動していると言えよう。

浪費社会に対して、「清貧の社会」という対極的な社会の構想がある。物質的な欲望を拒否し、精神的な欲望を充足させることを第一義とする社会である。物質における満足を求めるのではなく、精神の自由な飛翔を得ることこそを至上とする社会とも言える。私はそのような社会を希求しているのだが、それは不可能なのだろうか。そして、そのような科学は発展の芽を摘まれるのであろうか。

確かに、[B]科学は物質的基盤がなければ進歩しない。実験の技術開発があればこそ仮説が実証され、それを基礎にして新たな知見が得られていくからだ。あるいは、実験によって思いがけない新現象が発見され、それによって科学の世界が大きく広がったこともある。しかしながら、あくまで科学を推進しているのは好奇心や想像力、つまり創造への意欲であり、精神的欲望がその出発点なのである。それが萎《な》えてしまえば科学は立ち枯れてしまい、技術的改良のみの詰まらない内容になってしまうだろう。

※解答は別冊P14

語彙チェック

- □至上命令
- □貫徹
- □駆動

（池内了『科学と人間の不協和音』による）

問一 傍線部Aについて、これとは対照的な社会のあり方を説明している表現を文中から三十字以上三十五字以内で探し出し、最初と最後の五字ずつを書き抜いて示せ。

最初

最後

問二 傍線部Bについて、筆者の考えに最も近いものを次から一つ選べ。

ア 物質的な基盤があっても、確かな仮説がなければ科学は進歩しない。

イ 物質における満足は、精神の自由な飛翔を妨げるので有害である。

ウ 物質的な基盤も大事だが、創造への意欲の方がもっと大切である。

エ 実際には物質的な基盤さえあれば、科学を進歩させられる。

オ 技術開発が科学者の好奇心や想像力を刺激し、科学を発展させる。

本文チェック

考え方　対比・譲歩の表現に着目する

[1] 大量生産・大量消費・大量廃棄こそが現代社会を構築している基本構造であり、買い換え使い捨てが奨励されている。そして、科学や技術をそれに動員することこそが至上命令になっている。「役に立つ」ことがなければ意味がなく、「欲望を刺激する」要素がなければ開発が認められず研究費も出ないのだ。大学における経済論理の貫徹や実用化への圧力は、その方向への誘導であり、科学者も不本意であれそれに従っていかざるを得ない。物質的欲望が科学を駆動していると言えよう。

[2] 問一 浪費社会に対して、「清貧の社会」という対極的な社会の構想がある。物質的な欲望を拒否し、精神的な欲望を充足させることを第一義とする社会である。物質における満足を求めるのではなく、精神の自由な飛翔を得ることこそを至上とする社会とも言える。私はそのような社会を希求しているのだが、それは不可能なのだろうか。そして、そのような科学は発展の芽を摘まれるのであろうか。

[3] 問二 確かに、科学は物質的基盤がなければ進歩しない。実験の技術開発があればこそ仮説が実証され、それを基礎にして新たな知見が得られていくからだ。あるいは、実験によって思いがけない新現象が発見され、それによって科学の世界が大きく広がったこともある。しかしながら、あくまで科学を推進しているのは好奇心や想像力、つまり創造への意欲で

展開

1 浪費社会（[1]）

大量生産・大量消費・大量廃棄を基本構造とする①現代の浪費社会では、科学は物質的欲望に駆動されている。

2 清貧の社会（[2]）

②これに対して、清貧の社会は精神的な欲望を充足させることを至上とする。

3 科学の出発点（[3]）

③科学は物質的基盤がなければ進歩しないが、④科学を推進するのは創造への意欲であり、精神的欲望がその出発点である。

あり、精神的欲望がその出発点なのである。それが萎《な》えてしまえば科学は立ち枯れてしまい、技術的改良のみの詰まらない内容になってしまうだろう。

出典

池内了『科学と人間の不協和音』（角川書店・二〇一二年）

筆者は天文学者・宇宙物理学者。科学とは何かを論じた著書も多い。本書は一般の人々が科学に対してもつイメージを確認しながら、科学のあり方について論じたもの。

語彙チェック

ℓ2 **至上命令**《しじょうめいれい》…何が起こっても、絶対に従わなければならない命令。

ℓ4 **貫徹**《かんてつ》…最後までやめないでやり続けること。

ℓ6 **駆動**《くどう》…力を与えるなどして何かを動かすこと。

100字要約

①科学が物質的欲望に駆動されている現代の浪費社会に対して、②清貧の社会は精神的な欲望を満たすことを至上とする。③科学は物質的基盤がなければ進歩しないが、④科学を推進するのは創造への意欲であり精神的欲望である。（100字）

第8節

小説① 場面展開と人物像 ――「小説の読み方」を知る

藤岡陽子『金の角持つ子どもたち』

8-1 小説と評論文との違いとは

小説が、評論などの論理的文章と異なる点は何でしょうか?

その一つは、**小説は「常に読者の方を向いているとは限らない」ということ**です。

評論は「論理」に従って書かれ、著者は自分の考えを、「同じことを繰り返す」など工夫を凝らして伝えようとします。ですが、小説はどうでしょうか。

登場人物は読者に向かって、自分が何者かを丁寧に自己紹介することはまずありません。自分の性格や、ある場面での気持ちを語ってくれることも普通はしません。

もちろん、小説の作者は人物の関係性や人物像を何らかの形で描き出しますし、地の文に「語り手」がいることもあります。作者としても、読者を小説の世界に引き込めるかどうかが、「腕の見せ所」だとも言えるでしょう。

しかし、説明が行き過ぎると作品の世界がこわれてしまうので、作者や語り手によるサポートは、手取り足取りというわけにはいきません。

要するに、**小説では「あらかじめできあがっている一つの世界」があって、読者はその世界を外から垣間見るのです。**

小説の読解では、登場する人物、人物の関係、場面、人物像など――すなわち小説の世界の成り立ち――を、読者の側から積極的にわかろうとしてアプローチしなければなりません。

小説へのアプローチ法を、場面・人間関係・人物像などの項目ごとに見ていきましょう。

8-2 場面という枠組み

小説は、**場面を一つの単位**として進んでいきます。

場面は、評論（論理的な文章）での**意味段落**にあたるものと考えてよいでしょう。

そこで場面ごとに次のことを確認します。

- **「いつ・どこで」（場所や時間）**
- **「誰が」（登場人物）**
- **「どうしたのか」（出来事）**

8-3 人間関係の押さえ方

「ただいま」「おかえり」という会話は、親しい家族の関係。
「まいったよ」「気にすんなよ」は、友人どうしの会話。
「毎度ありがとうございます」なら、商売をしている人の言葉。

私たちはこのように**人間関係によって言葉づかいを変え、話題も変えます**。人物関係がはっきりと書かれていない場合には、**登場人物が話している話題、相手をどう呼び合っているか、親しさの加減**などから、人物関係をつかみます。

8-4 人物像をまとめる

登場人物の人物像（「どのような人物か」）を短い言葉でまとめるのは、評論（論理的文章）での「**要約**」にあたります。

登場人物の具体的な言動一つ一つから、本人の性格、考え方、感じ方などを短い言葉でまとめます。

例

人物の言動…ⓐ

・自分が窮地に陥っていることをざっくばらんに打ち明ける。
・相手にものを渡す時に「重いので気をつけて」とつけ加える。

人物像…（b） ←
・開放的で気さくに打ち解けることができる一方で、繊細な気づかいも見せる人物。

ここでは**具体的な言動（人物の言動a）を抽象的な言葉（人物像b）で捉え直しています**。これは**第6節**で学習した**「具体と抽象の行き来」**にあたります。

8-5 視点とは

同じ出来事も、**異なる人の視点から見ればまた違って見えてきます**。「私」の視点から見ているのか、それとも小説の外部から語り手が登場人物を見ているのか、などの視点を意識することは、小説を鑑賞する上で大切なことです。

例
私は一人で、海に向かって立ちつくしていた。 **［一人称の視点］**
爽太は一人で、海に向かって立ちつくしていた。 **［三人称の視点］**

- □ **「いつ・どこで」（場所や時間）、「誰が」（登場人物）、「どうしたのか」（出来事）を確認しながら読む。**
- □ **人物の言動をもとに、人物像を整理してまとめる。**
- □ **視点が変われば、出来事の見え方も変わる。**

短文演習

次の文章を読んで、後の問に答えよ。

解答時間7分　得点　　点

六歳児の保育室が終わると次は五歳児の保育室、と年次を下げながら掃除を続けていると、ホールからピアノの音が聞こえてきた。今月はお遊戯会があるので、ピアノ担当の先生がこのところ毎日のように朝練をしている。

いいなあ、ピアノ……。

菜月も知っているアニメ映画のテーマソングに聞き入りながら、小学生の頃、Aピアノが弾ける友達に憧れていたことを思い出す。高学年になるとクラスの女子たちが音楽室のピアノの周りに集まって自分の得意な曲を順番に披露することもあり、弾けない自分は彼女たちのそばでずっと聞き入っていた。ベートーベンの「エリーゼのために」。パッヘルベルの「カノン」。誰もが知る有名な曲を先生よりも上手に弾きこなす子もいて、その華麗な指使いを見ていると羨ましいを通り越し、泣きたいような気持ちになった。ピアノを習いたい。母親にそうお願いしたこともある。けれど母親には鼻で笑われた。ピアノの月謝はそろばんや習字とは比べものにならないくらい高額だと聞かされ、諦めるしかなかった。

その時の残念な気持ちが忘れられず、結婚して妊娠した時は、もし生まれてくる子が女の子だったらピアノを習わせたいと密《ひそ》かに思っていた。手作りした布カバンに、表紙がつるつるした教本を入れてピアノ教室に通わせる。自分に娘ができたなら、ピアノが弾ける女の子になってほしかった。だが一番目に生まれた子どもは男の子で、二番目に生まれた

※解答は別冊P16

語彙チェック
□華麗
□鼻で笑う

念願の女の子は、耳が聴こえなかった。

這《は》いつくばるようにして床を拭いていたので腰に痛みを感じ、菜月はゆっくりと立ち上がる。体を後ろに反らせるようにして腰を伸ばすと、コキコキという妙な音が聞こえてくる。

「そういうこともあるよね」

菜月は自分に言い聞かせる。夢は夢。理想は理想。願って叶うこともあれば叶わないこともある。美音は聴力こそ不自由だけれど、それ以外は健康に生まれてくれたのだから、それで十分だと思う。

（藤岡陽子『金の角持つ子どもたち』による）

□念願

問一 傍線部Aについて、菜月が小学生の頃を回想している部分はどこまでか。その最後の七字を書き抜いて示せ（句読点を含む）。

問二 傍線部Bにおける菜月の心情として最も適当なものを、次から一つ選べ。

ア 空想から現実に引き戻され、素直に現実を見つめようと思い直している。

イ 何一つとして思い通りにならない現実の厳しさを思い、悲嘆に暮れている。

ウ 思い描いていた夢と現実との隔たりの大きさに、やりきれなさを感じている。

エ 身近にピアノがある職場で仕事ができる幸運を、自分に言い聞かせている。

オ ピアノとの因縁を意識して忘れ、前向きな気持ちで行こうと思っている。

本文チェック

考え方 現実と回想の場面展開と人物像を押さえる

六歳児の保育室が終わると次は五歳児の保育室、と年次を下げながら掃除を続けていると、ホールからピアノの音が聞こえてきた。今月はお遊戯会があるので、ピアノ担当の先生がこのところ毎日のように朝練をしている。

いいなあ、ピアノ……。

菜月も知っているアニメ映画のテーマソングに聞き入りながら、小学生の頃、Aピアノが弾ける友達に憧れていたことを思い出す。高学年になるとクラスの女子たちが音楽室のピアノの周りに集まって自分の得意な曲を順番に披露することもあり、弾けない自分は彼女たちのそばでずっと聞き入っていた。ベートーベンの「エリーゼのために」。パッヘルベルの「カノン」。誰もが知る有名な曲を先生よりも上手に弾きこなす子もいて、その華麗な指使いを見ていると羨ましいを通り越し、泣きたいような気持ちになった。ピアノを習いたい。母親にそうお願いしたこともある。けれど母親には鼻で笑われた。ピアノの月謝はそろばんや習字とは比べものにならないくらい高額だと聞かされ、諦めるしかなかった。

問一 その時の残念な気持ちが忘れられず、結婚して妊娠した時は、もし生まれてくる子が女の子だったらピアノを習わせたいと密《ひそ》かに思っていた。手作りした布カバンに、表紙がつ

展開

1 小学生の頃の回想（ℓ1～13）

聞こえてきたピアノの音をきっかけに、①菜月は、小学生の頃ピアノを習いたかったが、その願いが叶わなかった残念な気持ちを思い出す。

2 現在の心境（ℓ14～25）

②親になって娘にピアノを習わ

るつるした教本を入れてピアノ教室に通わせる。自分に娘ができたなら、ピアノが弾ける女の子になってほしかった。だが一番目に生まれた子どもは男の子で、二番目に生まれた念願の女の子は、耳が聴こえなかった。

這《は》いつくばるようにして床を拭いていたので腰に痛みを感じ、B菜月はゆっくりと立ち上がる。体を後ろに反らせるようにして腰を伸ばすと、コキコキという妙な音が聞こえてくる。

問二「そういうこともあるよね」

菜月は自分に言い聞かせる。夢は夢。理想は理想。願って叶うこともあれば叶わないこともある。美音は聴力こそ不自由だけれど、それ以外は健康に生まれてくれたのだから、それで十分だと思う。

出典

藤岡陽子『金の角持つ子どもたち』（集英社文庫・二〇二一年）

作者は作家。主な作品に『手のひらの音符』『きのうのオレンジ』などがある。本書は、中学受験を決意した息子の成長を、父母の視点から描き出した長編小説で、「金の角」とは子どものもつ才能を指している。

語彙チェック

ℓ9 **華麗《かれい》**…華やかで美しいこと。

ℓ11 **鼻《はな》で笑《わら》う**…相手を見下して嘲り笑う。

ℓ18 **念願《ねんがん》**…常に心にかけて強く望むこと。

せたいという願いもまた叶わなかったが、菜月はその現実を受け入れようとしている。

100字要約

①菜月は、小学生の頃ピアノを習いたかったが、その願いが叶わなかったという残念な気持ちを思い出す。②親になって娘にピアノを習わせたいという願いもまた叶わなかったが、菜月はその現実を受け入れようとしている。（99字）

第9節 小説② 人物の心情 ——「きっかけ」「反応」から心情を考える

志賀直哉「流行感冒」

9-1 人のココロはわかるのか？

「ここでの登場人物の心情はどのようなものか？」——「心情の把握」は、小説の読解問題で典型的に問われる事柄です。しかし、身も蓋もない話ですが、人が実際に何を思ったり考えたりしているかは、本人にしかわかりません。

ですが、**「読解問題」という条件であれば、文章からわかる範囲で心情を説明することは可能です。**

そこで問われているのは、**登場人物の言動や前後の関係などを手がかりに、文章から心情を「読み取る」こと**なのです。

9-2 きっかけと反応に注目

小説に描かれるのは、何らかの意味で普通とは違った出来事です。

登場人物はいつもと違う出来事を体験し、リアクションを示します。そこで言葉を発することもあるでしょう。

いつもと違うことを見たり聞いたり、出会ったりという**「きっかけ」**に対して、ある気持ちが芽生えます。そして、その気持ちが次の**「反応」**を引き起こし、時には思いが**「言葉」**になります。**「きっかけ」と「反応」**、これらを材料に心情を読み取ることが基本です。

例

衝撃的なニュースが飛び込んできた。　**［きっかけ］**
↓
彼は思わず「嘘《うそ》だろ……」と叫んでいた。　**［反応1］**
↓
あわててパソコンを立ち上げた。　**［反応2］**

右の例では、「衝撃的なニュースという**きっかけ**」「思わず叫んだ→パソコンを立ち上げるという**反応**」が一連のものとしてあります。ここでの「彼」の心情は、次のようにまとめられます。

「衝撃的なニュースに、すぐにはその現実を受け入れられないほど驚いている」

心情をまとめる場合（適切なものを選択肢から選ぶ場合もそうですが）には、

・**何に対する気持ちか（きっかけ）**
・**どのような気持ちか（心情）**

という要素に分けて検討するとよいでしょう。

9-3 「小説の言葉」と「説明の言葉」

第8節で「小説と評論文との違い」を説明しましたが、小説の物語世界は読者のいる世界と切り離された、そこだけの「閉じた」世界です。

小説の読者（私たち）は、自分一人で小説の世界の「内部」に入りこみ、登場人物になったつもりで一喜一憂することもあるでしょう。

小説を読んだあとで、他の読者たちと小説について語り合う時、私たちは小説の「外部」にいます。**設問を「解く」ことも、心情を「説明する」ことも、小説の「外部」での作業です。**

> **小説を「読む」―作品の「内部」と「外部」を行き来する**
> **問題を「解く」―作品の「外部」で「説明する」**

作品「内部」の登場人物は、子どもだったり、よくわからない人物だったり、あるいは人間ですらなかったり、さまざまです。それに応じて言葉づかいもさまざまでしょう。

しかし、その**心情の説明は、作品の「外部」で統一された言葉ですること**になります。

9-4 心情を表す語彙に強くなる

評論文の読解で頻出の語彙を知っておくことが必要なように、**心情を説明するためには、説明にふ**

さわしい語彙に強くなっておくことが必要です。

心情を表す言葉、説明の際に使えると便利な言葉とは、たとえば、次のようなものがあります。意味と一緒に押さえておきましょう。

塩梅《あんばい》〈小説では、身体の具合や健康状態にも用いられる〉
いぶかる〈不審に思う〉
エゴイズム〈利己主義。自身の利益や欲求を満たすことを重視〉
まんざらでもない〈それほど悪くはない〉
やぶさかでない〈～してもかまわない〉
葛藤〈心中で相反するものがあり迷うさま〉
滑稽《こっけい》〈ふざけておかしいさま〉
戦慄《せんりつ》〈恐ろしくて身体が震えること〉
揶揄《やゆ》〈皮肉を込め、からかうこと〉
嫌悪〈憎んで嫌うこと〉
焦燥《しょうそう》〈焦っていら立つこと〉
皮肉〈遠まわしに相手を批判すること〉
憮然《ぶぜん》〈失望したり落胆したりしているさま〉

- □ 「きっかけ」「反応」を結んで心情を「読み取る」。
- □ 心情は、小説の「外」の言葉で説明する。
- □ 心情を表す語彙を強化しておくことが必要。

短文演習　次の文章を読んで、後の問に答えよ。

解答時間7分　得点　点

スペイン風邪（流行感冒）が猛威を振るう中、我が家で働く女中の「石」が芝居に行ったのではないかと疑う「私」は、感染を恐れて石を娘の左枝子から遠ざけようとしていた。

「おじちゃま御機嫌よう」こんな調子に少し浮き浮きしている妻に、

「馬鹿。石に左枝子を抱かしてちゃあ、いけないじゃないか。二、三日はお前左枝子を抱いちゃあ、いけない」私は不機嫌を露骨に出していった。妻も石もいやな顔をした。

「いらっちゃい」妻は手を出して左枝子を受け取ろうとした。妻は石に同情しながら慰めるわけにもいかない変な気持《きもち》でいるらしかった。すると左枝子は、

A「ううう、ううう」と首を振った。

「いいえ、いけません。いいや御用。ちゃあちゃんにいらっしゃい」

「ううう、ううう」左枝子はまだ首を振っていた。石は少しぼんやりした顔をしていたが、妻にそれを渡すと、そのまま小走りに引きかえして行った。その後を追って、左枝子が切《しき》りに、

「いいや！　いいや！」と大きな声を出して呼んだが、石は振りかえろうともせず、うつ向いたまま駈《か》けて行ってしまった。

私は不愉快だった。如何《いか》にも自分が暴君らしかった。――それより皆《みんな》から暴君にされたような気がして不愉快だった。石は素《もと》より、妻や左枝子までが気持の上で自分とは対岸に

※解答は別冊P18

語彙チェック

□ 露骨

□ 素より

□母屋

立っているように感ぜられた。いやに気持が白けて暫《しばら》くは話もなかった。間もなく従弟（注1）は裏の松林をぬけて帰って行った。それから三十分程して私達も下の母屋へ帰って行った。

「石。石」と妻が呼んだが、返事がなかった。

「きみ（注2）。きみもいないの？ ……まあ二人共何処《どこ》へいったの？」

妻は女中部屋へいって見た。

「着物を着かえて出かけたようよ」

「馬鹿な奴だ」

B 私はむッとしていった。

（志賀直哉「流行感冒」による）

（注）1 従弟…近所に住む「私」の従弟で、「私」の元を訪れていた。 2 きみ…女中の名。

問一 傍線部**A**での左枝子の心情として最も適当なものを、次から一つ選べ。

ア 父からの感染を恐れて、馴染みのある石のそばにいたいという気持をいっそう強めている。

イ 周囲の大人たちの不穏な様子を感じ取り、石からどうしても離れたくないと思っている。

ウ 「私」や妻にいじめられる石のことが子ども心にもかわいそうで、石をあわれんでいる。

エ 大人たちの困惑がそれとなく伝わり、どうしたらよいかわからず自暴自棄になっている。

オ 大人たちの都合に振り回されることが我慢できず、大人を困らせてやろうと考えている。

問二 傍線部**B**の「私」の態度について、比喩を用いて表現した箇所を探し出し、最初の五字を書き抜いて示せ。

本文チェック

考え方 心情にまつわる「きっかけ」「反応」に着目する

「おじちゃま御機嫌よう」こんな調子に少し浮き浮きしている妻に、

問一 「馬鹿。石に左枝子を抱かしてちゃあ、いけないじゃないか。二、三日はお前左枝子を抱いちゃあ、いけない」私は不機嫌を露骨に出していった。妻も石もいやな顔をした。

「いらっちゃい」妻は手を出して左枝子を受け取ろうとした。妻は石に同情しながら慰めるわけにもいかない変な気持《きもち》でいるらしかった。すると左枝子は、

A 「ううう、ううう」と首を振った。

「いいえ、いけません。いいや御用。ちゃあちゃんにいらっしゃい」

「ううう、ううう」左枝子はまだ首を振っていた。石は少しぼんやりした顔をしていたが、妻にそれを渡すと、そのまま小走りに引きかえして行った。その後を追って、左枝子が切《しき》りに、

「いいや！　いいや！」と大きな声を出して呼んだが、石は振りかえろうともせず、うつ向いたまま駈《か》けて行ってしまった。

問二 私は不愉快だった。如何《いか》にも自分が暴君らしかった。——それより皆《みんな》から暴君にされたような気がして不愉快だった。石は素《もと》より、妻や左枝子までが気持の上で自分とは対岸に立っているように感ぜられた。いやに気持が白けて暫《しばら》くは話もなかった。間もなく従弟は

展開

1 石を遠ざける（ℓ1〜12）

①感染症を恐れる「私」は不機嫌を露骨に出して石と左枝子を引き離した。②左枝子は大きな声を出して抵抗したが、石は振り返らないまま、駈けて行ってしまった。

2 「私」の心情（ℓ13〜22）

③「私」は自分自身が皆から暴君にされたような気がして不愉

裏の松林をぬけて帰って行った。それから三十分程して私達も下の母屋へ帰って行った。

「石。石」と妻が呼んだが、返事がなかった。

「きみ。きみもいないの？……まあ二人共何処《どこ》へいったの？」

妻は女中部屋へいって見た。

「着物を着かえて出かけたようよ」

「馬鹿な奴だ」

B 私はむッとしていった。

快だった。④石だけでなく、妻や左枝子までが気持の上で対岸に立っているように感じられた。

出典

志賀直哉「流行感冒」（一九一九年発表）『小僧の神様　他十篇』岩波文庫所収

作者は「小説の神様」と言われた白樺派を代表する作家で、代表作に「小僧の神様」「暗夜行路」などがある。本作はスペイン風邪流行時のことを描いたもので、感染症に翻弄される人々の姿が描写されている。

語彙チェック

ℓ3 **露骨《ろこつ》**…感情を隠さず、そのまま表しているさま。

ℓ14 **素《もと》より**…いうまでもなく。

ℓ16 **母屋《おもや》**…主人や家族が住む、敷地内の中心的な建物。

100字要約

①感染症を恐れる「私」が不機嫌に石と左枝子を引き離すと、②左枝子は大きな声を出して抵抗した。③「私」は自分自身が皆から暴君にされたようで不愉快だった。④石や家族が気持の上で対岸に立っているように感じられた。（99字）

韻文のきまり ──「少ない言葉」を手がかりに考える

山之口貘《ばく》「生活の柄」／岡崎武志「沖縄から来た詩人」

10-1 韻文とは

定型をもたない普通の文章（散文）に対して、一定のリズムをもつ詩・短歌・俳句を韻文といいます。

詩・短歌・俳句は、作者ならではの体験や思いを、短い言葉でまとめあげたものです。そこには、創作時の作者の思いが結晶しています。作品を読み返すことで、作者はいつでも創作時の思いを取り出すことができます。

また、すぐれた韻文は多くの人がこれに親しみ、愛唱しています。この時、**作品の世界は作者一人の個人的な体験であることを超えて、多くの人が共有する普遍的なもの**に高められています。

これが韻文のもつ力です。『万葉集』の歌の数々や、松尾芭蕉の俳諧など、長く親しまれている作品は、日本語を使う人たちが共有する文化財であると言ってよいでしょう。

10-2 韻文をどう読むか

詩・短歌・俳句にどこか苦手意識をもつ人は多いのではないでしょうか。

それは、作品がごく短い字数で完結し、「説明」しようとしないことも一因でしょう。短いのですっと読めてしまうけれど、「だから何?」で終わってしまう、つかみどころがない、など……。韻文がつかみどころのないものであること、難解で解釈に困るものがあることは事実です。結局のところ、多くの作品に接して「親しむ」こと以外に王道はないのかもしれません。しかし、**作品にアプローチする手がかりはあります**。

①詩の題や短歌の詞書《ことばがき》

作品の主題が端的に示されています。

②表現技法

比喩、倒置法、体言止め、句切れ(短歌)、切れ字(俳句)などの表現技法は、作者が気持ちや感動を印象的に伝えようとするために凝らした工夫です。**表現技法が使われている箇所に、筆者の強い思いが込められている**ことがあります。

③主題

深い思いを読み込んだ作品では、**人間の根源的なあり方に関わる生や死、病などが主題**であることも多くあります。そうした視点を意識することもよいでしょう。

④鑑賞文

複数の文章の読解(**第12節**)の要領で読み、解釈や背景の説明から作品への理解を深めます。

10-3

詩の形式

詩には形式があります。問題文や選択肢の中で用いられることもありますので、次の用語・形式・内容による分類を押さえておきましょう。

① **口語詩**…現代の話し言葉で書かれた詩
文語詩…古語で書かれた詩
［用語による分類］

② **定型詩**…一定のリズムで書かれた詩
自由詩…決まったリズムをもたず、自由な形式で書かれた詩
散文詩…自由詩よりさらに普通の文章に近い詩
［形式による分類］

※①・②を組み合わせ、「口語自由詩」などと表現することもあります。

③ **叙情詩**…作者の心情をうたった詩
叙景詩…自然の景色をうたった詩
叙事詩…歴史上の事件や人物の伝説などをうたった詩
［内容による分類］

10-4

詩・短歌・俳句の表現技法

詩には表現技法（レトリック）がよく用いられます。次の技法は押さえておくとよいでしょう。

比喩…あるものを別のものにたとえる。直喩、隠喩、擬人法など（↓第5節）
対句…対応する語句を並べて、リズムを生み出したり、印象を強めたりする
倒置…語順を逆にし、印象を強めたり、強調したりする
省略…あえて途中で言葉を止め、余韻を感じさせる
反復…言葉を繰り返し、印象を強めたり、リズムを生んだりする
体言止め…末尾を名詞（体言）で結び、印象を深める
句切れ…短歌の意味内容が切れている切れ目の部分

例
五／七五七七 ↓初句切れ
五七／五七七 ↓二句切れ

切れ字…俳句でリズムを整えたり、意味内容の切れ目を示したりする

例
古池や蛙飛び込む水の音 ↓「や」が切れ字
春の海ひねもすのたりのたりかな ↓「かな」が切れ字

- □ **題名や表現技法に作者の思いの高まりを読み取る。**
- □ **人間の「生」などの主題と絡めて読む。**
- □ **鑑賞文は「複数テクスト」の要領で読む。**

短文演習

次のA・Bを読んで、後の問に答えよ。　解答時間7分　得点　　点

Bの文章は、Aの山之口貘（一九〇三〜一九六三年）の詩について述べたものである。

A

歩き疲れては
夜空と陸との隙間にもぐり込んで寝たのである
草に埋もれて寝たのである
ところ構わず寝たのである
寝たのであるが
ねむれたのでもあったのか！

このごろはねむれない
陸を敷いてはねむれない
夜空の下ではねむれない
揺り起されてはねむれない
この生活の柄が夏むきなのか！
寝たかとおもうと冷気にからかわれて
秋は　浮浪人のままではねむれない

（山之口貘「生活の柄」）

B

終焉《しゅうえん》に向かいつつある高度経済成長の七〇年代後半、山之口貘の詩が静かに浸透していく。貧苦、放浪、孤独、自己の探求など、普通なら隠しておきたいような「恥」さえそこでは詩の言葉に乗せて、大っぴらに暴露されていた。七〇年代の現代詩を私は熱心に読んでいたが、多くは高学歴なインテリによるモダニズム詩であり、颯爽《さっそう》としてカッコよ

※解答は別冊P20

語彙チェック
□浸透
□颯爽

い作品であった。もう少し卑近に言えば、女性にモテる作品であった。「僕は来る日も糞《くそ》を浴び／去《ゆ》く日も糞を浴びていた／詩は糞の日々をながめ」（「鼻のある結論」）、「僕は人間ではないのであろうか／貧乏が人間を形態して僕になっているのであろうか」（「夜」）等々、汚く情けない詩は、どう見ても女性にモテそうにないし、ほかに見当たらなかったように思う。しかし、「糞」や「貧乏」を描いて、山之口貘の詩は貧相でもなく、品格があり清潔な印象を残した。言葉がよく吟味され、表現として高い意識のもとに昇華されているからであろう。

（岡崎武志「沖縄から来た詩人」による）

□ 卑近

問一 Aの詩の鑑賞文として**適当でないもの**を次から一つ選べ。

ア 「夜空」「陸」「草」などの語が効果的に用いられて詩の世界を彩り、読者をその世界へと引き込んでいく。

イ 動的でにぎやかな夏と静的で静寂に包まれた秋を対照的に描き、後者のもの悲しさを際立たせている。

ウ 秋の冷気が擬人的に描かれ、冷気が人間をからかうという描写からは詩人のユーモアが感じられる。

エ 前半で「寝たのである」が反復されるが、後半では「ねむれない」がそれ以上の回数繰り返され、「ねむれない」苦悩が強調されている。

オ 詩にも登場する「生活の柄」という表現は詩のタイトルともなっており、詩人は自らの「生活」とそのありようを強く意識している。

□

問二 Aのような山之口貘の詩の二面性を表現した一文をB文から探し出し、その最初と最後の五字ずつを書き抜いて示せ（句読点を含む）。

最初 □□□□□

最後 □□□□□

本文チェック

考え方　表現技法と鑑賞文を手がかりにする

A

歩き疲れては
夜空と陸との隙間にもぐり込んで寝たのである
（繰り返し表現）
草に埋もれて寝たのである
ところ構わず寝たのである
寝たのであるが
ねむれたのでもあったのか！

このごろはねむれない
（繰り返し表現）
陸を敷いてはねむれない
夜空の下ではねむれない
揺り起されてはねむれない
この生活の柄が夏むきなのか！
（問一）（詩のタイトル）
寝たかとおもうと冷気にからかわれて
秋は　浮浪人のままではねむれない

B

① 終焉《しゅうえん》に向かいつつある高度経済成長の七〇年代後半、山之口貘の詩が静かに浸透していく。貧苦、放浪、孤独、自己の探求など、普通なら隠しておきたいような「恥」さえ

展開

1 山之口貘の詩　（Aℓ1〜14・B①）

① 山之口貘の詩には、貧苦、放浪、孤独、自己の探求など、普通なら隠したい「恥」までもが大っぴらに暴露されていた。

そこでは詩の言葉に乗せて、大っぴらに暴露されていた。七〇年代の現代詩を私は熱心に読んでいたが、多くは高学歴なインテリによるモダニズム詩であり、颯爽《さっそう》としてカッコよい作品であった。もう少し卑近に言えば、女性にモテる作品であった。

[2] 山之口貘の詩の引用

「僕は来る日も糞《くそ》を浴び／去《ゆ》く日も糞を浴びていた／詩は糞の日々をながめ」（「鼻のある結論」）、「僕は人間ではないのであろうか／貧乏が人間を形態して僕になっているのであろうか」（「夜」）等々、汚く情けない詩は、どう見ても女性にモテそうにないし、ほかに見当たらなかったように思う。しかし、「糞」や「貧乏」を描いて、問二 山之口貘の詩は貧相でもなく、品格があり清潔な印象を残した。言葉がよく吟味され、表現として高い意識のもとに昇華されているからであろう。

2 魅力の源泉（B[2]）

汚く情けない詩は、どう見ても女性にモテそうになかったが、山之口貘の詩は貧相でもなく、②品格があり清潔な印象を残した。③言葉が吟味され、表現として高い意識のもとに昇華されているからだ。

出典

山之口貘「生活の柄」／岡崎武志「沖縄から来た詩人」（『本の雑誌』本の雑誌社・二〇二一年十一月号掲載）

山之口貘は詩人、「生活の柄」は詩集『思弁の苑』（一九三八年）に収録。岡崎武志は文筆家、「沖縄から来た詩人」は「憧れの住む東京へ」という題で上京した著名人の来歴をたどったルポルタージュ風の文章の一篇。

語彙チェック

ℓ16 **浸透《しんとう》**…思想や雰囲気などが行き渡ること。

ℓ19 **颯爽《さっそう》**…きりっとした態度や行動がさわやかな印象を与えるさま。

ℓ20 **卑近《ひきん》**…身近でありふれていること。

100字要約

①山之口貘の詩には、貧苦、放浪、孤独、自己の探求など、普通なら隠したい「恥」までもが暴露されていたが、詩には②品格があり清潔な印象を残した。③言葉が吟味され、表現として高い意識のもとに昇華されているからだ。（100字）

第2章

第11節

文章の大意・要旨 ——意味段落を「関係」づけて要約する

四方田犬彦《よもた》『世界の凋落《ちょうらく》を見つめて　クロニクル 2011-2020』

11-1 文章読解のゴール

文章の読解とは、つきつめて言えば**「何が」「どう」書いてあるかを理解すること**です。そのために、「概念」「接続語」「段落」「比喩」「対比」など、文章を読んでいく上で欠かせないさまざまな約束事やしくみをこれまで学習してきました。

こうした約束事やしくみを理解し、文→形式段落→意味段落と読み進め、最後に文章全体へとたどり着きます。

そして意味段落は、たがいにどのような関係にあり、どうまとめられるのか、それを自分で文章化してまとめられることが、文章全体を理解したという証《あかし》となります。

11-2 「関係」が大事

第1節で「概念」ということを説明しましたが、一つの文章にはいくつもの概念が出てきます。文章を読む時、私たちは頭の中で、出てくるいくつもの概念をくらべ、それらがどのような関係にあるのかを理解しようとしています。

一つ一つの文での、主語と述語の「関係」

文と文との意味の「関係」

段落と段落の「関係」

第2節で学習した接続語は、文と文、あるいは段落と段落の関係を示す手がかりとなるものです。

また、**第6節**で学習した「同じ」関係や、**第7節**の「対比」は、関係の典型的なパターンです。

難しい文章に出会った場合や、設問に関わる箇所でじっくり考えようとする場合には、概念や段落がどのような「関係」にあるのか、という点を意識してみましょう。

11-3 大意と要旨

あらすじ、大意、要旨――似たような言葉ですが、ここでは次のように区別しておきます。

あらすじ…物語（小説）の大まかなストーリー
大意…文章の核心となるところを、文章の構成（段落）どおりにまとめたもの
要旨…文章の構成にとらわれずに、文章の核心となることをまとめたもの

形式段落・意味段落ごとに短い要約を書いたとして、それを順番につなげば「大意」が書き上がります。これに対して、「要旨」は意味段落ごとの関係を捉え直し、再構成しながら書き上げたものです。

11-4 要約とは

要約とは、**文章の要点を短く取りまとめて文にすること**です。

文章全体の「大意」も「要旨」も、文でまとめたものは要約です。

したがって、「文章全体を要約しなさい」という問題では、「大意」を書いても「要旨」を書いてもよいことになりますが、実際には「××字以内で要約しなさい」というように、**制限字数がつくことが多いので、制限字数に合うようにまとめていくこと**になります。

本書では、**第2章**・**第3章**の**すべて**の問題について、意味段落ごとに要点をまとめた上で、各意味段落を総合して全体の「**一〇〇字要約**」を示してあります。

11-5 要約する時に注意すること

要約する時には、次のことに注意しましょう。

①文章を読んでいない人にもわかるように書くこと

小説のあらすじを読んで、ストーリーを手早く知ろうとするのと同じことで、要約は、文章の内容を手早くつかむ場合に参照するものです。

ということは、要約の文は本文を読んでいない人にもわかるように書くことが原則です。

そのためには、本文だけで出てくる特殊な言葉は、その意味がわかるように配慮して書かなくてはなりません。

②一般的な文体で書くこと

文章には著者ならではの文体があり、そこに文章の味わいも生じてくるものですが、要約は、大意や要旨を伝えようとする実用的な文章です。したがって、なるべく一般的でニュートラルな文体で書くことが望まれます。

よって、「です・ます体」は避け、「である体」で書くようにしましょう。

③書き慣れておくこと

要約の字数は一〇〇〜三〇〇字程度が一般的ですが、この字数でしっかりした構成の文章を書くには「慣れ」が必要です。

普段から、文章を書く習慣をつけておきましょう。

- □語と語、文と文、段落と段落の「関係」に注意。
- □「要旨」では「関係」を読み取って文章を「再構成」する。
- □「要約」の書き方に慣れておくこと。

短文演習　次の文章を読んで、後の問に答えよ。

解答時間7分　得点　　点

フォースター(注1)は書いている。

情報というものは、それがいかなる情報であっても、A出所が明らかでなければならない。誰がそれを口にしたかが定かでない情報は、けして信用してはならない。それに対し、文学の言葉は、本質的には、誰が書いたかなどどうでもよいことである。要はその詩句なり小説の一節が美しく、霊感に満ちていればいいことであって、それが証拠に、古典と呼ばれている叙事詩など、作者の存在とは無関係に、テクストとして充分に美しいではないか。

現代の社会は、フォースターの唱えた理想とは正反対に進んでいる。インターネットを覗《のぞ》いてみると、誰がいったのかわからない情報が津波のように襲ってくる。どの言葉が真実で、どの言葉が虚偽であるかは、皆目区別がつかない。めいめいが好き勝手なことを口にし、しかも自分の名前を隠している。言質をとられることを回避し、自分を安全地帯に置きながら、他人のことを平然と誹謗《ひぼう》中傷したり、もっとひどい場合には、意図的に虚偽の情報を流し、そのさいに発生する広告収入で金稼ぎをしている。たとえ書き手を見つけ出して、責任を追及したとしても、その人物は平気で知らないフリをしてみせるだろう。もちろん読み手もこうした事情をわきまえていて、ネット情報に対しては、話半分といった斜に構えた姿勢で読んでいる。これがデカダンスでなくて、何だろう。

文学はといえば、逆に、誰が書いたかがもっとも重要なことになる。理由は簡単。いかなる文学の言葉にも、著作権が発生しているからだ。ポップスの歌詞などはもっとひどい。もしわたしが英語で、「彼女はきみを愛してる」と書いたならば、ビートルズの印税を管

※解答は別冊P22

語彙チェック

□誹謗

□斜に構える

□デカダンス

理している音楽会社から、厖大《ぼうだい》な著作権料を要求されるだろう。だからボブ・ディランがノーベル賞をとったとき、日本の雑誌は彼の歌詞を一行も引用することができなかった。

（四方田犬彦『世界の凋落を見つめて　クロニクル 2011-2020』による）

（注）1　フォースター……イギリスの小説家（一八七九～一九七〇）

問一　傍線部Aについて、「出所が明らか」であることと関係の深いものを次から**二つ**選べ。

ア　叙事詩が古典と呼ばれること　**イ**　発信者が明確であること　**ウ**　言葉が真実であること

エ　安全地帯に身を置くこと　**オ**　責任を追及できること　**カ**　著作権料を要求されること

問二　本文を要約した文として最も適当なものを次から一つ選べ。

ア　誰が書いたかが明らかであるかそうでないかが情報と文学の第一の違いであるとフォースターは考えたが、現代社会においては著作権料が発生するか否かが情報と文学を見分ける第一の指標となっている。

イ　フォースターの時代と現代で異なるのは、匿名で発せられた情報の真実と虚偽の区別が曖昧になったこと、文学が美しさや霊感の有無ではなく著作権料の有無で評価されるようになったことの二点である。

ウ　情報には出所が必須だが、文学の言葉は美しければ作者は無名で構わないとフォースターは述べたが、現代社会ではそれと逆に出所のわからない情報が蔓延し、文学では誰が書いたかが強く意識されている。

エ　フォースターによれば、誰が書いたかが意識されなくなるに従って情報は文学へと変化していくことが理想であるが、現代社会では文学が次第に情報と化すという正反対の動きがむしろ主流となっている。

本文チェック

考え方　対比を軸にして、全体の構造を読み取る

1　フォースターは書いている。

2　問一 情報というものは、それがいかなる情報であっても、A 出所が明らかでなければならない。誰がそれを口にしたかが定かでない情報は、けして信用してはならない。それに対し、文学の言葉は、本質的には、誰が書いたかなどどうでもよいことである。要はその詩句なり小説の一節が美しく、霊感に満ちていればいいことであって、それが証拠に、古典と呼ばれている叙事詩など、作者の存在とは無関係に、テクストとして充分に美しいではないか。

3　問二 現代の社会は、フォースターの唱えた理想とは正反対に進んでいる。インターネットを覗《のぞ》いてみると、誰がいったのかわからない情報が津波のように襲ってくる。どの言葉が真実で、どの言葉が虚偽であるかは、皆目区別がつかない。めいめいが好き勝手なことを口にし、しかも自分の名前を隠している。言質をとられることを回避し、自分を安全地帯に置きながら、他人のことを平然と誹謗《ひぼう》中傷したり、もっとひどい場合には、意図的に虚偽の情報を流し、そのさいに発生する広告収入で金稼ぎをしている。たとえ書き手を見つけ出して、責任を追及したとしても、その人物は平気で知らないフリをしてみせるだろう。もちろん読み手もこうした事情をわきまえていて、ネット情報に対しては、話半分といっ

展開

1 フォースターの考え（1・2）

①フォースターによれば、いかなる情報も出所が明らかでなければならないが、文学は本質的に誰が書いたかなどどうでもよい。

2 現代の社会（3・4）

②現代の社会は、その理想とは正反対に進んでいる。③情報は匿名の発信者が無責任に流し、文学では著作権があるため誰が書いたかが最重要とされる。

た斜に構えた姿勢で読んでいる。これがデカダンスでなくて、何だろう。

4 文学はといえば、**問二** 逆に、誰が書いたかがもっとも重要なことになる。理由は簡単。いかなる文学の言葉にも、著作権が発生しているからだ。ポップスの歌詞などはもっとひどい。もしわたしが英語で、「彼女はきみを愛してる」と書いたならば、ビートルズの印税を管理している音楽会社から、厖大《ぼうだい》な著作権料を要求されるだろう。だからボブ・ディランがノーベル賞をとったとき、日本の雑誌は彼の歌詞を一行も引用することができなかった。

出典

四方田犬彦『世界の凋落を見つめて　クロニクル 2011-2020』（集英社新書・二〇二一年）

筆者は比較文学者、映画史家。本書は二〇一一年から二〇二〇年までの一〇年間に、筆者が日本や世界の情勢と対峙《じ》し、折に触れて書いた批評的な時事コラムを一冊の本にまとめたもの。

語彙チェック

ℓ12 **誹謗《ひぼう》**…他人を悪く言うこと。

ℓ16 **斜《しゃ》に構《かま》える**…物事に正面から対処しないで、皮肉な態度で臨むこと。「はすにかまえる」とも。

ℓ16 **デカダンス**…衰退、頽廃《たいはい》を表すフランス語の表現。

100字要約

①フォースターによれば、情報は出所が明らかでなければならないが、文学は誰が書いたかを問わない。②しかし現代社会では③逆に情報は匿名の発信者が無責任に流し、文学は著作権があるため誰が書いたかが最重要とされる。（100字）

第2章

第12節

実用文・図表・言語活動の読解——国語学習の「新機軸」に備える

『広辞苑』リーフレット

12-1 思考力・判断力・表現力

二一世紀の今日、私たちの生きる環境は目まぐるしく変化しています。こうした中で、教育の分野では環境の変化に対応するための**「思考力・判断力・表現力」の育成や、「言語活動の充実」のさらなる養成をはかるという指針**が打ち出されています。

「大学入学共通テスト」をはじめ、近年の大学入試問題でも、この指針に沿ってさまざまな新しい試みが取り入れられています。以下に、新機軸としての新しい出題の特徴を四つに分けて紹介します。

12-2 複数の文章の読解

〈複数の視点〉で〈多面的・多角的〉に見たり考えたりすることをねらったものです。

同じ一つのテーマについて、ある考えを述べたAという文章と、それとは異なる見方や考えを示したBという文章を読み比べるという課題です。

二つも文章を読むと考えると大変な気もしますが、**「一つのテーマ」という軸がある**ことに気づけば、それほど大変ではありません。

また、「評論（論理的文章）と小説」「小説と批評文」「小説と俳句」のように、異なる種類の文章が組み合わさった場合もありますが、この場合にも、テーマや主題の「重なり」に注目しましょう。

【対策】
複数の文章に通底するテーマをつかみつつ、「対比」に気をつける文章の読み方（↓第7節）や、「関係」を押さえること（↓第11節）を基本とします。**それぞれの文章がテーマに対してどのような立場なのかを理解し**、複数の文章の読解につなげます。

12-3 実用的な文章

法令などの規約や契約書、新聞記事、ポスターなど、「情報」としての文章です。これまで国語の問題の中心は評論だったことからすると、異色に感じられますが、論理的に読むことがポイントです。

【対策】
実用的であるとは、何かの目的があるということです。その目的が何かを考えて、**目的に沿って必要な「情報」をチェックします**。また、実用的な文章こそ、誰が読んでも誤解することがないよう、論理的な書き方で書かれているので、接続語や段落構成などに注意しながら、**論理的に読んでいくという基本**は変わりません。

12-4 グラフ・写真・地図など、文字以外の資料

日常生活で接する文字情報では、文字に写真や地図、グラフなどが添えられ、そうした資料と文字を見比べながら読んでいくケースが圧倒的に多いはずです。

グラフや写真などを併用した文章の読解は、実際的で実用的な文章体験でもあり、また、広い意味では複数のテクストを読み比べる課題でもあります。

【対策】
グラフや写真、地図などが文章とどう対応しているかを確認します。
その際には、資料をすみずみまで見るのではなく、**文章と関連する箇所にしぼって、情報を取捨選択することも必要です。**

12-5 対話文

さまざまな意見や考えをもった人どうしが話し合い、一定の結論に至るというプロセスは、一人だけで考えていた場合に突きあたってしまう限界を超えるものです。

ダイアローグ（対話）には、通常の文章でのモノローグ（一人がたり）にはない生産性があります。対談や鼎談《ていだん》（三人による話し合い）などは、これまでの国語のテストではあまり出題されてきませんでしたが、言語活動の一つとして、今後の出題は十分に想定されます。

【対策】

話し合いの場では、①発言者どうしの言っていることの相違点は何か。②本文が別にある場合は、本文とどう対応しているか。この二点を押さえます。

①については、**対比的な読み**（↓第7節）が基本になります。

②については、本文と発言者の言葉という「複数テクスト」と考え、**発言者の言うことが本文と合っているのか、否か、**を考えます。

- □ 複数テクストの読解…「対比」や「関係」に注目して読む。
- □ 実用的文章、グラフや写真…「目的」に沿って情報を「選択」する。
- □ 対話文…「意見の相違点」や「本文との対応」に気をつけて読む。

短文演習

次の資料を読んで、後の問に答えよ。

解答時間8分

得点　　点

【資料Ⅰ】～【資料Ⅲ】は、二〇一八年に出版された『広辞苑』第七版（岩波書店）を中心とする、辞書にまつわる資料である。

【資料Ⅰ】『広辞苑』第七版　リーフレット

一〇年ぶりの大改訂。充実の最新版、満を持《じ》して登場

言葉の変化、意味の違いをみつめる

世の中の激しい動きにともない、ア言葉の意味も変化していきます。新しく生じた意味は、その定着度を吟味しながら過不足なく加えました。また、言葉を発信する機会が増え、それぞれの言葉の意味を的確に把握し表現したいというニーズも増しています。イ動詞・形容詞を中心に類義語の意味の違いが分かる語釈を追求しました。

日本語の基礎を見直す

言葉の根本の意味をきちんととらえた上で、ウ歴史的な意味変化に沿って語釈を与えるのが『広辞苑』の流儀。その基本に立ち返り、「万葉集」「源氏物語」など古典から引用した用例を総点検しました。その結果、基礎語の語釈を全面的に書き換えたり、見出しの形も改めたりした例も少なくありません。その他の古語項目もさらに充実させました。

新たに一万項目を追加

第六版刊行後に収集した言葉に加えて、旧版までは採用しなかった言葉もあらためて検討し、日本語として定着した語、または定着すると考えられる言葉を厳選。エ新加項目は約一万に達しました。ネットで何でも検索できる時代だからこそ、オ言葉の使用場面を越えた中心的な意味を一読して把握できるように、余分な言葉をそぎ落とし洗練した語釈を付しました。

【資料Ⅱ】『広辞苑』第七版　新聞広告

新しい広辞苑は、
やばい。
10年ぶりの最新版。新収、1万項目。
本日発売
今だけ特別価格 8,500円
新村出編
広辞苑
第七版
岩波書店
ことばは、自由だ。
やば・い（形）①不都合である。危険である。「―・い事になる」
②のめり込みそうである。「この曲はくせになって―・い」→やば2

※解答は別冊P24

語彙チェック

☐満を持す

☐ニーズ

【資料Ⅲ】『広辞苑』における「やばい」の語釈

初版（一九五五年）
やば・い（形）「危険である」の隠語。
第二版（一九六九年）〜第四版（一九九一年）
やば・い（形）危険であるの意の隠語。→やば2
※「やば2」→危険なさまにいう隠語。伎、韓人漢文「俺が持ってるると—なによつて」（これ以降の版も同様）
第五版（一九九八年）〜第六版（二〇〇八年）
やば・い（形）不都合である。危険である。「—・い事になる」→やば2
第七版（二〇一八年）※最新版
やば・い（形）①不都合である。危険である。「—・い事になる」②のめり込みそうである。「この曲はくせになって—・い」→やば2

問一 **【資料Ⅰ】**の傍線部ア〜オのうち、**【資料Ⅲ】**から読み取れるものを**すべて**選べ。

問二 次に示すのは、**【資料Ⅰ】**〜**【資料Ⅲ】**について生徒が話し合っている場面である。**三つの資料の内容に合わない発言を含むもの**を、次から一つ選べ。

ア Aさん——最新版でつけ加えられた意味で「やばい」を使うことに私は抵抗があるけれど、抵抗なく使う人もいるよね。新聞広告にある通り、まさに「ことばは、自由」なんだね。

イ Bさん——商品の広告っていうのは、まず目に留めてもらうことが第一だよ。「広辞苑は、やばい」と新聞読者の意表を突いておいて、下に掲げた語釈でその「種明かし」をしているわけだ。

ウ Cさん——新聞広告の「広辞苑は、やばい」は、なるほどインパクトがあると思う。「やばい」の新しい意味を認めたくない人にはこれは受け入れ難いだろうけど、意味の変化を知っている人の中にはニヤッとした人もいたんじゃないかな。

エ Dさん——この新聞広告はある種の「賭け」に出たわけだ。でも、**【資料Ⅰ】**に古典の言葉を総点検したとあるから、「やばい」の新しい意味に置き換わる過程を歴史的に追跡することができるということだよね。

オ Eさん——うーん、広告も言葉も奥が深いんだな。広告は時として誤解を招く余地を含むぐらいが効果的なこともあり、言葉には意味の似た言葉や、意味が徐々に変わりながら新しく定着していくものがある……と。

本文チェック

考え方 資料・対話文の対応関係を丁寧に押さえる

【資料Ⅰ】『広辞苑』第七版 リーフレット

一〇年ぶりの大改訂。充実の最新版、満を持《じ》して登場

1 言葉の変化、意味の違いをみつめる

世の中の激しい動きにともない、ア言葉の意味も変化していきます。問一 新しく生じた意味は、その定着度を吟味しながら過不足なく加えました。また、言葉を発信する機会が増え、それぞれの言葉の意味を的確に把握し表現したいというニーズも増しています。イ動詞・形容詞を中心に類義語の意味の違いが分かる語釈を追求しました。

2 日本語の基礎を見直す

言葉の根本の意味をきちんととらえた上で、ウ歴史的な意味変化に沿って語釈を与えるのが問一『広辞苑』の流儀。その基本に立ち返り、「万葉集」「源氏物語」など古典から引用した用例を総点検しました。その結果、基礎語の語釈を全面的に書き換えたり、見出しの形も改めたりした例も少なくありません。その他の古語項目もさらに充実させました。

3 新たに一万項目を追加

第六版刊行後に収集した言葉に加えて、旧版までは採用しなかった言葉もあらためて検討し、日本語として定着した語、または定着すると考えられる言葉を厳選。エ新加項目は約一万に達しました。ネットで何でも検索できる時代だからこそ、オ言葉の使用場面を越えた中心的な意味を一読して把握できるように、問一 余分な言葉をそぎ落とし洗練した語釈を付しました。

【資料Ⅱ】『広辞苑』第七版 新聞広告

新しい広辞苑は、
やばい。
10年ぶりの最新版。
新収、1万項目。
本日発売
広辞苑
第七版
今だけ特別価格 8,500円
岩波書店
ことばは、自由だ。
やば・い（形）①不都合である。危険である。「—・い事になる」
②のめり込みそうである。「この曲はくせになって—・い」→やば2

問二

展開

1 言葉の変化と意味（【資料Ⅰ】1）

世の中の動きに伴い、①言葉の意味も変化する。それに応じて新しい意味を加え、意味の違いにも留意した。

2 歴史の重視（【資料Ⅰ】2）

②歴史的な意味変化に沿って語釈を与えるという基本に立ち返り、古語の用例を総点検した。

3 加筆項目（【資料Ⅰ】3）

③定着した語、定着の考えられる言葉約一万項目を新たに加えた。

【資料Ⅲ】《『広辞苑』における「やばい」の語釈》

初版（一九五五年）
やば・い（形）「危険である」の隠語。
第二版（一九六九年）〜第四版（一九九一年）
やば・い（形）危険であるの意の隠語。→やば2
※「やば2」→危険なさまにいう隠語。伎、韓人漢文「俺が持つてゐると―なによつて」（これ以降の版も同様）

第五版（一九九八年）〜第六版（二〇〇八年）
やば・い（形）不都合である。危険である。「―・い事になる」→やば2
第七版（二〇一八年）　※最新版
やば・い（形）①不都合である。危険である。「―・い事になる」②のめり込みそうである。「この曲はくせになって―・い」→やば2

出典

『広辞苑』は中型の国語辞典（新村出編）。一九五五年刊の第一版から、最新の第七版（二〇一八年）まで刊行されている。

語彙チェック

ℓ1 **満《まん》を持《じ》す**…十分に用意して機会を待つ。
ℓ6 **ニーズ**…必要、要求、需要。

100字要約

①言葉の意味の変化に応じて新しい意味を加え、意味の違いにも留意した。また、②歴史的な意味変化に沿うという基本に立ち返って古語の用例を総点検するとともに、③定着した語、定着の考えられる言葉約一万項目を加えた。（100字）

記述式問題の解法

記述式問題を苦手にしている人は多いと思われます。ここでは、記述式問題を解く際のポイントや手がかりの見つけ方を説明します。

出題者は本文に傍線を引いて、**「どういうことか」「なぜか」「どういう心情か」**などと問いかけます。「本文を正しく読めているか」を試したい出題者は、基本、文章のエッセンスが凝縮されている箇所に傍線を引きます。文章のエッセンスが凝縮された箇所をわかりやすくできれば、文章全体が理解できているとわかるからです。ということは、**傍線部だけを見るのではなく、傍線部と関わりのある部分をたどっていくこと**。これが記述問題の解法の第一歩です。

(1)「どういうことか」——内容説明問題

傍線部の語句を、本文に即してわかりやすくまとめ直す問題です。まず、**本文で傍線部と関わりのある箇所、対応する箇所を確認**しましょう。

傍線部やその前後に「**指示語・接続語**」がある場合は、傍線部と強く対応する箇所がすぐ近くにあるとわかります。また、「**具体と抽象の関係**」や「**同義・言い換え**」に気をつけて読み、傍線部と同じ意味の語句や言い換え箇所と結んでいきます。

設問の問い方も大きなヒントです。「具体的に説明せよ」という指示がある場合、本文から「**具体と抽象の関係**」を読み取り、傍線部の「抽象」に対応する「具体」の箇所をマークします。また、「違いがわかるように説明せよ」などの指示がある場合には、対比に留意して内容を整理します。

(2)「なぜか」——理由説明問題

傍線部の「前提」となる理由や根拠を説明する問題です。この場合も、「**指示語・接続語**」「**具体と抽象の関係**」「**同義・言い換え**」に気をつけながら、傍線部と対応する箇所を探します。

(1)・(2)ともに易しい問題の場合は、**傍線部をわかりやすく言い換えた表現や、傍線部の理由や根拠にあたる部分**が本文に記されており、それらの箇所に「〜こと。」「〜から。」をつけて文末を整えれば答案ができあがります。

ただし、難しい問題では対応する部分が分散しているので、対応部分を**自分で考えて関係づける作業**がそこに加わります。

(3)「どのような心情か」——心情説明問題

「悲しい」「安心した」など「心情」だけを書くのではなく、「**……して(したために)——という気持ちになっている**」のように、「なぜそのような心情になったのか」という「**きっかけ**」や「**動機**」「**理由**」も含める書き方を身につけましょう。

* * * *

記述式問題では「**本文を読んでいない第三者にわかるように書く**」こと。たとえば本文だけで使われ、定義されているような語句(「　」がついた特殊な表現など)はそのまま使わず、**説明を加えたり一般的な用語に置き換えたりして書きます**。

第3章

問題演習編

ステップ 3

論理的文章① ――メディア論×文構造

荻上チキ『社会的な身体――振る舞い・運動・お笑い・ゲーム』

※解答は別冊P26

語彙チェック

□メディア

□アクセス

問題 次の文章を読んで、後の問に答えよ。

解答時間20分　得点　　点

そもそもメディアは人々の欲望を叶えるため、社会に登場し、定着していく。単に「もともとあった欲望」を満たすためだけではなく、新たな欲望を植え付け、発展させていく。個人の振る舞いを変えると同時に、社会が個人に期待するもの、個人が他者と世界に期待するものも変えていく。

例えばそろばんや電卓、コンピュータなどを使うことによって、人はより簡便で、高度な計算能力を手に入れてきた。文字や数字を獲得し、情報として記録するために紙や電子媒体を獲得していくことで、自らの身体的限界を超えて、膨大な情報を蓄積し、共有することを可能にした。

ソクラテスはタモスの言葉を借りて、文字を「記憶の秘訣《ひけつ》ではなくて、想起の秘訣」であると批判したが、しかし文字によって私たちは、例えば古事記の口述をした稗田阿礼《ひえだのあれ》のように長文を「記憶」する必要もなく、いつでも膨大な情報へとアクセスでき、メディアを経由して「想起」することができる（もちろん、この「想起」は単なるインプットではなく、外部化された「記憶」の ケンサク作業でもあるのだが）。

つまり比喩的に言えば私たちの身体は、(1)メディアを通じて新しい「身体能力」を獲得していくかのようだ。しかしそれは言うまでもなく、私たちの「生物的身体」が「進化」（あるいは「退化」）していくということではない。自分が可能な振る舞いを変容させ、他人の振る舞いに対する予期を変容させ、社会制度を変容させるといった形で、メディアは「社会的身体」のあり方を解体／構築していくのだ。

社会的身体とは、生物としての身体そのものではなく、社会的に構築された、個人の身体に対するイメージのことだ。人は、道具を使い、環境に適応すると同時に、環境そのものを変容させる。人の生物学的身体は、そう簡単には変えることができないが、メディアを通じて形作られる社会的身体は、わずか短い期間の間に、その姿をがらりと変えていく。

生物学的身体が「もの」としての身体であるなら、社会的身体は「言葉」としての身体であり、それはちょうど、(注1)セックスとジェンダーとの関係のように、文化的な差異や変化を伴う、学習された観念のことである。そしてそれは、コミュニケーションによって作られる、予期の織物のような存在である。

私たちがあるコミュニケーション環境に適応するためには、様々な作法や慣習を身につけたり、いくつかのメディアを、特定の仕方で使いこなせるようになることを求められる。かつての日本であれば、ある階層には書道の能力、そろばんの能力、武道の能力、和装を着こなす能力が、[a]自明であった（として語られる）。しかし、現代の一般企業が「社会人として」求める能力は、ブラインドタッチ、ネクタイの締め方、電話応対、名刺交換の方法、ワードにエクセルの操作、携帯電話の電源を常に入れていることであって、責任を取るために腹を切ることではない。

社会は人々に、メディアを通じた特定の振る舞い方が学習されていくことを期待している。同時に人々は、時代や状況に応じて、その身体を社会的に組み替えていく必要性を知っている。

多くの人にとってメディアを獲得することは、新しく身体能力を外部化し、拡張することでもある。脳にプラグをさして、記憶容量を増やすことこそまだ直接的な形ではできないが、それに類した行動はすでに行われている。自分の記憶容量が足りなければ、自分が憶《おぼ》えきれなければ、人にうまく伝えられないと思えば、メモをし、レコーダーやカメラをまわし、パソコンやケータイなどに保存し、コピーしたデータを渡してあげればいい。そうした振る舞いが一般化するにつれ、社会は人々に「拡張された能力」が存在することを前提として組み込んでいく。

いまでは就職活動は「リクナビ」(注2)に登録するところから始められ、履歴書にはケータイ番号やメールアドレスを書くことが求められる。街にはQRコードが溢《あふ》れ、レジカウンターの前でケータイをかざすことを薦められる。大学教授も、学生に対して長文の電子ファイルを課題として提出することを求め、相応のⅱアイサツ文が打てない者についてはしかめっ面をしてしまう。具体的な待ち合わせ場所を決めずとも、連絡を取り合いながら落ち合えるという期待が生まれ、時間になっても電話が繋《つな》がらない相手はマナー違反であると思われてしまう。

このように、ひとたび特定のメディアが社会的身体化されると、(2)その利用はすでに社会的に埋め込まれた「約束」になる。私たちはその「メディアによって拡張された能力」を、簡単には手放すことはできない。新しい身体に何か「問題」が起こったとしても、その身体をダウングレードして「裸」の状態になるのではなく、さらにアップデートすること、あるいは何か代替のメディアを構築することによって対処されていくことが望まれる。「昔に帰れ」といった説教が、感情的メンテナンスの役には立っても、システム構築の代案としては常に無効だったように、(3)一度埋め込まれた機能を手放すことは実に難しい。個人がそれに抗うからではない。すでに社会が、そのような身体を持った人々の存在を前提として進み始めているからだ。いまや、全ての身体は、象徴的な義体(注3)なのである。

メディアが変化させるのは、人々の具体的な行為だけではない。一般的な「身体」の対概念が、「魂」「精神」「神経」「脳」といった具合に移り変わってきたように、メディアは世界観・社会観のあり方をbその都度更新していく。社会的身体は、社会的に構築された身体の機能であると同時に、(4)そのイメージそれ自体だ。そして、そのイメージをめぐり、人々はいつまでも論争を繰り返していくのである。

（荻上チキ『社会的な身体——振る舞い・運動・お笑い・ゲーム』による）

（注）1　セックスとジェンダーとの関係…生物学的な性別を指すセックスに対して、社会での役割分担などに関わる性差をジェンダーという。
2　リクナビ…就職情報サイトの一つ。
3　義体…「義」はここだと「実物の代用」を表し、「実物を代用する体」という意味。

□象徴

問一　傍線部ⅰ・ⅱのカタカナを漢字で記せ。

ⅰ　ⅱ

問二　傍線部ａ・ｂの本文中における意味として最も適当なものをそれぞれ次から一つ選べ。

ａ　自明であった

ア　有利に作用した　イ　高く評価された　ウ　正統的とされた

エ　あたりまえだった　オ　広く通用していた

ｂ　その都度

ア　そのたびごとに　イ　その程度に応じて　ウ　その社会に即して

エ　それぞれの裁量で　オ　そのままの状態で

ａ　ｂ

問三　傍線部⑴について、「新しい『身体能力』」の例としてあてはまるものを次から一つ選べ。

ア　目分量で調味料を調整できること。

イ　放課後に英語の読書会を開くこと。

ウ　量販店でパソコンを購入すること。

エ　ライブ配信で公演を楽しむこと。

オ　鳥の鳴き声を聞き分けられること。

問四　傍線部⑵とあるが、「その利用はすでに社会的に埋め込まれた『約束』になる」とはどういうことか。本文中の語句を用いて、句読点とも四十五字以内で説明せよ。

問五 傍線部⑶を比喩を用いて表現した箇所を本文中から探し出し、次の空欄にあてはまる形で、句読点とも二十字以内で書き抜いて示せ。

社会的身体を［　　］こと。

問六 傍線部⑷はどういうことか。最も適当なものを次から一つ選べ。

ア メディアの発達に伴って身体とその外部との境界性が曖昧になり、これまで軽視されてきた「魂」などのイメージが不思議な現実味を帯びるようになったということ。

イ 社会的身体とは、それを使わなければ一人前の人間として認められない実用的な機能であるとともに、その社会に生きる人々のイメージの中核にもなっているということ。

ウ 現代人の実生活が外部のメディアなくしては成り立たないことと呼応して、医学的なケアや来世に関わる宗教などにとってもメディアのイメージが不可欠であるということ。

エ 社会的身体を獲得した現代人は、生得的な身体だけでは生きられないのと同様に、世界のルールや社会の慣行についても具体的なイメージをもっている必要があるということ。

オ 現代社会特有の現象として、メディアが人々の身体能力を外部化させてしまったことが抽象的で実体のないイメージを溢れさせ、人々を論争に巻き込んでいるということ。

本文チェック

考え方 具体と抽象の関係や文構造を意識する

[1] そもそもメディアは人々の欲望を叶えるため、社会に登場し、定着していく。単に「もともとあった欲望」を満たすためだけではなく、新たな欲望を植え付け、発展させていく。**問三** 個人の振る舞いを変えると同時に、社会が個人に期待するもの、個人が他者と世界に期待するものも変えていく。

[2] 例えばそろばんや電卓、コンピュータなどを使うことによって、人はより簡便で、高度な計算能力を手に入れてきた。（具体例）文字や数字を獲得し、情報として記録するために紙や電子媒体を獲得していくことで、自らの身体的限界を超えて、膨大な情報を蓄積し、共有することを可能にした。

[3] ソクラテスはタモスの言葉を借りて、文字を「記憶の秘訣《ひけつ》ではなくて、想起の秘訣」であると批判したが、しかし文字によって私たちは、例えば古事記の口述をした稗田《ひえだの》阿《あ》礼《れ》のように長文を「記憶」する必要もなく、いつでも膨大な情報へとアクセスでき、メディアを経由して「想起」することができる（もちろん、この「想起」は単なるインプットではなく、外部化された「記憶」の i ケンサク作業でもあるのだが）。

[4] つまり比喩的に言えば私たちの身体は、(1)メディアを通じて新しい「身体能力」を獲得していくかのようだ。しかしそれは言うまでもなく、私たちの「生物的身体」が「進化」（あるいは「退化」）していくということではない。自分が可能な振る舞いを変容させ、他人の振る舞いに対する予期を変容させ、社会制度を変容させるといった形で、メディアは

展開

1 新しい「身体能力」（[1]〜[4]）

① 私たちはメディアを通じて新しい身体能力を獲得し、それにともなって社会と個人の関係は変容していく。

「社会的身体」のあり方を解体／構築していくのだ。

5 問六 社会的身体とは、生物としての身体そのものではなく、社会的に構築された、個人の身体に対するイメージのことだ。人は、道具を使い、環境に適応すると同時に、環境そのものを変容させる。人の生物学的身体は、そう簡単には変えることができないが、メディアを通じて形作られる社会的身体は、わずか短い期間の間に、その姿をがらりと変えていく。

6 生物学的身体が「もの」としての身体であるなら、社会的身体は「言葉」としての身体であり、それはちょうど、セックスとジェンダーとの関係のように、文化的な差異や変化を伴う、学習された観念のことである。そしてそれは、コミュニケーションによって作られる、予期の織物のような存在である。

7 私たちがあるコミュニケーション環境に適応するためには、様々な作法や慣習を身につけたり、いくつかのメディアを、特定の仕方で使いこなせるようになることを求められる。かつての日本であれば、ある階層には書道の能力、そろばんの能力、武道の能力、和装を着こなす能力が a自明であった（として語られる）。しかし、現代の一般企業が「社会人として」求める能力は、ブラインドタッチ、ネクタイの締め方、電話応対、名刺交換の方法、ワードにエクセルの操作、携帯電話の電源を常に入れていることであって、責任を取るために腹を切ることではない。

8 社会は人々に、メディアを通じた特定の振る舞い方が学習されていくことを期待している。同時に人々は、時代や状況に応じて、その身体を社会的に組み替えていく必要性を知っている。

2 社会的身体（5〜7）

社会的身体とは、社会的に構築された、個人の身体に対するイメージのことだ。②私たちはメディアを通じて、新しい能力とその社会的身体を構築していく。

3 メディアと社会的身体（8〜12）

社会的身体化されたメディアの利用は社会的に埋め込まれた「約束」であり、③前提となる社会的身体化されたメディアを手放すことは難しい。

9 多くの人にとってメディアを獲得することは、新しく身体能力を外部化し、拡張することでもある。脳にプラグをさして、記憶容量を増やすことこそまだ直接的な形ではできないが、それに類した行動はすでに行われている。自分の記憶容量が足りなければ、自分が憶《おぼ》えきれなければ、人にうまく伝えられないと思えば、メモをし、レコーダーやカメラをまわし、パソコンやケータイなどに保存し、コピーしたデータを渡してあげればいい。そうした振る舞いが一般化するにつれ、問四 社会は人々に「拡張された能力」が存在することを前提として組み込んでいく。

具体例

10 いまでは就職活動は「リクナビ」に登録するところから始められ、履歴書にはケータイ番号やメールアドレスを書くことが求められる。街にはＱＲコードが溢《あふ》れ、レジカウンターの前でケータイをかざすことを薦められる。大学教授も、学生に対して長文の電子ファイルを課題として提出することを求め、相応の ii アイサツ文が打てない者についてはしかめっ面をしてしまう。具体的な待ち合わせ場所を決めずとも、連絡を取り合いながら落ち合えるという期待が生まれ、時間になっても電話が繋《つな》がらない相手はマナー違反であると思われてしまう。

11 このように、ひとたび特定のメディアが社会的身体化されると、(2) その利用はすでに社会的に埋め込まれた「約束」になる。私たちはその 問五 「メディアによって拡張された能力」を、簡単には手放すことはできない。新しい身体に何か「問題」が起こったとしても、その身体をダウングレードして「裸」の状態になるのではなく、さらにアップデートすること、あるいは何か代替のメディアを構築することによって対処されていくことが望まれる。

12 「昔に帰れ」といった説教が、感情的メンテナンスの役には立っても、システム構築の代案としては常に無効だったように、(3)一度埋め込まれた機能を手放すことは実に難しい。個人がそれに抗うからではない。すでに社会が、そのような身体を持った人々の存在を前提として進み始めているからだ。いまや、全ての身体は、象徴的な義体なのである。

13 メディアが変化させるのは、人々の具体的な行為だけではない。一般的な「身体」の対概念が、「魂」「精神」「神経」「脳」といった具合に移り変わってきたように、問六 メディアは世界観・社会観のあり方をbその都度更新していく。社会的身体は、社会的に構築された身体の機能であると同時に、(4)そのイメージそれ自体だ。そして、そのイメージをめぐり、人々はいつまでも論争を繰り返していくのである。

4 メディアが変化させるもの

(13) ④メディアは人々の具体的な行為だけでなく、世界観・社会観を更新していく。

出典

荻上チキ『社会的な身体――振る舞い・運動・お笑い・ゲーム』（講談社現代新書・二〇〇九年）

筆者は評論家、編集者。パソコンやスマートフォンなどのメディアは単なる道具ではなく、人間はメディアを埋め込まれた「社会的な身体」であるという観点で論じたメディア論。

語彙チェック

ℓ1 **メディア**…中間にあるもの、媒体がもとの意味だが、一般には情報の伝達を行う記憶媒体や新聞などのマスメディアを指す。

ℓ11 **アクセス**…接近すること。転じて、ウェブページや記憶装置上の情報に到達することを指す。

ℓ59 **象徴**《しょうちょう》…形のない抽象的なものを形のある具体的なもので表すこと。

100字要約

①私たちはメディアを通じて②社会的身体ともいうべき新しい能力とそのイメージを構築する。③社会は社会的身体化されたメディアを前提に進み、④メディアは人々の具体的行為だけでなく世界観や社会観をも更新していく。（98字）

文学的文章① ——小説×現代

重松清『旧友再会』

問題 次の文章を読んで、後の問に答えよ。

解答時間20分 得点 点

※解答は別冊P32

山口県東部の周防《すおう》でタクシー会社を経営する「青田さん」はある日、老人ホーム『やすらぎの里』に母親を見舞う高校時代の同級生「川村さん」を乗せた。次はそれに続く場面である。

周防のような小さな街でタクシーをやっていれば、昔の友だちを乗せることは珍しくない。地元に残った友だちは大事なお得意さまだし、今日のように、よその街に出た友だちとひさびさの再会を果たしたことも何度かあった。

友だち同士でも、車内では客と運転手になる。その関係のバランスをとるのは意外と難しい。友だちが車から降りたあとは、懐かしさの余韻にひたるよりも、やれやれ、しんどかったなあ、とため息をつくほうが多いのだが、ここまで疲れてしまうのは初めてかもしれない。子どもの頃に苦手だった相手は、おとなになってからも変わらない、ということなのだろうか。

『やすらぎの里』の案内看板を通り過ぎた。あと一キロ。(1)もうちょっとの辛抱だ、と肩の力を抜いたとき、川村さんが言った。

「せっかくだから、帰りもあおちゃんの車にしようかな。どうせタクシーは電話で呼ばな

語彙チェック

□余韻

きゃいけないんだし、時間もかかるし、あおちゃんだって空車で周防まで帰ってもしかたないんだし、なあ」

　往復で実車(注1)だと、一万五千円。仕事としては確かにありがたい話だったが、[i]カセギが倍になる代わりに、疲れも倍になってしまう。待機時間が長くなるようなら、予約の仕事を口実にして断ろう、と決めた。

　だが、川村さんは「すぐだから、パッと顔を出してパッと帰ってくる」と言う。「駐車場で五、六分待っててくれよ」

「……そんなに短くていいの？」

「いいんだいいんだ、いつもそうなんだよ。どうせ俺の顔を見たって、誰だかわかってないんだから」

　母親本人に会うというより、施設のスタッフに挨拶をして、母親の最近の様子を聞けば、用件は終わる。

「まあ、姥捨《うば》て山にはしてませんよ、親のことをちゃんと気にかけてますよ、っていうアリバイづくりのようなものだ」

　川村さんは[a]自嘲するように言って、「誰のためにそうしてるのか、よくわかんないんだけどな」と笑った。

　笑い返していいのか、よくないのか。こういうところが、ほんとうに疲れるのだ。

　川村さんの酔いはだいぶ醒めていたが、素面《しらふ》に戻るにつれて、ひねくれた言い方で自分を冷ややかに突き放すようになった。機嫌が悪いのなら黙っていればいいのに、とりとめのないことを投げやりな口調でしゃべって、話はどれも尻切れトンボで終わってしまう。

□ 姥捨て山

□ 投げやり

「(2)帰りも頼むよ。な、いいよな？」

数分の待ち時間であれば、断るわけにはいかない。

『やすらぎの里』に着くと、川村さんは「さーて、行きますか」と、両頬を何度か軽く手で張った。

「親と会うときは気合いを入れとかないと、心が折れちゃうからな」

笑って言って、車を降りた。

青田さんは途方に暮れた思いで、こわばった笑みを返した。

川村さんを待つ間、青田さんは自分の両親のことをぼんやりと考えていた。

父親は膵臓《すいぞう》がんで、母親は脳溢血《のういっけつ》で亡くなった。父親の享年は六十六、母親は七十二。二人とも、いまの時代のb物差しで言うなら、若くして亡くなったことになる。父親は抗がん剤の副作用にさんざん苦しめられ、母親は風呂上がりに倒れてそれっきりだった。

息子としてはもちろん悲しいし、本人たちも無念だっただろう。もっと長生きしてほしかった。これは間違いなく、思う。

それでも最近は、親の介護をしている同世代の仲間の苦労話を聞くにつけて、ウチの両親は「老い」を持て余さなかっただけ幸せだったのかもしれない、とも思うようになった。

父親も母親も、寝たきりにはならなかった。シモの世話も自分できちんとできたし、認知症を発症することもなかった。

もしも両親がいまも生きていたら、二人とも八十代半ばになる。体にも心にもガタがきているだろう。「老い」を家族では支えられなくなって、どちらか一人は、あるいは二人そろって、施設に入っているかもしれない。

仕事の合間を縫って『やすらぎの里』を訪ねる川村さんの姿は、「もしも」の世界の自分自身でもあったのだ。

川村さんは十分後に戻ってきた。

玄関から駐車場に向かう途中でスマートフォンを取り出し、画面を指で操作しながら車に乗り込んだ。

「ちょっと仕事でいろんなところに電話しなくちゃいけないから、うるさくしちゃうけど、悪いな」

口調が変わった。しぐさも、急にきびきびしてきた。

「電話が終わるまで待つよ」

「だいじょうぶだいじょうぶ、待ってる時間がもったいないだろ、お互いに」

車、出していいぞ、と手で払って、ああそうだ、と顔を上げる。

「あおちゃんのタクシーで来たって教えてやったら、おふくろ、懐かしがってたぞ」

「――え？」

「嘘《うそ》だよ、嘘」

なんにもわかってなかったよ、俺のことも自分のことも、と付け加えて、スマートフォンの画面に目を落とす。

(3)青田さんは憮然《ぶぜん》として車を発進させた。面白くもなんともない冗談だ。腹立たしくて、悲しい。子どもの頃の川村さんは、短気ですぐに怒りだして、周囲に八つ当たりすることも多かったが、ひねくれてはいなかった。こんな屈折した冗談をとばすような奴のことは、きっと、大嫌いだったはずなのに。

　この調子では、気疲れが倍になるぐらいではすまないかもしれない。覚悟して車を走らせたが、四十分ほどかかった帰り道のほとんどの時間、川村さんは電話で話していた。

　トラブルが発生したらしい。どうやらこちら側に非があって、原因は部下のつまらないミスだったようだ。当の部下からその報告を受けた川村さんは、「なにやってるんだ！」と一喝して、厳しく叱責した。

　ひやっとして肩をすぼめた青田さんは、ああ、やっぱり叱るときの[ii]ケンマクは変わってないなあ、と背筋を固くした。自分が怒られるよりも、他人が怒られるのを横で聞いているほうが、居たたまれない。そういう自分自身の性格も昔どおりなんだと、あらためてわかった。

「まあいいや、いまさら言ってもどうしようもない」

　川村さんは気を取り直すと、いまからやるべきことを部下に指示していった。左手に持ったスマートフォンで話しながら、右手でタブレット端末を操作して、あそこにも連絡をしろ、あの数字の確認を忘れるな、いやそうじゃないそっちのほうが先だ、と矢継ぎ早に伝える。

　部下への電話のあとは、一息つく間もなく、迷惑をかけた先に連絡を取った。

　よんどころない事情で今日は東京にいないことを詫《わ》びて、部下のミスを謝り、明日帰京したら、その足で先方の会社に向かうことを約束して、電話を切った。

「悪かったな、うるさくしちゃって。運転の邪魔になっただろ」

□ 矢継ぎ早

□ よんどころない

「(4)いや……だいじょうぶ」

「しょっちゅうだよ、こういうの。部長の仕事なんて、ほとんどが若い連中の尻ぬぐいなんだから」

　さばさばと言う。強がりではなさそうだった。

「ほんとに、どんなに大変でも、仕事はいいよ。自分の力で勝負できるんだから」

「うん……」

「でも、親が歳《とし》をとるのは、俺の力じゃどうにもならないもんなあ」

　これもきっと、本音なのだろう。

「あと一本で終わりだから」

「車を停めようか？　外に出てるよ、俺」

「そんなことしなくていいって。あおちゃんが聞きたくないんだったらアレだけど、俺のほうは全然かまわないし」

「そうか……」

「あおちゃんは優しいなあ」

　うれしそうに言われた。「そういうところ、ガキの頃と全然変わってないなあ」――そこまでの付き合いではなかったはずなのだ、ほんとうに。

（重松清『旧友再会』による）

（注）1　実車…ここでは、タクシーが客を乗せた状態で走行していることを指す。

問一　傍線部ⅰ・ⅱのカタカナを漢字で記せ。

ⅰ
ⅱ

問二　傍線部ａ・ｂの本文中における意味として最も適当なものをそれぞれ次から一つ選べ。

ａ　自嘲する

ア　あたりをはばかる　**イ**　冗談めかして言う　**ウ**　自分をおとしめる

エ　周囲に言いふらす　**オ**　自然と涙目になる

ｂ　物差し

ア　言葉　**イ**　制度　**ウ**　風潮　**エ**　感想　**オ**　基準

ａ
ｂ

問三　傍線部⑴での青田さんの心情として最も適当なものを次から一つ選べ。

ア　同級生を客として扱うという状況にどうしても馴染めず、うろたえている。

イ　苦手な川村さんと一緒の車内で、無理に気持ちを落ち着かせようとしている。

ウ　もうすぐ川村さんを降ろすところまで何とか来られたことに、安堵《あんど》している。

エ　あと少しのところで何か問題が起こらないよう、いっそう気を引き締めている。

オ　客となった同級生を無事に送り届けられそうだと思い、胸をなでおろしている。

問四　傍線部⑵について、これに対する青田さんの思いを端的に示した表現を文中から句読点とも十字以内で探し出し、書き抜いて示せ。

問五 傍線部⑶について、ここでの青田さんの心情として最も適当なものを次から一つ選べ。

ア 母親への不満の矛先を同級生の自分に向けてきた川村さんの身勝手さに納得がいかず、一定の距離を保って接しようと自分に言い聞かせている。

イ 久しぶりに会った自分を引き合いに出して冗談を飛ばす川村さんの無神経さに憤り、川村さんを乗せてしまったことを今さらながら後悔している。

ウ 母親の見舞いを短い時間で切り上げ、せわしなく仕事の電話をかける川村さんの無情さが腹立たしく、川村さんへの嫌悪感をさらに募らせている。

エ 実の母の病状を種にこちらの気分が悪くなることを言う川村さんの態度にあきれ果てながら、そのような屈折した川村さんの変わりように落胆している。

オ 母親のことが気がかりな上に仕事の悩みを抱えながら、同級生にも本当の思いを正直に告白できない川村さんの心の闇の深さをあわれに思っている。

□

問六 傍線部⑷とあるが、次に示すのは、青田さんがこのように歯切れの悪い返事をした理由をまとめたものである。空欄に入る適切な表現を、句読点とも四十字以内で書け。

川村さんの言うように「運転の邪魔になった」ことは一面では事実ではある。しかし今の青田さんと川村さんは運転手と客の関係であり、また［　　　］と推し量ったので、「だいじょうぶ」と言ったのではないか。

本文チェック

考え方　言葉・きっかけ・反応から心情を考える

周防のような小さな街でタクシーをやっていれば、昔の友だちを乗せることは珍しくない。地元に残った友だちは大事なお得意さまだし、今日のように、よその街に出た友だちとひさびさの再会を果たしたことも何度かあった。

友だち同士でも、車内では客と運転手になる。その関係のバランスをとるのは意外と難しい。問三 友だちが車から降りたあとは、懐かしさの余韻にひたるよりも、やれやれ、しんどかったなあ、とため息をつくほうが多いのだが、ここまで疲れてしまうのは初めてかもしれない。子どもの頃に苦手だった相手は、おとなになってからも変わらない、ということなのだろうか。

『やすらぎの里』の案内看板を通り過ぎた。あと一キロ。(1)もうちょっとの辛抱だ、と肩の力を抜いたとき、川村さんが言った。

「せっかくだから、帰りもあおちゃんの車にしようかな。どうせタクシーは電話で呼ばなきゃいけないんだし、時間もかかるし、あおちゃんだって空車で周防まで帰ってもしかたないんだし、なあ」

往復で実車だと、一万五千円。仕事としては確かにありがたい話だったが、iカセぎが倍になる代わりに、疲れも倍になってしまう。待機時間が長くなるようなら、予約の仕事を口実にして断ろう、と決めた。

だが、川村さんは「すぐだから、パッと顔を出してパッと帰ってくる」と言う。「駐車場で五、六分待っててくれよ」

展開

1 行きの車内（ℓ1〜54）

①同級生の川村さんを自分の運転するタクシーに乗せて老人ホームへと向かう車内で、青田さんは大きな気疲れをおぼえていたが、帰りも乗せてくれと頼まれる。途方に暮れてこわばった笑みを返す。

「……そんなに短くていいの？」

「いいんだいいんだ、いつもそうなんだよ。どうせ俺の顔を見たって、誰だかわかってないんだから」

母親本人に会うというより、施設のスタッフに挨拶をして、母親の最近の様子を聞けば、用件は終わる。

「まあ、姥《うば》捨て山にはしてませんよ、親のことをちゃんと気にかけてますよ、っていうアリバイづくりのようなものだ」

川村さんは[a]自嘲するように言って、「誰のためにそうしてるのか、よくわかんないいんだけどな」と笑った。

笑い返していいのか、よくないのか。こういうところが、ほんとうに疲れるのだ。

川村さんの酔いはだいぶ醒めていたが、素面《しらふ》に戻るにつれて、ひねくれた言い方で自分を冷ややかに突き放すようになった。機嫌が悪いのなら黙っていればいいのに、とりとめのないことを投げやりな口調でしゃべって、話はどれも尻切れトンボで終わってしまう。

「(2)帰りも頼むよ。な、いいよな？」

問四 数分の待ち時間であれば、断るわけにはいかない。

『やすらぎの里』に着くと、川村さんは「さーて、行きますか」と、両頬を何度か軽く手で張った。

「親と会うときは気合いを入れとかないと、心が折れちゃうからな」

笑って言って、車を降りた。

青田さんは途方に暮れた思いで、こわばった笑みを返した。

川村さんを待つ間、青田さんは自分の両親のことをぼんやりと考えていた。

父親は膵臓《すいぞう》がんで、母親は脳溢血《のういっけつ》で亡くなった。父親の享年は六十六、母親は七十二。二人とも、いまの時代の b物差しで言うなら、若くして亡くなったことになる。父親は抗がん剤の副作用にさんざん苦しめられ、母親は風呂上がりに倒れてそれっきりだった。

息子としてはもちろん悲しいし、本人たちも無念だっただろう。もっと長生きしてほしかった。これは間違いなく、思う。

それでも最近は、親の介護をしている同世代の仲間の苦労話を聞くにつけて、ウチの両親は「老い」を持て余さなかっただけ幸せだったのかもしれない、とも思うようになった。父親も母親も、寝たきりにはならなかった。シモの世話も自分できちんとできたし、認知症を発症することもなかった。

もしも両親がいまも生きていたら、二人とも八十代半ばになる。体にも心にもガタがきているだろう。「老い」を家族では支えられなくなって、どちらか一人は、あるいは二人そろって、施設に入っているかもしれない。

仕事の合間を縫って『やすらぎの里』を訪ねる川村さんの姿は、「もしも」の世界の自分自身でもあったのだ。

川村さんは十分後に戻ってきた。

玄関から駐車場に向かう途中でスマートフォンを取り出し、画面を指で操作しながら車に乗り込んだ。

---

2 帰りの車内（ℓ56～107）

川村さんは帰りの車内で部下のミスを叱責する。②仕事は自分

「ちょっと仕事でいろんなところに電話しなくちゃいけないから、うるさくしちゃうけど、悪いな」

口調が変わった。しぐさも、急にきびきびしてきた。

「電話が終わるまで待つよ」

「だいじょうぶだいじょうぶ、待ってる時間がもったいないだろ、お互いに」

車、出していいぞ、と手で払って、ああそうだ、と顔を上げる。

「あおちゃんのタクシーで来たって教えてやったら、問五 おふくろ、懐かしがってたぞ」

「――え?」

「嘘《うそ》だよ、嘘」

なんにもわかってなかったよ、俺のことも自分のことも、と付け加えて、スマートフォンの画面に目を落とす。

(3)青田さんは憮然《ぶぜん》として車を発進させた。面白くもなんともない冗談だ。腹立たしくて、悲しい。子どもの頃の川村さんは、短気ですぐに怒りだして、周囲に八つ当たりすることも多かったが、ひねくれてはいなかった。こんな屈折した冗談をとばすような奴のことは、きっと、大嫌いだったはずなのに。

この調子では、気疲れが倍になるぐらいではすまないかもしれない。覚悟して車を走らせたが、四十分ほどかかった帰り道のほとんどの時間、川村さんは電話で話していた。

トラブルが発生したらしい。どうやらこちら側に非があって、原因は部下のつまらないミスだったようだ。当の部下からその報告を受けた川村さんは、「なにやってるんだ!」と一喝して、厳しく叱責した。

の力で何とかなるが親のことはどうにもならないと話す川村さんの言葉は本音だとは思うが、③親し気に語りかける川村さんに青田さんは釈然としないものを感じた。

ひやっとして肩をすぼめた青田さんは、ああ、やっぱり叱るときのⅱケンマクは変わってないなあ、と背筋を固くした。自分が怒られるよりも、他人が怒られるのを横で聞いているほうが、居たたまれない。そういう自分自身の性格も昔どおりなんだと、あらためてわかった。

「まあいいや、いまさら言ってもどうしようもない」

川村さんは気を取り直すと、いまからやるべきことを部下に指示していった。左手に持ったスマートフォンで話しながら、右手でタブレット端末を操作して、あそこにも連絡をしろ、あの数字の確認を忘れるな、いやそうじゃないそっちのほうが先だ、と矢継ぎ早に伝える。

部下への電話のあとは、一息つく間もなく、迷惑をかけた先に連絡を取った。よんどころない事情で今日は東京にいないことを詫《わ》びて、部下のミスを謝り、明日帰京したら、その足で先方の会社に向かうことを約束して、電話を切った。

「悪かったな、うるさくしちゃって。運転の邪魔になっただろ」

「(4)いや……だいじょうぶ」

「しょっちゅうだよ、こういうの。部長の仕事なんて、ほとんどが若い連中の尻ぬぐいなんだから」

さばさばと言う。問六 強がりではなさそうだった。

「ほんとに、どんなに大変でも、仕事はいいよ。自分の力で勝負できるんだから」

「うん……」

「でも、親が歳をとるのは、俺の力じゃどうにもならないもんなあ」

これもきっと、本音なのだろう。

「あと一本で終わりだから」

「車を停めようか？　外に出てるよ、俺」

「そんなことしなくていいって。あおちゃんが聞きたくないんだったらアレだけど、俺のほうは全然かまわないし」

「そうか……」

「あおちゃんは優しいなあ」

うれしそうに言われた。「そういうところ、ガキの頃と全然変わってないなあ」——そこまでの付き合いではなかったはずなのだ、ほんとうに。

出典

重松清『旧友再会』（講談社文庫・二〇二二年）

作者は人間心情の機微に迫る作品を多く発表している作家。本書は中年の主人公たちがさまざまな「旧友」と「再会」することをモチーフとする五つの作品を収録した短篇集。

語彙チェック

ℓ5 **余韻**《よいん》…音のあとかすかに残る響き。ある事が終わったあとに残る味わい。

ℓ24 **姥捨**《うばす》**て山**《やま》…役に立たなくなった老人を山に捨てた伝説から、年を取った人を放置する場所のたとえ。ここでは親のことを気にかけていない状態。

ℓ31 **投**《な》**げやり**…いいかげんに行うこと。

ℓ86 **矢継**《やつ》**ぎ早**《ばや》…続けざまに行うこと。

ℓ89 **よんどころない**…しかたがない、やむをえない。

100字要約

①同級生の川村さんを自分のタクシーに乗せた青田さんは、大きな気疲れをおぼえた。②仕事や親のことについて話す川村さんの言葉は本音だとは思うが、③親し気に語りかける川村さんに青田さんは釈然としないものを感じた。（100字）

論理的文章② ——言語論×表現

田中克彦『言語学とは何か』

問題 次の文章を読んで、後の問に答えよ。

解答時間20分 得点 点

考えてみると、「○○語」という、このことばは、きわめて深い政治的背景をもっている。とりわけ、ある集団が、自らを独自の民族だと主張し、説得するためには、固有の言語を持っていることを認識させなければならなかったからである。

東欧のユダヤ人が、独自の民族をなさないとして、同化を強いられた論拠は、ユダヤ人の言語が、独自の、固有の言語ではなく、事実上のドイツ語、しかもくずれたドイツ語、劣等なドイツ語であって、まともな言語だとは認められない、とされたことであった。そのためにユダヤ人は、かれらのことばを、「固有の言語」に作りあげねばならなかった。かれらの母語は、作家たちによって文学の言語へと「造成」されて、それに「イディシュ」という、固有の言語としての名が与えられたのである。

したがって、(1)あることばを言語と名づけるかどうかは、近代の諸言語を研究するにあたって、政治的な含みをもつ、大きな争点になるのである。ヨーロッパ諸語では、日本語では単に「ことば」と言ってすませられるところに、その位階を示す、いくつもの表現が与えられている。

たとえば(注1)フランス語では langue のほかに parler, dialecte, patois, argot 等々の語があるように。

※解答は別冊P38

語彙チェック

□同化

（注2）ヨーロッパ諸語の用法では「言語」にあたる langue, language, Sprache などは、ことば一般を指すのではなく、ふつう「方言」dialect などとは厳密に区別される、りっぱな、「国語」になっているほどの威容をととのえた、特別のことばを指している。しかし、たとえば、アイヌ語のように、話し手の数が減ってしまい、国語になり得るような規模ではなくとも、言語学では「言語」と呼ぶことにしている。それは、たとえば日本語や他の隣接諸言語とはまったく異なる、すなわち、連続した移行段階のない、境界のはっきりした、「別のことば」だからである。アイヌ人を孤立させているのは、かれらの言語が日本語とはまったく異なる異質の言語であることによるが、また同時に、アイヌ人をアイヌ人として維持してきたのは、かれらの固有の言語なのである。

このことを考えてみると、自分たちの言語が、他の、とりわけ隣接言語とは異質で、それから隔絶していればいるほど民族の維持には好都合なのである。これは、言語というものにとって、(2)大きな矛盾である。なぜなら、ことばはもともとコミュニケーションの道具であるから、隣接の言語とたがいに共通点が多く、似ていれば似ているほど、相互理解もたやすくその本来の目的のためには役立つはずである。そのためには、世界中の言語が、一つの母体語から分れ出た、相互に方言のような関係にあるのが望ましい。少なくとも互いに語彙をとり入れて、共通要素を増やせば、コミュニケーションの負担は大いに軽減されるであろう。ところが外来語の大量のとりこみはどこの言語でも歓迎されない。外国語まがいの発音、ましてや外国語まがいのスタイルや表現法は排斥され、iゾウオされるであろう。そうして、「国語の純粋性」に危機を感じた人たちは、「国語の純化」運動に乗り出すのである。

(3)そんなものは現実には、また理論的にも存在しえないと主張する人たちまでが、「雑種

□ 隔絶

□ まがい

言語」になりさがるまいとキャンペーンに立つ。そして、ピジン[注3]、ピジン化などという表現は、いちじるしく差別的ないろあいを込めて使われるであろう。

　しかし、それぞれの母語は、アイヌ語のばあいのように、いつでも周辺から[a]理想的に明確に、区切られているわけではない。そのためにまことに多くの民族や国家が、その言語を隣接言語から区切りをつけようと工夫をこらすのである。ウクライナ語やベラルーシ語は、ともすればぼやけてしまいやすいロシア語との境界を、またマケドニア語はブルガリア語からの、カタロニア語はスペイン語からの境界を維持するための努力を行っている。こうした言語のことを、ドイツの社会言語学者、ハインツ・クロスはアウスバウ言語と呼んだ。アウスバウは、造成するというような意味であるから、かつて私は「造成言語」と訳した。しかし、今は「拡張」という意味をこめて訳した方がいいように思っている。それは、その言語が使用される領域を、日常生活から文学、芸術、情報、学問に至るまでの全域に拡げることをも意味しているからである。

　かつてソ連邦では、民族語とロシア語とを共存させる具体的な方策として、「民族語とロシア語の分業」が説かれた。つまり、家庭などの日常生活のレベルでは民族語を、[b]公的、学術的レベルではロシア語というふうに使い分けるようにとのすすめである。しかし、こうしたすすめが、いかに欺瞞《ぎまん》的であるかは明らかである。およそ言語というものの発展にとっては、使用領域が限定されないことが不可欠の条件だからである。

　このように見てくると、近代言語学に成立の[ii]ドウキを与えたのは、国家であった。国家が、言語に境界を与え、〇〇語という、区切りのある単位を与えたからである。そして、言語学は、このような、国家によって提供された、いわゆる個別言語（Einzelsprache）の研究に従事してきた。少し誇張して言うと、(4)国家が個別言語を創り出し——その統合、

□
欺瞞

均質化の過程によって——それを言語学が当然のようにおしいただいて研究したのであるから、この点から言うと、言語学は国家に従属したのである。それは歴史についても言えることであって、歴史が国家から自立することはなかなかむつかしかったのである。こうしたそもそものいきさつを鮮やかに示しているのが、とりわけ日本語のばあいであって、国語学、国文学、国史学などの名づけが当然のように受け入れられたのである。

しかし、以上のことは、近代言語学の発端ではあっても、そのままの状態が維持されたわけではない。印欧語比較言語学がまず、国家の境界を破ったように、言語そのものの内的な構造を研究対象とするには、外的な要因から自由にならなければならなかった。少なくとも、言語共同体は国家とは一致しないものである。言語そのものを、それとしてとり出すことを目標とする言語学にとっては、その言語が、文字をもっていようがいまいが、国家の言語であろうがあるまいが、あるいは近代国家の中で追いつめられた、数千人、数百人の小さな狩猟集団の言語であろうが、言語の構造そのものの研究にとっては等価であり、研究対象としては対等なのである。いやそれどころか、そうした小さな、固有の生活を維持している集団の言語の方がいっそう価値が高いのである。

このことは、生物学者にとっての、小さな昆虫や雑草の、研究上の意味とよく似ている。(5)肉眼で見えないような小さなダニは、サラブレッドに劣ることなく、それと対等、あるいはそれ以上なのである。

（田中克彦『言語学とは何か』による）

（注）1　たとえばフランス語…langue、parler は言語、dialecte、patois は方言、argot は隠語。

2　ヨーロッパ諸語の用法…langue はフランス語、language は英語、Sprache はドイツ語。

3　ピジン——植民地などで、現地の言語とヨーロッパの言語が接触する中でできた混合言語。

問一 傍線部i・iiのカタカナを漢字で記せ。

問二 傍線部a・bの対義語をそれぞれ記せ。

i　ii　a　b

問三 傍線部⑴について、本文では「ことば」と「言語」はどう使い分けられているか。その説明として最も適当なものを、次から一つ選べ。

ア 「ことば」はさまざまな母語や方言を含む多様なあり方をしているが、「言語」という時には他の言語と厳密に区別され、多くの場合は民族に固有の国語としてあるものである。

イ 「ことば」は民族に根ざした自然発生的なものであるのに対して、「言語」は国を単位として公式の場で使うことができるように人工的に整備され文法や文字を持つものである。

ウ 「ことば」は主として話し言葉であり仲間内でのみ通じるものであるが、「言語」は文字を持ち作家たちがすぐれた数多くの文学作品を創作している国際的に認知されたものである。

エ 「ことば」はそれぞれの民族が持つ多様な方言の一つ一つのことであるが、「言語」は方言のような偏った地域性を持たず世界中で通用する国際語のことである。

オ 「ことば」は正規の言語から派生した変わりやすいものであるのに対し、「言語」は作家たちが文学を創作する場合にも使用する正統的で変わることのないものである。

問四 傍線部⑵について、「矛盾」と述べるのはなぜか。句読点とも六十字以内で説明せよ。

問五 傍線部(3)は何を指すか。最も適当なものを次から一つ選べ。

ア 一つの母体語 **イ** コミュニケーション **ウ** 国語の純粋性
エ 国語の純化運動 **オ** 雑種言語

□

問六 傍線部(4)について、「国家が個別言語を創り出」すとはどういうことか。最も適当なものを次から一つ選べ。

ア 国家は言語を純粋な形で維持しようとする努力を後押しし、言語学はその目的を遂行するために尽力するということ。

イ 国家に属する国民が使うべき公用語は自然と統一されてくるもので、言語学はそれを研究する学問であるということ。

ウ 世界中には多種多様なことばが存在することを認めた上で、国家は自国の言語が最も機能的だと主張するということ。

エ どのことばを個別の言語として認めるかは国家の都合によるもので、言語学はその決定を疑問に思わないということ。

オ 国家の境界が定まってしまうと、時間の経過とともに国境線を境として言語に変化が生じ、次第に固定するということ。

□

問七 傍線部(5)について、「ダニ」と「サラブレッド」は何をたとえているか。その組み合わせとして最も適当なものを次から一つ選べ。

ア ダニ――小さな共同体の言語 サラブレッド――国語となっている言語
イ ダニ――単純な構造の言語 サラブレッド――複雑な構造を持つ言語
ウ ダニ――純粋性を保つ言語 サラブレッド――国際的に通用する言語
エ ダニ――新しく発見された言語 サラブレッド――長い歴史と伝統を持つ言語

□

本文チェック

考え方　対比構造・同義表現を踏まえて考える

1　考えてみると、「○○語」という、このことばは、きわめて深い政治的背景をもっている。とりわけ、ある集団が、自らを独自の民族だと主張し、説得するためには、固有の言語を持っていることを認識させなければならなかったからである。

2　東欧のユダヤ人が、独自の民族をなさないとして、同化を強いられた論拠は、ユダヤ人の言語が、独自の、固有の言語ではなく、事実上のドイツ語、しかもくずれたドイツ語、劣等なドイツ語であって、まともな言語だとは認められない、とされたことであった。そのためにユダヤ人は、かれらのことばを、「固有の言語」に作りあげねばならなかった。かれらの母語は、作家たちによって文学の言語へと「造成」されて、それに「イディシュ」という、固有の言語としての名が与えられたのである。

3　したがって、問三 (1) あることばを言語と名づけるかどうかは、近代の諸言語を研究するにあたって、政治的な含みをもつ、大きな争点になるのである。ヨーロッパ諸語では、日本語では単に「ことば」と言ってすませられるところに、その位階を示す、いくつもの表現が与えられている。

4　たとえばフランス語では langue のほかに parler, dialecte, patois, argot 等々の語があるように。

5　ヨーロッパ諸語の用法では「言語」にあたる langue, language, Sprache などは、ことば一般を指すのではなく、ふつう「方言」dialect などとは厳密に区別される、りっぱな、「国語」になっているほどの威容をととのえた、特別のことばを指している。しかし、たとえば、アイヌ語のように、話し手の数が減ってしまい、国語になり得るような規模で

展開

1 固有の言語（1～4）

あることばを「固有の言語」とすることには深い政治的な背景がある。①民族の独自性を主張するために「固有の言語」が仕立て上げられる。

2「国語の純化運動」（5～8）

自分たちの言語が他の言語と異質で隔絶しているほど民族の維持には好都合である。ここか

はなくとも、言語学では「言語」と呼ぶことにしている。それは、たとえば日本語や他の隣接諸言語とはまったく異なる、すなわち、連続した移行段階のない、境界のはっきりした、「別のことば」だからである。アイヌ人を孤立させているのは、かれらの言語が日本語とはまったく異なる異質の言語であることによるが、また同時に、アイヌ人をアイヌ人として維持してきたのは、かれらの固有の言語なのである。

6 このことを考えてみると、自分たちの言語が、他の、とりわけ隣接言語とは異質で、それから隔絶していればいるほど民族の維持には好都合なのである。これは、言語というものにとって、問四 (2)大きな矛盾である。なぜなら、ことばはもともとコミュニケーションの道具であるから、隣接の言語とたがいに共通点が多く、似ていれば似ているほど、相互理解もたやすくその本来の目的のためには役立つはずである。そのためには、世界中の言語が、一つの母体語から分れ出た、相互に方言のような関係にあるのが望ましい。少なくとも互いに語彙をとり入れて、共通要素を増やせば、コミュニケーションの負担は大いに軽減されるであろう。ところが外来語の大量のとりこみはどこの言語でも歓迎されない。外国語まがいの発音、ましてや外国語まがいのスタイルや表現法は排斥され、[i]ゾウオされるであろう。そうして、問五「国語の純粋性」に危機を感じた人たちは、「国語の純化」運動に乗り出すのである。

7 (3)そんなものは現実には、また理論的にも存在しえないと主張する人たちまでが、「雑種言語」になりさがるまいとキャンペーンに立つ。そして、ピジン、ピジン化などという表現は、いちじるしく差別的ないろあいを込めて使われるであろう。

8 しかし、それぞれの母語は、アイヌ語のばあいのように、いつでも周辺から[a]理想的に明確に、区切られているわけではない。そのためにまことに多くの民族や国家が、その言

ら「国語の純化運動」が生まれ、多くの民族や国家は隣接言語との差別化を図り②言語の境界が設定される。

語を隣接言語から区切りをつけようと工夫をこらすのである。ウクライナ語やベラルーシ語は、ともすればぼやけてしまいやすいロシア語との境界を、またマケドニア語はブルガリア語からの、カタロニア語はスペイン語からの境界を維持するための努力を行っている。こうした言語のことを、ドイツの社会言語学者、ハインツ・クロスはアウスバウ言語と呼んだ。アウスバウは、造成するというような意味であるから、かつて私は「造成言語」と訳した。しかし、今は「拡張」という意味をこめて訳した方がいいように思っている。それは、その言語が使用される領域を、日常生活から文学、芸術、情報、学問に至るまでの全域に拡げることをも意味しているからである。

9　かつてソ連邦では、民族語とロシア語とを共存させる具体的な方策として、「民族語とロシア語の分業」が説かれた。つまり、家庭などの日常生活のレベルでは民族語を、b公的、学術的レベルではロシア語というふうに使い分けるようにとのすすめである。しかし、こうしたすすめが、いかに欺瞞《ぎまん》的であるかは明らかである。およそ言語というものの発展にとっては、使用領域が限定されないことが不可欠の条件だからである。

10　このように見てくると、近代言語学に成立のiiドウキを与えたのは、国家であった。国家が、言語に境界を与え、○○語という、区切りのある単位を与えたからである。そして、言語学は、このような、国家によって提供された、いわゆる個別言語（Einzelsprache）の研究に従事してきた。少し誇張して言うと、(4)国家が個別言語を創り出し――その統合、均質化の過程によって――それを言語学が当然のようにおしいただいて研究したのであるから、この点から言うと、言語学は国家に従属したのである。それは歴史についても言えることであって、歴史が国家から自立することはなかなかむつかしかったのである。こうしたそもそものいきさつを鮮やかに示しているのが、とりわけ日本語のばあいであって、

問六

3 言語学の成り立ち（9・10）

③言語に境界を与えたのは国家であり、言語学は近代国家に従属した。

国語学、国文学、国史学などの名づけが当然のように受け入れられたのである。

11 しかし、以上のことは、近代言語学の発端ではあっても、そのままの状態が維持されたわけではない。印欧語比較言語学がまず、国家の境界を破ったように、言語そのものの内的な構造を研究対象とするには、外的な要因から自由にならなければならなかった。少なくとも、言語共同体は国家とは一致しないものである。言語そのものを、それとしてとり出すことを目標とする言語学にとっては、その言語が、文字をもっていようがいまいが、国家の言語であろうがあるまいが、あるいは近代国家の中で追いつめられた、数千人、数百人の小さな狩猟集団の言語であろうが、問七 言語の構造そのものの研究にとっては等価であり、研究対象としては対等なのである。いやそれどころか、そうした小さな、固有の生活を維持している集団の言語の方がいっそう価値が高いのである。

12 このことは、生物学者にとっての、小さな昆虫や雑草の、研究上の意味とよく似ている。(5)肉眼で見えないような小さなダニは、サラブレッドに劣ることなく、それと対等、あるいはそれ以上なのである。

4 言語学の目標（11・12）

④しかし言語の構造そのものを研究する言語学にとっては、あらゆる言語が研究対象として対等であるどころか、小さな集団の言語の方が価値は高い。

出典

田中克彦『言語学とは何か』（岩波新書・一九九三年）

筆者は言語学者。本書は、ソシュールやチョムスキーなど二〇世紀の言語学に大きな足跡を残した人物の考えを筆者独自の視点で展開させ、人間にとっての言語とは何かを論じる。

語彙チェック

ℓ4 **同化**《どうか》…異なる性質・態度・思想などが、感化されて同じになること。

ℓ26 **隔絶**《かくぜつ》…隔たっていること。

ℓ33 **まがい**…見分けのつかないほどよく似せてあるさま。

ℓ52 **欺瞞**《ぎまん》…あざむくこと、だますこと。

100字要約

①民族の独自性を主張するために仕立てた「固有の言語」と、②言語の境界を設定した③国家に近代言語学は従属したが、④言語そのものを研究する言語学にとっては、国家の言語よりも小さな集団に固有の言語の方が価値は高い。（100字）

文学的文章② ―― 随筆×生徒の話し合い

砥上裕將「サインを描く旅」

解答時間20分　得点　　点

※解答は別冊P44

語彙チェック

問題　次の文章を読んで、後の問に答えよ。

以下は、水墨画家でもある筆者が小説を出版し、全国の書店でサイン会を行うことになったいきさつを書いたものである。

完成した本がついに店頭に並び始めると、今度は予想もしなかったほど多くの読者の方々からの声をいただいた。それは、サプライズで差し出された花束に、さらに別の花束が重ねられて、ひょいと手渡されたような感覚で、僕はそのことをうまく理解できなかった。自分でもどう反応していいのか分からない不可思議な感覚がしばらく続き、そのあとようやく、感動がじわじわと胸のうちに溢《あふ》れていった。

誰にも理解されないだろうことを前提に絵筆を振るい、作品を発表し、長い時間を過ごしてきたので、温かで優しい反応というのを僕はずっと思い描くことができなかった。だが、時間をかけて少しずつ、自分の小説が歓迎されていると理解できたとき、それは驚くほど大きな力になった。

その力は、僕をがらりと変えた。それほど得意とはいえない社会に触れる機会を自ら求め、感謝の言葉を伝えたいという意思に変わった。そうすべきだ、と絵を描く時のようにクリアに思うようになった。僕は全国の書店を訪問する、と気軽に答えたことを、どのタイミングでも一度も後悔していなかった。すごく大変だ、と思ったことは何度もあったけれど。

僕が描くサインはとても遅い。

一分もかからず数十秒でサインする人もいると聞いたけれど、僕のサイン本は自分の名前を入れて、絵を入れて、落款(注1)まで押しているので、完成するまでに三分から五分かかる。予定よりもながく居座ってサイン本を作らせていただくというのは心苦しくもあるのだけれど、その一冊を開いた時に、何処かで誰かが喜んでくれるかも知れないと思うと、たった一冊でもどうしても手を抜くことができず、絵を入れてしまう。

筆ペンで描いているとはいえ、絵を描く消耗度は実際の筆とほとんど変わらない。[X]技法の制約は大きく、その上、自宅で画仙紙《がせんし》(注2)に描くときとは別で、本という商品に絵を描くので失敗が許されない。名前だけ素早く書いて落款を押してしまえばすごく楽なのだけれど、この本に関しては、それはできない。僕は自分が感じている気持ちをしっかりと伝えたいと思っている。

それが(1)自分にとっての感謝を示す態度で、絵師としてのa矜持《きょうじ》でもあり、同時に物書きとして動き始めた自分の想いでもある。大切なことは、自らの手で作り上げたもので伝えたいという僕のかたくなな意思の表れだ。

線は迷わず、歪まず、まるで濁ってはいない。

言葉は思いの形を伝えるけれども、思いそのものを伝えたりはしない。けれども絵は、思いの形を伝えはしないけれど、思いそのものを伝えることができる。

□ 消耗度

□ かたくな

だから(2)その二つがあれば、なんとか自分の意のあるところが伝わるのではないかと思って、旅を続けている。

本書の主人公、青山霜介《あおやまそうすけ》も、自分の心や思いがうまく伝えられず、その方法を、水墨画を描くということに委ねた。物に命が宿り、想いが形になるという思想を気付かずに受け入れていくのが、絵師の在り方だと思うのだけれど、青山霜介に劣らず僕もまた、同じ原理で自分の想いを形作っている。

訪問した書店の方々から、本の感想と共に様々なエピソードをうかがう。一目惚《ぼ》れでした、とか、大好きです、といった本に関する[i]ソッチョクな感想を聞く度に本当に、どうしようもなく頭《こうべ》を深く垂れてお礼を申し上げたくなる。小さな散らかった部屋で原稿を書き続けていた日々が[b]報われたなと、かつての自分にそっと伝えたくなる。

丁寧に飾り付けられた棚や手書きのポップで(3)想いは、はっきりと伝わってくる。ああ、これは頑張らねば、いい絵を一冊でもここで描かなければ、と僕は自著の置かれた棚の前でいつも思う。

そういう気持ちが筆に乗った時、絵師の筆というのは、軽々と自分の限界や疲労を超えていく。僕は日々描くことが、生業だったから、話すように筆を振るうことができるし、[Y]、話しながらも筆を振るうことができる（いつも大抵、喋《しゃべ》りながら絵筆を走らせるので、サイン本を作っている様子を見た人には驚かれている）。そんなサイン本を、もう何百冊も日本中で作って来た。

どの本もとても和やかで、優しい[ii]雰囲気の中で作られたものだ。

□ 生業

書店の方々のお話から感じるのは、一冊の本に対する並々ならぬ情熱と愛情で、小説という文化を支えているのは、この無償の愛なのだと思わずにはいられない。僕は作品を書くときに、自分の作ったものを愛するけれど、書店の方々はその気持ちも抱きとめるように、もっと大きな愛情で作品を包んでくれている。幾つもの愛が重なって最後は読者の心に届いていた。その行程を眺めていられること、その大きな愛に直接会いに行けることが、いまの僕が絵筆を振るい、物書きとして旅をする力になっている。

そして、僕もその愛に溢れた世界を愛し始め、一歩踏み出すごとに、親しみを感じている。季節の変わり目に、新しい季節にごく自然に気付き、それを好ましく思うようなささやかな気持ちだけれど、それは、疑いようもなく本物の感覚だ。

僕はたぶん、本当に幸福な物書きで、この本に関する日本中のたくさんの方々の温かな想いと声の在処《ありか》を知っている。

誰とどんなふうに仕事をしているのかを、自分の足を使って、心と経験によって学ばせてもらっている。(4)<u>僕は一冊の本が生み出した線の中を歩いている。</u>

（砥上裕将「サインを描く旅」による）

（注）1　落款…書画が完成した時、作者が署名、または押印すること。ここではその署名や印を指す。
2　画仙紙…書画の料紙。

□無償

問一　傍線部iのカタカナを漢字で、傍線部iiの読みをひらがなで記せ。

i ［　　］　ii ［　　］

問二　傍線部a・bの本文中における意味として最も適当なものをそれぞれ次から一つ選べ。

a　矜持
ア　自負　イ　信念　ウ　サービス　エ　優越感　オ　コミュニケーション

b　報われた
ア　懐かしく思い出された　イ　大きなニュースになった　ウ　努力のかいがあった
エ　よい知らせとなった　オ　つらいばかりではなかった

a □　b □

問三　空欄X・Yに入る最も適当なものを次からそれぞれ一つずつ選べ。
ア　だから　イ　むしろ　ウ　けれども　エ　たとえば　オ　実際

X □　Y □

問四　傍線部⑴は具体的にどういうことか。句読点とも五十字以内で説明せよ。

問五　傍線部⑵は何を指すか。最も適当なものを次から一つ選べ。
ア　言葉と思い　イ　思いの形と思いそのもの　ウ　絵と思い
エ　言葉と絵　オ　心と思い

□

問六　傍線部⑶とあるが、この「想い」について述べた部分を傍線部⑶のあとから探し出し、句読点とも二十字以内で書き抜いて示せ。

問七 次に示すのは、傍線部⑷について生徒たちが話し合っている場面である。空欄に入る最も適当なものを後から一つ選べ。

生徒A 傍線部⑷の情報を整理すると、一冊の本が線を生み出して、「僕」はその線の中を歩いている、と言っている。ここでのキーワード「線」って何のことだろう。

生徒B 本文では、「線」は30行目に出てくる。「線は迷わず、歪まず、まるで濁ってはいない」と。これは絵師でもある筆者が描いた線のことだろうね。

生徒C でも、「僕」自身が「線の中を歩いている」とあるのだから、ここでの「線」は人生とか、そういうことの比喩なんじゃないかな。

生徒B そうか。「僕」は読者の「温かな想いと声」(63・64行目)に応えようと、全国を回っているんだった。

生徒C そのような境遇を63行目では「本当に幸福な」と言っているよ。

生徒A 水墨画の画家でもある筆者の書いた一冊の本が、読者から好評のうちに迎えられた。［　　］

ア 筆者はこれまで水墨画の画家として順風満帆な人生を歩んできたけれど、今は読者が用意してくれた作家というまったく別の「線」の上を歩み始めているということだね。

イ 筆者が追い求めてきた水墨画の世界と小説には接点はないはずだったが、読者という仲立ちを得て「点」が「線」へと昇華し、その道筋を辿っているということだね。

ウ 水墨画の画家として孤独に「線」を書いていた筆者は、小説の読者や書店の方々の想いに応えて全国を回るという形で、「線」の中を歩いていると感じているということだね。

エ サイン会の場で小説の読者に絵を描いて提供することで水墨画と小説は一本の「線」で結ばれ、筆者の中で自分の人生が一つにつながったと意識されたということだね。［　　］

本文チェック

考え方　筆者の心情について根拠を踏まえて具体化する

1　完成した本がついに店頭に並び始めると、今度は予想もしなかったほど多くの読者の方々からの声をいただいた。それは、サプライズで差し出された花束に、さらに別の花束が重ねられて、ひょいと手渡されたような感覚で、僕はそのことをうまく理解できなかった。自分でもどう反応していいのか分からない不可思議な感覚がしばらく続き、そのあとようやく、感動がじわじわと胸のうちに溢《あふ》れていった。

2　誰にも理解されないだろうことを前提に絵筆を振るい、作品を発表し、長い時間を過ごしてきたので、温かで優しい反応というのを僕はずっと思い描くことができなかった。だが、時間をかけて少しずつ、自分の小説が歓迎されていると理解できたとき、それは驚くほど大きな力になった。

3　その力は、僕をがらりと変えた。それほど得意とはいえない社会に触れる機会を自ら求め、感謝の言葉を伝えたいという意思に変わった。そうすべきだ、と絵を描く時のようにクリアに思うようになった。僕は全国の書店を訪問する、と気軽に答えたことを、どのタイミングでも一度も後悔していなかった。すごく大変だ、と思ったことは何度もあったけれど。

4　僕が描くサインはとても遅い。

5　一分もかからず数十秒でサインする人もいると聞いたけれど、僕のサイン本は自分の名前を入れて、絵を入れて、落款まで押しているので、完成するまでに三分から五分かかる。

展開

1 読者からの反響（1～3）

①読者からの声で自分の小説が歓迎されていると知ったことは僕を変え、感謝の言葉を伝えたいという意思が芽生えて全国の書店を訪問することにした。

2 言葉と絵（4～10）

時間をかけてサイン本を作り、感謝を伝えることが自分の

予定よりもながく居座ってサイン本を作らせていただくというのは心苦しくもあるのだけれど、その一冊を開いた時に、何処かで誰かが喜んでくれるかも知れないと思うと、たった一冊でもどうしても手を抜くことができず、絵を入れてしまう。

6 筆ペンで描いているとはいえ、問三 絵を描く消耗度は実際の筆とほとんど変わらない。X 技法の制約は大きく、その上、自宅で画仙紙《がせんし》に描くときとは別で、本という商品に絵を描くので失敗が許されない。名前だけ素早く書いて落款を押してしまえばすごく楽なのだけれど、この本に関しては、それはできない。僕は自分が感じている気持ちをしっかりと伝えたいと思っている。

7 問四 それが(1)自分にとっての感謝を示す態度で、絵師としての a 矜持《きょうじ》でもあり、同時に物書きとして動き始めた自分の想いでもある。大切なことは、自らの手で作り上げたもので伝えたいという僕のかたくなな意思の表れだ。

8 線は迷わず、歪まず、まるで濁ってはいない。

9 言葉は思いの形を伝えるけれども、思いそのものを伝えたりはしない。問五 けれども絵は、思いの形を伝えはしないけれど、思いそのものを伝えることができる。

10 だから(2)その二つがあれば、なんとか自分の意のあるところが伝わるのではないかと思って、旅を続けている。

11 本書の主人公、青山霜介《あおやまそうすけ》も、自分の心や思いがうまく伝えられず、その方法を、水墨画を描くということに委ねた。物に命が宿り、想いが形になるという思想を気付かずに受け入れていくのが、絵師の在り方だと思うのだけれど、青山霜介に劣らず僕もまた、同じ原

矜持である。② 思いの形を伝える言葉と、思いそのものを伝える絵があれば、自分の意を伝えられると思う。

3 書店員の思い（11～15）

③ 書店員の本に対する想いがはっきり伝わると、頑張ろうという気持ちが湧いてくる。この時、絵師の筆は軽々と自分の限界や疲労を超えていく。

理で自分の想いを形作っている。

12 問六 訪問した書店の方々から、本の感想と共に様々なエピソードをうかがう。一目惚《ぼ》れでした、とか、大好きです、といった本に関する i ソッチョクな感想を聞く度に本当に、どうしようもなく頭《こうべ》を深く垂れてお礼を申し上げたくなる。小さな散らかった部屋で原稿を書き続けていた日々が b 報われたなと、かつての自分にそっと伝えたくなる。

13 丁寧に飾り付けられた棚や手書きのポップで (3) 想いは、はっきりと伝わってくる。ああ、これは頑張らねば、いい絵を一冊でもここで描かなければ、と僕は自著の置かれた棚の前でいつも思う。

14 そういう気持ちが筆に乗った時、絵師の筆というのは、軽々と自分の限界や疲労を超えていく。僕は日々描くことが、生業だったから、問三 話すように筆を振るうことができるし、［ Y ］、話しながらも筆を振るうことができる（いつも大抵、喋《しゃべ》りながら絵筆を走らせるので、サイン本を作っている様子を見た人には驚かれている）。そんなサイン本を、もう何百冊も日本中で作って来た。

15 どの本もとても和やかで、優しい ii 雰囲気の中で作られたものだ。

16 書店の方々のお話から感じるのは、一冊の本に対する並々ならぬ情熱と愛情で、小説という文化を支えているのは、この無償の愛なのだと思わずにはいられない。僕は作品を書くときに、自分の作ったものを愛するけれど、書店の方々はその気持ちも抱きとめるように、もっと大きな愛情で作品を包んでくれている。幾つもの愛が重なって最後は読者の心に届いていた。その行程を眺めていられること、その大きな愛に直接会いに行けることが、

4 愛に溢れた世界（16～19）

④ 書店員の本に対する情熱と愛情が小説という文化を支えているのだと思う。僕はその愛に溢れた世界に親しみを感じている。

いまの僕が絵筆を振るい、物書きとして旅をする力になっている。

17 そして、僕もその愛に溢れた世界を愛し始め、一歩踏み出すごとに、親しみを感じている。季節の変わり目に、新しい季節にごく自然に気付き、それを好ましく思うようなささやかな気持ちだけれど、それは、疑いようもなく本物の感覚だ。

18 僕はたぶん、本当に幸福な物書きで、この本に関する日本中のたくさんの方々の温かな想いと声の在処《ありか》を知っている。

19 問七 誰とどんなふうに仕事をしているのかを、自分の足を使って、心と経験によって学ばせてもらっている。(4)僕は一冊の本が生み出した線の中を歩いている。

出典

砥上裕將「サインを描く旅」（講談社『本』二〇二〇年一月号掲載）

作者は水墨画家であると同時に作家でもあり、作品に『線は、僕を描く』『7．5グラムの奇跡』などがある。本文は『線は、僕を描く』が五万部を突破したことを記念して書かれたエッセイ。

語彙チェック

ℓ22 **消耗度**《しょうもうど》…体力や気力を使う度合い。

ℓ29 **かたくな**…意地を張って主張や態度を変えないさま。

ℓ48 **生業**《せいぎょう》…生計のためにしている仕事。「なりわい」「すぎわい」とも読む。

ℓ55 **無償**《むしょう》…報酬や対価を求めないこと、ただであること。

100字要約

①自分の小説が歓迎されていると知って僕は変わり全国の書店を回って、②言葉と絵を通して感謝の気持ちを伝えることにした。③書店員の本に対する想いは作家を勇気づけ、④その情熱と愛情が小説文化を支えているのだと思う。（100字）

論理的文章③ ——環境論×資料文

桑子敏雄『何のための「教養」か』

※解答は別冊P50

語彙チェック
□融合
□劇的
□知

問題 次の文章を読んで、後の問に答えよ。

解答時間21分　得点　点

社会との境界で不調和を生み出すに至った近代科学は、ソフィア(注1)の歴史的展開のうちに、強固な力をもつに至ったシステムである。アリストテレス(注2)はソフィアを純粋な個人の知的活動、それ自体として求められる活動であると考えたが、近代西洋科学は複雑かつ巨大な技術と融合した。この科学技術は、個人のもつ能力というよりも、巨大なシステムとして、わたしたちの世界を劇的に改変する力をもった。フランシス・ベーコン(注3)のいうように、知が力をもったのである。この力は、たんに世界の真理を認識するだけの力ではなく、知の対［a］を変化させ、また、わたしたちの生きる環境をも過激に改変する技術とセットになっていた。この科学技術を技術（テクネー）とソフィアの融合ということで、「近代テクノソフィア」と呼ぶことにしよう。

二十世紀になって自覚された環境問題とは、(1)近代テクノソフィアの働きの結果であった。ただし、この結果は、近代テクノソフィアが目標として達成した結果ではなく、また意図した結果でもなかった。人間は自分の生きる地球環境を破壊しようという意図をもって行為を選択したのではないからである。わたしたちが直面している地球環境問題とは、人間の選択したさまざまな行為による環境の劣化が人間自身の生存の根幹、すなわち「生命」に対する脅[b]として現れた、意図せざる結果として生じた出来事である。すなわち、人間は自分の行為が自らの生存を脅かすという結果を生み出しているということを、その結果に直面することによってはじめて知ったのである。

わたしたちが気づいたのは、地球環境に危機が迫っているということだけではなく、この危機をもたらしたのがわたしたち自身の知によるものだったということである。しかも、近代的ソフィアの活動によってもたらされた結果に気づいたのは、二十世紀になってからであり、この結果をもたらした行為の選択を人間が行ったときには、想定していなかったのである。いわば「想定外」の結果である。近代テクノソフィアが想定していなかった事態である。

ところで、地球温暖化が示すのは、(2)環境の問題とエネルギーの問題が不可分な関係になっているということである。

わたしが生まれた一九五一年前後は、世界の歴史において劇的な変貌のスタートであった。故郷の関東北部での生活におけるエネルギーは、薪炭、あるいは、練炭であった。煮炊きは練炭、風呂は薪《まき》であり、薪割りはわたし自身の日課であった。だが、やがて薪炭が石炭に代わった。風呂釜の炎の色は、赤や黄色から緑や青になった。学校の暖房は石炭ストーブであったが、やがて石油ストーブに代わっていった。台所では、ガスが使えるようになった。まもなく、エネルギーとしては電気が圧倒し、生活のすべてが電化されていった。

薪や炭の消費は、エネルギーの放出の場である。わたしたちは、薪炭を燃やすことで、熱が放出されているのを目撃することができる。石油も同じである。しかし、電気はその iユライが隠されているのが特徴である。消費しているときには、その起源が水力であるのか、石炭であるのか、石油であるのか、それとも原子力であるのかを見ることができない。エネルギーの産出と消費とを分離したのが電気エネルギーの産出技術であった。

　エネルギー革命の本質は、たんに薪炭から石炭、石油、電気への変化というだけではない。薪炭という再生可能エネルギーから石炭、石油という化石燃料への転換である。この転換は、地球が長い営みのなかで地中化した炭素を近代テクノソフィアによるエネルギー革命によって大気中に放出することになったということである。この放出という事態が生み出しているのが地球の大気変動である。

　原子力発電が地球温暖化対策に有効であるということをいう人もいるが、ひとたび事故が起きれば、原子力エネルギーを廃炉作業に使うことはできないであろう。原発の廃炉作業に用いられるエネルギーは、ウラン燃料による電気ではなく、化石燃料である。

　二〇一一年、四枚のプレートの境界面に[ii]チクセキされた巨大エネルギーが解放されることによって生じた地震と津波が日本列島を襲い、近代テクノソフィアの成果である原子力発電所を破壊した。この出来事は広大な国土を放射能によって汚染しただけでなく、大量の放射性物質を大気と海洋にも放出した。

　原子力発電に従事していた関係者は、このような事態を「想定外」と語った。(3)このことは重要なことを意味している。近代テクノソフィアには想定できなかった事態が存在するということと、それだけでなく、想定外が存在するということ、その行為選択の帰趨《きすう》のすべてを視野に入れることができないということを近代テクノソフィアがみずから認めたということである。帰趨のすべてを視野に入れることができない、すなわち、想定外とすることによって、想定外の現象を「そなえ」の視野の外に置いたソフィアであった。

□本質

□帰趨

では、想定外に対する「そなえ」のできる知的能力を人類はもっていないのだろうか。そのようなものがあるとすれば、それはソフィアではなく、進化したフロネーシスであろうが、(4)そのようなフロネーシスの姿をわたしたちはまだ知らない。

（桑子敏雄『何のための「教養」か』による）

（注）1　ソフィア…ここでは学問的論証能力を指す。
2　アリストテレス…古代ギリシアの哲学者。
3　フランシス・ベーコン…イギリスの哲学者（一五六一～一六二六）。

問一　傍線部i・iiのカタカナを漢字で記せ。

i □　ii □

問二　空欄a・bには、熟語の一部となる漢字がそれぞれ入る。最も適切な漢字を次から一つずつ選べ。

ア 違　**イ** 異　**ウ** 威　**エ** 象　**オ** 称　**カ** 照

a □　b □

問三　傍線部(1)の説明として最も適当なものを、次から一つ選べ。

ア　知のあり方を変化させるだけでなく、わたしたちの生きる環境をも過激に改変するものであった。
イ　環境を改変する技術であったが、どの程度環境に影響を与えるかを予測することはできなかった。
ウ　一人の個人による発明でありながら、個人を超えた巨大なシステムとして作用することになった。
エ　個人の知的活動としては無力であったが、技術がこれを支配したために強い影響力をもち始めた。
オ　人間自身の生存の根幹にある知として、環境問題を解決する可能性をも秘めていると考えられる。

□

問四　傍線部(2)とあるが、このように言えるのはなぜか。「環境の問題」「エネルギーの問題」が具体的に何を指すのかがわかるように、句読点とも七十字以内で説明せよ。

問五　傍線部(3)について、ここでの「重要な意味」とはどのようなことか。最も適当なものを次から一つ選べ。

ア　近代テクノソフィアが「想定外」を隠ぺいし、責任を転嫁したということ。
イ　近代テクノソフィアが「想定外」を生み出し、規模を縮小させ始めたこと。
ウ　近代テクノソフィアが「想定外」に対して、「そなえ」を始めたということ。
エ　近代テクノソフィアの「想定外」に未知への可能性が芽生えたということ。
オ　近代テクノソフィアに「想定外」という限界があることを自ら認めたこと。

問六　次に示すのは、傍線部(4)について、本文と別の箇所から引用した【資料】と、本文・【資料】について生徒たちが話し合っている場面である。これを読んで、空欄に入る文として最も適当なものを後から一つ選べ。

【資料】

フロネーシスは、行為にかかわる思慮深さである。アリストテレスは、これを倫理的能力としている。人間は、個では生きることができず、社会的な存在として生を全うしなければならないからである。フロネーシスは、社会生活を営む知的能力でもあり、国家を運営するための政治的能力でもあった。したがって、行為を選択する存在が人間であるならば、誰もが思慮深さとしての「フロネーシス」をもっている。しかし、人間が社会的な動物であるという点を考慮するならば、高度なフロネーシスは個々の行為の最適性を認識するとともに、行為の構造や行為の目的と手段、行為をめぐるさまざまな課題、社会的な動物としての人間の本質について考察するであろう。人間の個人の性向としての人柄や集団としての社会構造、政治システムなど、こうした領域にあるのは、純粋で厳密な認識ではなく、すぐれた行為を行い、よりよい社会を実現するための選択である。

【話し合いの様子】

Aさん　まず、「フロネーシス」とは何かを確認しよう。**【資料】**には「行為にかかわる思慮深さ」であり、「倫理的能力」って書いてあるね。あ、「社会生活を営む知的能力」ともある。

Bさん　本文では、「ソフィアではなく、進化したフロネーシス」が「想定外に対する『そなえ』のできる知的能力」とあって、「知的能力」という言葉が出てくる。

Aさん　ソフィアは学問的な論証能力で、人間相互の協調とは関わらない「純粋で厳密な認識」でしょ。それが近代科学のシステムを作ったんだけど、その限界も見えてきた。

Cさん　フロネーシスがどう関わればよりよい社会を実現できるのかな。

Bさん　「社会」か……。［　　　　］

Cさん　なるほどね。

ア　「社会的な動物」である人間が生きていくためには、フロネーシスによって広い視野で環境に配慮するなどの思慮深い行動を実践することが必要だということでしょう。

イ　人間が社会的な存在として生を全うするためには、フロネーシスとは何かをめぐって各人が激しい政治的論戦を繰り広げることも時には必要だということでしょう。

ウ　社会が想定外の事態に直面することがないように、人間はフロネーシスという思慮深さを自然についての真理を解明するために用いるべきだということでしょう。

エ　社会生活を営む知的能力を衰退させてしまわないために、フロネーシスとソフィアという人間に固有の能力が相互に監視し合うことが望ましいということでしょう。

［　　］

本文チェック

考え方　文章の要旨をまとめ、複数テクストを比較する

1　社会との境界で不調和を生み出すに至った近代科学は、ソフィアの歴史的展開のうちに、強固な力をもつに至ったシステムである。アリストテレスはソフィアを純粋な個人の知的活動、それ自体として求められる活動であると考えたが、近代西洋科学は複雑かつ巨大な技術と融合した。この科学技術は、個人のもつ能力というよりも、巨大なシステムとして、わたしたちの世界を劇的に改変する力をもった。フランシス・ベーコンのいうように、知が力をもったのである。この力は、たんに世界の真理を認識するだけの力ではなく、知の対［ a ］を変化させ、また、わたしたちの生きる環境をも過激に改変する技術とセットになっていた。この科学技術を技術（テクネー）とソフィアの融合ということで、「近代テクノソフィア」と呼ぶことにしよう。

2　二十世紀になって自覚された環境問題とは、(1)近代テクノソフィアの働きの結果であった。ただし、この結果は、近代テクノソフィアが目標として達成した結果ではなく、また意図した結果でもなかった。人間は自分の生きる地球環境を破壊しようという意図をもって行為を選択したのではないからである。わたしたちが直面している地球環境問題とは、人間の選択したさまざまな行為による環境の劣化が人間自身の生存の根幹、すなわち「生命」に対する脅［ b ］として現れた、意図せざる結果として生じた出来事である。問三 すなわち、人間は自分の行為が自らの生存を脅かすという結果を生み出しているということを、その結果に直面することによってはじめて知ったのである。

展開

1 近代テクノソフィア（1～3）

知と技術が融合した①近代テクノソフィアは人間の生きる環境を劇的に改変したが、それが引き起こした環境問題は、意図してもたらされたものではなかった。

3 わたしたちが気づいたのは、地球環境に危機が迫っているということだけではなく、この危機をもたらしたのがわたしたち自身の知によるものだったということである。しかも、近代的ソフィアの活動によってもたらされた結果に気づいたのは、二十世紀になってからであり、この結果をもたらした行為の選択を人間が行ったときには、想定していなかったのである。いわば「想定外」の結果である。近代テクノソフィアが想定していなかった事態である。

4 話題転換 ところで、地球温暖化が示すのは、(2)環境の問題とエネルギーの問題が不可分な関係になっているということである。

5 わたしが生まれた一九五一年前後は、世界の歴史において劇的な変貌のスタートであった。故郷の関東北部での生活におけるエネルギーは、薪炭、あるいは、練炭であった。煮炊きは練炭、風呂は薪《まき》であり、薪割りはわたし自身の日課であった。だが、やがて薪炭が石炭に代わった。風呂釜の炎の色は、赤や黄色から緑や青になった。学校の暖房は石炭ストーブであったが、やがて石油ストーブに代わっていった。台所では、ガスが使えるようになった。まもなく、エネルギーとしては電気が圧倒し、生活のすべてが電化されていった。

6 薪や炭の消費は、エネルギーの放出の場である。わたしたちは、薪炭を燃やすことで、熱が放出されているのを目撃することができる。石油も同じである。しかし、電気はその(i)ユライが隠されているのが特徴である。消費しているときには、その起源が水力であるのか、石炭であるのか、石油であるのか、それとも原子力であるのかを見ることができない。エネルギーの産出と消費とを分離したのが電気エネルギーの産出技術であった。

2 エネルギー革命（4〜7）

② エネルギー革命の本質とは化石燃料への転換ということであり、炭素を大気中に放出したことが地球温暖化の問題をもたらした。

[7] 問四 エネルギー革命の本質は、たんに薪炭から石炭、石油、電気への変化というだけではない。薪炭という再生可能エネルギーから石炭、石油という化石燃料への転換である。この転換は、地球が長い営みのなかで地中化した炭素を近代テクノソフィアによるエネルギー革命によって大気中に放出することになったということである。この放出という事態が生み出しているのが地球の大気変動である。

[8] 原子力発電が地球温暖化対策に有効であるということをいう人もいるが、ひとたび事故が起きれば、原子力エネルギーを廃炉作業に使うことはできないであろう。原発の廃炉作業に用いられるエネルギーは、ウラン燃料による電気ではなく、化石燃料である。

[9] 二〇一一年、四枚のプレートの境界面に ii チクセキされた巨大エネルギーが解放されることによって生じた地震と津波が日本列島を襲い、近代テクノソフィアの成果である原子力発電所を破壊した。この出来事は広大な国土を放射能によって汚染しただけでなく、大量の放射性物質を大気と海洋にも放出した。

[10] 原子力発電に従事していた関係者は、このような事態を「想定外」と語った。(3)このことは重要なことを意味している。問五 近代テクノソフィアには想定できなかった事態が存在するということと、それだけでなく、想定外が存在するということ、その行為選択の帰趨《きすう》のすべてを視野に入れることができないということを近代テクノソフィアがみずから認めたということである。帰趨のすべてを視野に入れることができない、すなわち、想定外とすることによって、想定外の現象を「そなえ」の視野の外に置いたソフィアであった。

[11] では、想定外に対する「そなえ」のできる知的能力を人類はもっていないのだろうか。

3 「想定外」への「そなえ」（[8]〜[11]）

近代テクノソフィアはその成果である③原子力発電所が破壊されたことを「想定外」として認め、「想定外」の現象を視野の外に置く。④「想定外」に「そなえ」る知的能力とは進化したフロネーシスに他ならないが、人類はまだ知らない。

問六 そのようなものがあるとすれば、それはソフィアではなく、進化したフロネーシスであろうが、(4)そのようなフロネーシスの姿をわたしたちはまだ知らない。

出典

桑子敏雄『何のための「教養」か』(筑摩書房・二〇一九年)

筆者は哲学者で、環境の分野でダム建設などの合意形成に関わる仕事などをしてきた。本書は中高生向けに書かれたもので、「教養」に関する古来の議論を振り返り、「すぐれた選択を導く知」や「思慮深さ」とは何かを考えさせる。

語彙チェック

ℓ4 **融合**《ゆうごう》…二つ以上のものが溶け合い、一体になっていること。

ℓ5 **劇的**《げきてき》…演劇のように激しく心を揺さぶるさま。

ℓ6 **知**《ち》…物事を認識したり判断したりする能力。

ℓ37 **本質**《ほんしつ》…根本的な本来の姿。

ℓ51 **帰趨**《きすう》…物事が最終的に行きつくところ。

100字要約

①近代テクノソフィアは②エネルギー革命による化石燃料への転換を促して地球温暖化を引き起こし、③原発事故を「想定外」と認め「そなえ」の視野外に置くが、④「想定外」に「そなえ」る知的能力の姿を人類はまだ知らない。(100字)

文学的文章③ ——俳句論×鑑賞文

髙柳克弘『どれがほんと?——万太郎俳句の虚と実』

※解答は別冊P58

語彙チェック
- □ ひもとく
- □ レッテル

問題 次の文章を読んで、後の問に答えよ。

久保田万太郎は大正~昭和の作家・俳人である。

解答時間20分　得点　　点

久保田万太郎の名は、現代において俳句を作る者であれば、誰でも知っている。

歳時記をひもとくと、万太郎と署名のある句が、例句としてたくさん載っている。入門書の「表現は簡潔に」や「切字を使いこなす」などの項目でも、必ずといっていいほど万太郎の句が紹介されている。

そして、万太郎のことを知りたくて、いくつかの解説書をひらけば、「(1)下町の抒情俳人」という評価が、そこには書いてあるはずだ。

ある作家にレッテルを貼ったとき、その見えなくなった下にあるものこそが、作家のいちばん大切なものだった、ということはしばしばある。私もまた、万太郎に貼られた、「下町の抒情俳人」というレッテルをのみ、見ていた時期が長かった。

その認識を変えたのは、次の一句だった。

時計屋の時計春の夜どれがほんと　　万太郎　——A

この「時計屋」が、下町の老舗の時計屋であると考える理由は、どこにもない。たとえば私が、この句を読んでまっさきに思い出したのは、ハリウッド映画『バック・トゥ・ザ・フューチャー』の冒頭、タイムマシンを研究している博士の実験室で、無数の時計が置かれてカチカチと音を立てているところに、主人公が入ってくるシーンであった。

この句を虚心坦懐にみれば、きわめてモダンで、時間という概念の不思議さに切り込んだ、[a]普遍的な詩情の句といえるのではないだろうか。

下町に生まれ、その人情あふれる雰囲気を、衒《てら》いなく書き取った俳人。――そんなレッテルを、剝がしたくなった。これが、本書を執筆するにあたっての動機である。

万太郎の弟子であった(注1)成瀬《なるせ》櫻桃子《おうとうし》によれば、万太郎は、

なにがうそでなにがほんとの寒さかな　――B

という句を、自信句としてよく(注2)揮毫《きごう》していたそうだ（『久保田万太郎の俳句』ふらんす堂、平成七年）。万太郎の小説「市井人」の中でも、俳句好きの主人公の句としてこれが挙げられ、師との出会いのきっかけになる。物語をすすめる、[i]カナメとして登場するのだ。

万太郎が心に抱えていた「なにがうそ」「なにがほんと」というつぶやきは、虚実論として、俳句において昔から論じられてきた。

俳諧といふは別の事なし、上手に嘘《うそ》をつく事なり。　各務支考《かがみしこう》『俳諧十論』享保四年刊

□ 虚心坦懐

□ 衒い

支考は芭蕉の弟子の一人で、芭蕉の教えを大系立てて理論化し、全国に広めた。そのⅱカテイで作られたキャッチコピー風の言葉で、俳諧の表現における、現実にとらわれない、虚構の要素の重要性を指摘したものだ。

成瀬氏の伝える、万太郎の次のエピソードは、支考の俳句論と、時代や流派を超えて、あざやかな一致を見せる。

昭和二十年、戦火を避けて鎌倉に住んでいた万太郎が、ある句会で、

東京に出なくていゝ日鷦鷯《みそさざい》(注3)　——c

と詠んだ。同じ句座にいた人々が、「先生、みそさざいがいましたか」と聞いたところ、万太郎はbたちどころに、「見なけりゃ作っていけませんか」と切り返し、一同はキョトンとしたというのである。

沢に近いところに棲息《せいそく》する「鷦鷯」は、都会から離れた田舎の情景を想像させる。「東京に出なくていゝ日」の解放感を裏付けるために、「鷦鷯」の季語の効果を期待して、そこに置く。実際にいたか、いなかったかは、問題ではないのだ。東京に出る用事のない日に、ミソサザイが姿を見せたら、いっそう寛いだ気分になるにちがいない。実感がある。万太郎は、まさに、「上手に嘘」をついたわけだ。

「なにがうそ」「なにがほんと」と考え続けた万太郎にとっては、そこにいないミソサザイを、言葉の上に登場させることなど、ごく当たり前のことだった。だが、(2)そういう意識を持たない人々——いま、そこにある現実がすべてと考える、ごくふつうの人々にとっ

ては、理解しがたいことであったのだ。

むろん、虚実論は、俳句論に限ったことではない。近松門左衛門の「虚実皮膜」論を持ち出すまでもなく、そもそも芸道の真実とは、虚と実の微妙なはざまになり立つものだ。

だが、万太郎は、本業であるはずの戯曲や小説よりも、俳句の中でこそ、「上手に嘘をつく」ことができた。照れ屋であったという万太郎は、戯曲や小説では、思い切って「実」を出すことができなかったのではないか。いや、当人としては「実」を出していたのかもしれないが、現代の私からみると、万太郎の生々しい本音が、戯曲や小説からは聞こえてこない。「実」がなければ、「虚」も生きない。淋《さび》しいことだが、現代において、万太郎の戯曲や小説よりも、はるかに俳句の評価が高い理由は、そこにあるのではないか。「東京に出なくていゝ日」という、(3)ほろっとこぼれ出た万太郎の本音を受け止めたのは、俳句という十七音の小さな器であった。

（髙柳克弘『どれがほんと？——万太郎俳句の虚と実』による）

（注）1　成瀬櫻桃子…岐阜県岩村町生まれの俳人（一九二五～二〇〇四）。

2　揮毫…毛筆で文字や絵をかくこと。とくに著名人が頼まれて書をかくこと。

3　鶺鴒…スズメ目ミソサザイ科の鳥。全長約一〇センチ。全体に濃い茶色で細かい黒斑がある。

□ 戯曲

問一 傍線部i・iiのカタカナを漢字で記せ。

i

ii

問二 傍線部a・bの本文中における意味として最も適当なものをそれぞれ次から一つ選べ。

a　普遍的な

ア　ありふれた　イ　どこにでもあてはまる　ウ　めずらしい

エ　すぐれた　オ　なるほど納得できる

b　たちどころに

ア　間に合わせで　イ　満面の笑みで　ウ　その場ですぐに

エ　さも意外そうに　オ　素知らぬ顔で

a □　b □

問三　傍線部(1)を詳しく言い換えた表現を、文中から句読点とも三十字以上三十五字以内で探し出し、最初と最後の五字ずつを書き抜いて示せ。

最初 □□□□□　最後 □□□□□

問四　文中の句A・Bの鑑賞文として最も適当な組合せを、次から一つ選べ。

ア　A＝春の夜の時計屋の店先に並ぶ時計はどれもばらばらで、時が自明のものでなくなってくるようだ。
　　B＝「うそ」「ほんと」の区別は曖昧で、考えているうちに恐ろしくなって「寒さ」を感じている。

イ　A＝時計屋の店先に並ぶたくさんの時計を見ているうちに、季節まで吹き飛んだ錯覚に襲われる。
　　B＝「うそ」「ほんと」の区別は曖昧で、考えているうちに恐ろしくなって「寒さ」を感じている。

ウ　A＝春の夜の時計屋の店先に並ぶ時計はどれもばらばらで、時が自明のものでなくなってくるようだ。
　　B＝夏には寒さは嘘のように実感できないが、冬にはこの寒さがこの上もない現実としてあることだ。

エ　A＝時計屋の店先に並ぶたくさんの時計を見ているうちに、季節まで吹き飛んだ錯覚に襲われる。
　　B＝夏には寒さは嘘のように実感できないが、冬にはこの寒さがこの上もない現実としてあることだ。

問五 傍線部⑵「そういう意識」とはどのような意識か。Cの句に即して、句読点とも八十字以内で説明せよ。

問六 傍線部⑶の説明として最も適当なものを次から一つ選べ。

ア 万太郎は虚と実の微妙な関係を日本の文芸の本質と考え、それを意識した作品を目指していたが、俳句は本業ではなかったので、本心だけを述べることができた。

イ 万太郎の文芸活動は日本古来の虚実論とはかけ離れたものであったが、その真意は近代的な戯曲や小説よりも伝統ある俳句の場合に作品として結実することが多かった。

ウ 万太郎にとって「うそ」と「ほんと」の違いは取るに足らないものであったが、俳句では「うそ」と「ほんと」を逆転させる手法を駆使して本音を巧みに織り込んでいた。

エ 万太郎は真実を述べることをよしとする窮屈な芸術観を一笑に付したが、世間の戯曲家や小説家はそれを非難した一方で俳人たちは大いに賛同してこれを受け入れた。

オ 万太郎は嘘を巧みに織り交ぜてみせることが文芸にとって本質的なことだと考えていたが、その本領は「本業」であった戯曲や小説ではなく俳句の場合により発揮された。

本文チェック

考え方　鑑賞文と俳句を比較して考える

[1] 久保田万太郎の名は、現代において俳句を作る者であれば、誰でも知っている。

[2] 歳時記をひもとくと、万太郎と署名のある句が、例句としてたくさん載っている。入門書の「表現は簡潔に」や「切字を使いこなす」などの項目でも、必ずといっていいほど万太郎の句が紹介されている。

[3] そして、問三 万太郎のことを知りたくて、いくつかの解説書をひらけば、「(1)下町の抒情俳人」という評価が、そこには書いてあるはずだ。

[4] ある作家にレッテルを貼ったとき、その見えなくなった下にあるものこそが、作家のいちばん大切なものだった、ということはしばしばある。私もまた、万太郎に貼られた、「下町の抒情俳人」というレッテルをのみ、見ていた時期が長かった。

[5] その認識を変えたのは、次の一句だった。

時計屋の時計春の夜どれがほんと　　万太郎 ——A

[6] この「時計屋」が、下町の老舗の時計屋であると考える理由は、どこにもない。たとえば私が、この句を読んでまっさきに思い出したのは、ハリウッド映画『バック・トゥ・ザ・フューチャー』の冒頭、タイムマシンを研究している博士の実験室で、無数の時計が置かれてカチカチと音を立てているところに、主人公が入ってくるシーンであった。

展開

1 下町の抒情俳人（[1]〜[4]）

①久保田万太郎には「下町の抒情俳人」というレッテルが貼られている。私もまた、長い間そのレッテルをのみ見ていた。

2 執筆の動機（[5]〜[8]）

しかし「時計屋」の句は極めてモダンで、普遍的な詩情に満ちている。②万太郎のレッテルを剝がしたいと思ったことが本書を執筆した動機である。

7 この句を虚心坦懐にみれば、きわめてモダンで、問四 時間という概念の不思議さに切り込んだ、a普遍的な詩情の句といえるのではないだろうか。

8 下町に生まれ、その人情あふれる雰囲気を、衒《てら》いなく書き取った俳人。――そんなレッテルを、剝がしたくなった。これが、本書を執筆するにあたっての動機である。

9 万太郎の弟子であった成瀬《なるせ》櫻桃子《おうとうし》によれば、万太郎は、

なにがうそでなにがほんとの寒さかな　――B

という句を、自信句としてよく揮毫《きごう》していたそうだ（『久保田万太郎の俳句』ふらんす堂、平成七年）。万太郎の小説「市井人」の中でも、俳句好きの主人公の句としてこれが挙げられ、師との出会いのきっかけになる。物語をすすめる、iカナメとして登場するのだ。

10 問四 万太郎が心に抱えていた「なにがうそ」「なにがほんと」というつぶやきは、虚実論として、俳句において昔から論じられてきた。

11 俳諧といふは別の事なし、上手に嘘《うそ》をつく事なり。　各務支考《かがみしこう》『俳諧十論』享保四年刊

12 支考は芭蕉の弟子の一人で、芭蕉の教えを大系立てて理論化し、全国に広めた。そのiiカテイで作られたキャッチコピー風の言葉で、俳諧の表現における、問五 現実にとらわれない、虚構の要素の重要性を指摘したものだ。

3 「うそ」「ほんと」（9～13）

万太郎は③「なにがうそ」「なにがほんと」というつぶやきを心に抱えていた。

13 成瀬氏の伝える、万太郎の次のエピソードは、支考の俳句論と、時代や流派を超えて、あざやかな一致を見せる。

14 昭和二十年、戦火を避けて鎌倉に住んでいた万太郎が、ある句会で、

東京に出なくてい〻日鷦鷯《みそさざい》　——c

と詠んだ。同じ句座にいた人々が、「先生、みそさざいがいましたか」と聞いたところ、万太郎は b たちどころに、「見なけりゃ作っていけませんか」と切り返し、一同はキョトンとしたというのである。

15 沢に近いところに棲息《せいそく》する「鷦鷯」は、都会から離れた田舎の情景を想像させる。「東京に出なくてい〻日」の解放感を裏付けるために、「鷦鷯」の季語の効果を期待して、そこに置く。実際にいたか、いなかったかは、問題ではないのだ。東京に出る用事のない日に、ミソサザイが姿を見せたら、いっそう寛いだ気分になるにちがいない。実感がある。万太郎は、まさに、「上手に嘘」をついたわけだ。

16 「なにがうそ」「なにがほんと」と考え続けた万太郎にとっては、そこにいないミソサザイを、言葉の上に登場させることなど、ごく当たり前のことだった。だが、(2)そういう意識を持たない人々——いま、そこにある現実がすべてと考える、ごくふつうの人々にとっては、理解しがたいことであったのだ。

17 むろん、虚実論は、俳句論に限ったことではない。近松門左衛門の「虚実皮膜」論を持

4 上手に嘘をつくこと（14～18）

東京に出ない日の解放感を鷦鷯に委ねた句を作った万太郎は、④俳句の中で上手に「嘘」をつき、「実」を表現することができた。

ち出すまでもなく、そもそも芸道の真実とは、虚と実の微妙なはざまになり立つものだ。

18 だが、問六 万太郎は、本業であるはずの戯曲や小説よりも、俳句の中でこそ、「上手に嘘をつく」ことができた。照れ屋であったという万太郎は、戯曲や小説では、思い切って「実」を出すことができなかったのではないか。いや、当人としては「実」を出していたのかもしれないが、現代の私からみると、万太郎の生々しい本音が、戯曲や小説からは聞こえてこない。「実」がなければ、「虚」も生きない。淋《さび》しいことだが、現代において、万太郎の戯曲や小説よりも、はるかに俳句の評価が高い理由は、そこにあるのではないか。「東京に出なくていゝ日」という、(3)ほろっとこぼれ出た万太郎の本音を受け止めたのは、俳句という十七音の小さな器であった。

出典

高柳克弘『どれがほんと?――万太郎俳句の虚と実』(慶應義塾大学出版会・二〇一八年)

筆者は俳人。本書は、戯曲家であり作家の久保田万太郎(一八八九～一九六三)の俳句を「虚と実」という観点から読み解き、その魅力と普遍性を論じた文芸評論。

語句チェック

ℓ2 **ひもとく**…書物を開く、本を読む。

ℓ7 **レッテル**…人物や物事に対する断定的な評価。

ℓ18 **虚心坦懐**《きょしんたんかい》…心になんのわだかまりもなく、気持ちがさっぱりしていること。

ℓ20 **衒**《てら》**い**…才能や知識を見せびらかすこと。

ℓ57 **戯曲**《ぎきょく》…演劇の脚本、台本。

100字要約

①久保田万太郎には「下町の抒情詩人」というレッテルが②貼られているが、③「なにがうそ」「なにがほんと」というつぶやきを心に抱えていた万太郎は、④俳句の中でこそ上手に「嘘」をつき「実」を表現することができた。(99字)

論理的文章④ ——科学論×学習ノート

佐倉統《おさむ》「科学技術は暴走しているのか」

問題 次の文章を読んで、後の問に答えよ。
なお、本文上の[1]～[17]は段落番号を示す。

解答時間22分　得点　　点

[1] 人工知能（ＡＩ）やロボット技術がものすごい勢いで発展している。囲碁の世界チャンピオンを破ったと思ったら、あっという間に人の能力を置き去りにして、囲碁ＡＩプログラムどうしで腕を磨き、今まで人が見たこともないような展開や作戦を発見し、「囲碁」というゲームの世界を作りかえてしまった。

[2] 同じようなことが、書類の作成や簿記や経営判断などでも起こるのか？　だとすると、ほとんどの人間は失業者になってしまうのか？

[3] そうなる、と予想する人もいる。ＡＩが全人類を合わせた知能を上回る技術的特異点《シンギュラリティ》までもうすぐだと言ったアメリカの未来学者レイ・カーツワイル（『シンギュラリティは近い』ＮＨＫ出版）。あるいは、人類は技術とデータを独占できる(i)フユウ支配層と、それらを管理する能力や経済力を持たない被支配層とに二分され、後者は奴隷のような地位になるという未来を予想するイスラエルの歴史家ユヴァル・ノア・ハラリ（『ホモ・デウス』河出書房新社）。(1)彼らの描く未来像は、限りなく暗い。

※解答は別冊P64

語彙チェック

□ 被支配層

4 AI/ロボットだけではなく、ゲノム編集技術や脳と機械の接続（ブレイン・マシン・インタフェイス：BMI）など、生命や人間の側を操作する技術の発展もとどまるところを知らない。ほんの数十年前までは、遺伝子を大雑把に組み換えることすら「神の領域の冒瀆《ぼうとく》」と批判されていたのが、遠い昔のことのように思える。

5 これらの状況を目の当たりにすると、科学技術はとどまるところを知らず暴走していると言いたくもなる。ある意味では、もちろんそうだ。しかし、ちょっと待っていただきたい。科学技術が暴走するのは、昨日今日の話ではない。はるか大昔から、ひょっとすると何万年、何十万年も前から、ぼくたちの技術はずーっと暴走してきたのではなかろうか。

6 (2)たとえば農耕。その起源は茫漠《ぼうばく》としているが、現在のところ最古の農耕の証拠は今から二万三〇〇〇年前のイスラエルあたりにさかのぼるとされている。今から一万年ほど前になると、西アジアや中国でも農耕が行なわれるようになってくる。

7 この農耕、食料を安定して生産することができるので、あちこち移住する必要がなくなり、人々の栄養状態もよくなって人口が増え、生産力が上がれば富の余剰が社会に蓄積されて強大な統治権力を生み出す母体となったとされている。

8 だが、農耕開始期からしばらくの間、人口は［X］減少したことが知られている（ジャレド・ダイアモンド『銃・病原菌・鉄』草思社）。人々が同じところに密集して、しかも長期間その状態で生活するようになったため、感染症による被害の規模が大きくなったのだ。

9 人類に害悪をもたらした技術は農耕に限らない。さまざまな武器は戦争での死者を増やした。運搬や移動のための技術も、移動中の事故で怪我や死亡が生じる。生産のための鋤《すき》

□ 冒瀆

□ 茫漠

□ 母体

や鍬《くわ》も水車ですら、事故はつきものだ。もちろん、これらのデメリットを上回るメリットをもたらしてくれるからこれらの技術は定着したのである。［　Y　］その一方で、技術には負の側面が常に付きまとう。

10 技術がa非人間的なのは、今に始まったことではない。ＡＩやロボットなどの先端技術が人類社会に与える影響の少なくとも一部は、今までの技術革新の影響を歴史的に振り返れば見当がつくのである。失業者は出るだろう。仕事の中身も変わるだろう。一方で社会全体の生産性は上がるだろう。その恩恵をb被ってさらに豊かになる人々もいる一方で、新しい技術を使いこなせずに貧しくなる人もいるので、経済格差は大きくなるはずだ。だが、その格差が支配層と奴隷のような被支配層とに分かれて固定するまでになることは、まずないだろう。

11 もちろん、だからといって、ＡＩやロボットなどの先端技術が社会に与える影響のすべてが過去の技術革新から類推できるわけではない。これらの技術が今までとは決定的に異なる点もいくつかあるからだ。

12 まず第一に、従来の技術は人間の能力を増強する方向で開発されてきたが、現在の先端技術は新たな判断や情報を提供することで、人間が機械に従うような方向性の働きかけをする。このような、機械から人へという方向に情報を発信する機能は、テレビやラジオなどのメディア技術に始まるものである。たとえば、テレビでコメンテーターの解説を聞いて新商品の購入を決めたりするように、メディア技術から発信される情報は、発信者の意図や目的に沿う行動を視聴者にうながすことが多い。

□ 類推

13 第二に、従来の技術は人間ひとりひとり、あるいはせいぜい数人から数十人ぐらいの能力を増強したり運搬したりするものだったのが、現在の先端技術、とくに情報関係の技術はぼくたちを取り巻く環境となって、あらゆるところにⅱヘンザイしている。このような外部環境化も、メディア技術や通信技術あたりから見られる特徴だ。

14 第三に、人体の内部に技術が入り込んでいることだ。今までの技術はたとえば望遠鏡や顕微鏡のように、人体の外部にあって付加的に人間の能力を拡張していたが、現在のマイクロマシーンや人工臓器などは人体の内部に深く入り込んで、一体化している。

15 第四に、ＡＩやロボットは人の代わりとなっていろいろな仕事をしてくれる、エージェントとしての機能を持っている。単に人に使われる道具ではなく、自律して動く仲間なのである。

16 これらの点――［（3）］――は、従来の技術にはほとんど見られなかったか、見られたとしてもごくわずかでしかなかった特徴だ。言いかえると、もともと人と共生体を形成していた人工物は、ここにきていよいよ人体との一体化の度合いが高くなってきたということである。

17 これが将来どのような帰結をもたらすのかは、現在のところはよくわからない。もちろん良い面も多数あるはずだが、人間の認知能力などに悪い影響を与える可能性も否定できない。新しい技術の導入は、少しずつ様子を見ながら進めていくしかないだろう。

（佐倉統「科学技術は暴走しているのか」による）

問一　傍線部 i ・ ii のカタカナを漢字で記せ。

i　ii

問二　傍線部 a ・ b の漢字が本文と**異なる意味**で使われている熟語を、次の各群からそれぞれ一つ選べ。

a　非人間的

ア　非ジョウシキ　**イ**　非ナン　**ウ**　非ボン　**エ**　非コウ　**オ**　ゼ非

b　被って

ア　被バク　**イ**　被コク　**ウ**　被フク　**エ**　被ガイ　**オ**　被ダン

a　b

問三　空欄 X ・ Y に入る最も適当なものをそれぞれ次から一つ選べ。

ア　もちろん　**イ**　すなわち　**ウ**　そのため　**エ**　だが　**オ**　むしろ

X　Y

問四　傍線部(1)とあるが、筆者の考える「未来像」として示しているのはどのようなことか。本文中の言葉を用いて句読点とも八十字以内で説明せよ。

問五 傍線部⑵はどのようなことの例として挙げられているか。それを示す適切な表現を本文中から十三字（句読点があればそれも字数に含む）で探し出し、書き抜いて示せ。

問六 空欄⑶には、現代の技術の特徴が筆者の挙げた順に入る。最も適当なものを次から一つ選べ。

ア 自律化、環境化、内部化、代理性
イ 情報化、個別化、複雑化、能動性
ウ 精密化、外部化、人工化、主体性
エ 擬人化、多様化、一体化、機能性
オ 機械化、精密化、小型化、自律性

問七 次の①・②の問に答えよ。

① 次に示す【ノート】は、本文を授業で読んだKさんが、本文の1～17に見出しをつけて整理したものである。空欄Ⅰ・Ⅱに入る語句の組合せとして最も適当なものを、後から一つ選べ。

【ノート】

● 問題設定

[1]〜[4]　[Ⅰ]

● 論証

[5]〜[10]　農耕などを例に挙げての論証

[11]〜[15]　先端技術が従来の技術と決定的に異なる点

● まとめ

[16]〜[17]　[Ⅱ]

ア　Ⅰ　科学技術が人間の生活にどう影響するかという問い
　　Ⅱ　新しい技術は諸刃の剣であるという暫定的な結論

イ　Ⅰ　科学技術が人間の生活にどう影響するかという問い
　　Ⅱ　新しい技術との接し方に関する筆者の基本姿勢の提示

ウ　Ⅰ　科学技術は人間にとって善か悪かという問い
　　Ⅱ　新しい技術は諸刃の剣であるという暫定的な結論

エ　Ⅰ　科学技術は人間にとって善か悪かという問い
　　Ⅱ　新しい技術との接し方に関する筆者の基本姿勢の提示

[　　]

② 次に示すのは、本文の論の展開や表現について、生徒たちが話し合っている場面である。本文に照らして**適当でない発言を含むもの**を、次から**二つ**選べ。

ア　生徒A――2段落の冒頭「同じようなことが」以下では、豊富な事例が畳みかけるようにして数多く提示され、技術が飛躍的に進歩したことが印象深く効果的に記述されているよ。

イ　生徒B――イメージということでは、5段落には「ぼくたち」「ずーっと」など口語的な表現があえて用いられていて、「暴走」という比喩とあいまって滑稽さを感じさせ、読者としては続きをもっと読みたくなるね。

ウ　生徒C――対比的な記述も巧みに使われているよ。7段落では農耕のメリット、8段落ではデメリットが語られ、9段落では読者の注意を他の技術のデメリットに向けさせている。この書き方は小論文を書く場合にも参考になると思う。

エ　生徒D――僕は12～15段落の「第一に」から「第四に」までの書き方も大いに参考になると思ったな。箇条書きに書いてしまうと単調になることもあるかもしれないけれど、筆者の論点は正しく伝わるからね。

オ　生徒E――16段落の「見られたとしても」、17段落の「もちろん～だが」では、さまざまな可能性を考慮して強引に断定することを避け、慎重に論が進められている。こういうところも大いに参考になるな。

□　□

本文チェック

考え方　段落構成に注意しながら複数テクストを比較する

1　人工知能（ＡＩ）やロボット技術がものすごい勢いで発展している。囲碁の世界チャンピオンを破ったと思ったら、あっという間に人の能力を置き去りにして、囲碁ＡＩプログラムどうしで腕を磨き、今まで人が見たこともないような展開や作戦を発見し、「囲碁」というゲームの世界を作りかえてしまった。

2　同じようなことが、書類の作成や簿記や経営判断などでも起こるのか？　だとすると、ほとんどの人間は失業者になってしまうのか？

3　そうなる、と予想する人もいる。問七　ＡＩが全人類を合わせた知能を上回る技術的特異点《シンギュラリティ》までもうすぐだと言ったアメリカの未来学者レイ・カーツワイル（『シンギュラリティは近い』ＮＨＫ出版）。あるいは、人類は技術とデータを独占できるⅰフユウ支配層と、それらを管理する能力や経済力を持たない被支配層とに二分され、後者は奴隷のような地位になるという未来を予想するイスラエルの歴史家ユヴァル・ノア・ハラリ（『ホモ・デウス』河出書房新社）。⑴彼らの描く未来像は、限りなく暗い。

4　ＡＩ／ロボットだけではなく、ゲノム編集技術や脳と機械の接続（ブレイン・マシン・インタフェイス：ＢＭＩ）など、生命や人間の側を操作する技術の発展もとどまるところを知らない。ほんの数十年前までは、遺伝子を大雑把に組み換えることすら「神の領域の冒瀆《ぼうとく》」と批判されていたのが、遠い昔のことのように思える。

5　これらの状況を目の当たりにすると、科学技術はとどまるところを知らず暴走していると言いたくもなる。ある意味では、もちろんそうだ。しかし、ちょっと待っていただきた

展開

1 科学技術の発展（1～4）

①科学技術はその先端技術がものすごい勢いで発展しているが、暗い未来像を描かれている。

2 技術がもたらす影響（5～10）

い。科学技術が暴走するのは、昨日今日の話ではない。はるか大昔から、ひょっとすると何万年、何十万年も前から、ぼくたちの技術はずーっと暴走してきたのではなかろうか。

6 (2)たとえば農耕。その起源は茫漠《ぼうばく》としているが、現在のところ最古の農耕の証拠は今から二万三〇〇〇年前のイスラエルあたりにさかのぼるとされている。今から一万年ほど前になると、西アジアや中国でも農耕が行なわれるようになってくる。

7 この農耕、食料を安定して生産することができるので、あちこち移住する必要がなくなり、人々の栄養状態もよくなって問二人口が増え、生産力が上がれば富の余剰が社会に蓄積されて強大な統治権力を生み出す母体となったとされている。

8 だが、農耕開始期からしばらくの間、人口は［ X ］減少したことが知られている（ジャレド・ダイアモンド『銃・病原菌・鉄』草思社）。人々が同じところに密集して、しかも長期間その状態で生活するようになったため、感染症による被害の規模が大きくなったのだ。

9 問五人類に害悪をもたらした技術は農耕に限らない。さまざまな武器は戦争での死者を増やした。運搬や移動のための技術も、移動中の事故で怪我や死亡が生じる。生産のための鋤《すき》や鍬《くわ》も水車ですら、事故はつきものだ。問三もちろん、これらのデメリットを上回るメリットをもたらしてくれるからこれらの技術は定着したのである。［ Y ］その一方で、技術には負の側面が常に付きまとう。

10 技術がa非人間的なのは、今に始まったことではない。ＡＩやロボットなどの先端技術が人類社会に与える影響の少なくとも一部は、今までの技術革新の影響を歴史的に振り返れば見当がつくのである。問四失業者は出るだろう。仕事の中身も変わるだろう。一方で社会全体の生産性は上がるだろう。その恩恵をb被ってさらに豊かになる人々もいる一方で、

② 科学技術は大昔から暴走しており、技術には負の側面が常につきまとうが、過去の技術革新から類推すると極端に暗い未来像を描く必要はない。

新しい技術を使いこなせずに貧しくなる人もいるので、経済格差は大きくなるはずだ。だが、その格差が支配層と奴隷のような被支配層とに分かれて固定するまでになることは、まずないだろう。

11 もちろん、だからといって、AIやロボットなどの先端技術が社会に与える影響のすべてが過去の技術革新から類推できるわけではない。これらの技術が今までとは決定的に異なる点もいくつかあるからだ。

12 問六 まず第一に、従来の技術は人間の能力を増強する方向で開発されてきたが、現在の先端技術は新たな判断や情報を提供することで、人間が機械に従うような方向性の働きかけをする。このような、機械から人へという方向に情報を発信する機能は、テレビやラジオなどのメディア技術に始まるものである。たとえば、テレビでコメンテーターの解説を聞いて新商品の購入を決めたりするように、メディア技術から発信される情報は、発信者の意図や目的に沿う行動を視聴者にうながすことが多い。

13 第二に、従来の技術は人間ひとりひとり、あるいはせいぜい数人から数十人ぐらいの能力を増強したり運搬したりするものだったのが、現在の先端技術、とくに情報関係の技術はぼくたちを取り巻く環境となって、あらゆるところにⅱヘンザイしている。このような外部環境化も、メディア技術や通信技術あたりから見られる特徴だ。

14 第三に、人体の内部に技術が入り込んでいることだ。今までの技術はたとえば望遠鏡や顕微鏡のように、人体の外部にあって付加的に人間の能力を拡張していたが、現在のマイクロマシーンや人工臓器などは人体の内部に深く入り込んで、一体化している。

15 第四に、AIやロボットは人の代わりとなっていろいろな仕事をしてくれる、エージェ

3 先端技術の特徴（11〜15）

③ ただし、先端技術には従来の技術とは決定的に異なる自律化、環境化、内部化、代理性という特徴がある。

ントとしての機能を持っている。単に人に使われる道具ではなく、自律して動く仲間なのである。

16 これらの点――（3）――は、従来の技術にはほとんど見られなかったか、見られたとしてもごくわずかでしかなかった特徴だ。言いかえると、もともと人と共生体を形成していた人工物は、ここにきていよいよ人体との一体化の度合いが高くなってきたということである。

17 これが将来どのような帰結をもたらすのかは、現在のところはよくわからない。もちろん良い面も多数あるはずだが、問七 人間の認知能力などに悪い影響を与える可能性も否定できない。新しい技術の導入は、少しずつ様子を見ながら進めていくしかないだろう。

4 新しい技術との接し方（16・17）

新しい技術は、人間に悪影響を与える可能性が否定できないので、④少しずつ様子を見ながら、導入を進めるべきだ。

出典

佐倉統「科学技術は暴走しているのか」（『世界思想』47号・二〇二〇年）

筆者は科学技術を進化の観点から研究している。本文は「科学技術の倫理」をテーマとして、各分野の研究者らが専門分野の知見や今後の見通しなどを寄稿した文集の一篇。

語句チェック

ℓ10 **被支配層**《ひしはいそう》…支配される階層。「被」は受け身を表す。

ℓ16 **冒瀆**《ぼうとく》…神聖なものを冒し、汚すこと。

ℓ21 **茫漠**《ぼうばく》…ぼんやりとしてはっきりしないさま。

ℓ26 **母体**《ぼたい》…組織や思考について、その基盤となるもの。

ℓ43 **類推**《るいすい》…似ているところに注目し、他をおしはかること。アナロジー。

100字要約

①科学技術は際限なく②暴走しているようにも見えるが、大昔からそうなので未来はさほど暗くないと見当がつく。③ただし、先端技術には従来の技術と決定的に異なる特徴もあるので、④様子を見ながら導入を進めていくべきだ。（100字）

文学的文章④ ——小説×近代

谷崎潤一郎『細雪』

解答時間21分　得点　　点

※解答は別冊P70

語彙チェック

四人姉妹の次女である幸子は、ある日姉から電話があり、銀行員である姉の夫に東京への転勤の辞令が下り、姉が暮らしていた実家は知り合いに託して引き払うことになったと告げられた。

問題 次の文章を読んで、後の問に答えよ。

その、二度目の電話のあった明くる日の午後に幸子は出かけたが、行ってみると、中前《なかせん》栽《ざい》の向うに見える蔵の戸前が開いているので、

「姉ちゃん」

と、観音開きの所から声をかけながらはいって行くと、姉は二階で、ただでさえ入梅のじめじめする日に、かび臭い匂いの中にうずくまりながら、(注1)姐《あね》さんかぶりをして一生懸命片附け物に熱中していた。姉の前後左右には、春慶塗胡桃脚膳《しゅんけいぬりくるみあしぜん》二十人前、吸物椀《すいものわん》二十人前、などと記した古ぼけた箱が五つ六つ積み重ねてある傍に、長持の蓋が開けてあって、中に一杯こまこました小箱の詰まっているのが見えていた。姉は丹念にそれらの箱の真田紐を解いて、志野焼の菓子器とか、久谷の徳利《とっくり》とか、一つ一つ調べては元通りにして、持って行く物、置いて行く物、処分してしまう物、と云《い》う風に分けているのであるが、

「姉ちゃん、これ、いらんの？」

と、尋ねてみても、

「ふん、ふん」

と、上の空で返事をしてはせッせと手を動かしていた。幸子はふと、姉の取り出した箱の中から端渓《たんけい》(注2)の硯が現れたのを見ると、父がそれを買わされた時の情景を思い浮かべた。父と云う人は書画骨董《こっとう》には一向に[a]眼の利かなかった人で、何でも高価な物でさえあれば間違いがないと云う風に考える癖があり、時々馬鹿々々しい物をつかまされたらしいのであるが、この硯なども、お出入りの骨董屋が持って来て何百円とか云ったのを云われるままに買ったものなので、幸子は当時その場に居合わせて見ていたのであった。そして、子供心に、硯にもそんなに高いものがあるのかと思い、書家でも画家でもない父がそんなものを買って何にするのかと思ったことであったが、それよりもなお馬鹿々々しく感じたのは、たしかこの硯と一緒に、印材(注3)にする雞血石《けいけつせき》と云う石を二つ買った。父はそれを、後日[i]コンイな医学博士で漢詩を作る人の還暦の祝に贈ろうとして、めでたい文句を選んで彫らせようとしたところ、失礼ながらこの石には交り物があって彫る訳には行かないと、篆刻《てんこく》家から返却して来たことがあったが、高い金を出して求めた品なので、捨てることもならず、長い間何処かに突っ込んであったのを、その後も折々見かけたものであった。

「姉ちゃん、あの、雞血石たら云う石があったわなあ。――」

「ふん、………」

「あれ、どないしたやろ。――」

「………」

「(1)なあ、姉ちゃん」

□上の空

□還暦

「………」

姉は高台寺蒔絵手文庫と書いてある箱を膝の上に載せて、固くなった桟蓋《さんぶた》の間に無理に指を挿《さ》し込みながら、それを開けることに気を取られていて、そんな言葉など耳にも這入《はい》らない様子であった。

幸子は姉のこう云うところを見せられるのは珍しくなかった。こう云う風に、人の云うことも聞えないくらい熱心に、寸分の隙もなく立ち働く姉を見れば、知らない者は誰でも感心して、何と云うシッカリした、［X］主婦であろうと思うのであるが、ほんとうは、姉はそのようなシッカリ者ではないのであった。いつでも何か事件が起ると、最初に先《ま》ず茫然《ぼうぜん》としてしまって、［Y］ような状態になるが、暫《しば》くして、その期間が過ぎると、今度はまるで神憑《かみがか》りになったように働き出す。だから、そんなところを端から見ると、いかにも骨身を惜しまない活動的な世話女房のように思えるけれども、実はもう［Z］しきっていて、何が何やら分らなくなり、ただ夢中で動いているだけなのであった。

「姉ちゃん云うたら可笑しいやないか。昨日の電話では泣き声出して、あたしが涙こぼして話しても誰も相手になってくれへん、幸子ちゃん是非聞きに来てほしい云うてた癖に、今日行ってみたら、蔵の中へ這入ったきり、荷物の整理に夢中になってて、『姉ちゃん』云うたかて返事もせえへんなんだわ」

(2)彼女は夕方帰って来ると、妹たちとそんな噂《うわさ》をしたが、

「そう云う人やわ、姉ちゃんは」

と、雪子も云った。

「そんでも、見てて御覧。――今に気イ弛《ゆる》んだら、又泣き出すに違いないよってに」

雪子は、それから中一日置いて、ちょっと来て貰《もら》いたいと姉から電話が懸ったので、ど

□寸分

んな様子か今度はあたしが見て来ようと云って出かけたが、一週間ばかり泊って来て、

「荷物の整理は大方済んだらしいねんけど、まだ神憑りに憑ってるわ」

と云って笑った。雪子の話だと、姉が彼女を呼び寄せたのは、(3)義兄の名古屋の実家まで夫婦で暇乞いに行くことになったので、彼女に留守を頼むためなのであったが、夫婦は雪子が行った翌日の土曜の午後に立ち、日曜の夜おそく帰って来た。ところで、それから今日でもう五六日になるのだが、その間姉は何をしているかと云うと、毎日机に向ってお習字をしている。何のためのお習字かと云うと、名古屋で辰雄の実家を始め親戚《しんせき》廻りをして、方々でもてなしにあずかったについて、その家々へ礼状をしたためなければならないのであるが、それが姉には大仕事なのである。殊《こと》に辰雄の嫂《あによめ》に当る人、――実家の兄の妻と云うのが、字の上手な婦人なので、それに負けないように書きましょうと思うと、一層気が張るのであろう、いつも、名古屋の義姉に手紙を書こうと云う時は、字引や書翰《しょかん》(注4)文範を机の左右に置き、草書のくずし方一つでも嘘にならぬように調べ、言葉づかいにも(b)念を入れて、幾度か下書きをすると云う風にして、一本の手紙を一日がかりで書くのであるが、まして今度は五六本も書くのであるから、下書きだけでも容易に出来上らないで、お稽古に日を暮している。そして、雪子ちゃん、これでええやろか、何ぞ書き洩《も》らしてえへんやろかと、雪子にまで下書きを見せて相談をする(ii)シマツなので、今日雪子が出て来る時までには、やっと一通しか書き上っていなかった、と云うのである。

「何せ姉ちゃんは、重役さんの家へ挨拶に行く時かて、二三日も前から口上の言葉を口の中で暗誦《あんしょう》して、独りごとにまで云うぐらいやさかいにな」

「そんで、云うことがいな、――東京へ行く云う話が余り突然やったんで、この間じゅうは悲しいて悲しいて涙が出てしょうがなかったけど、もうちゃんと覚悟出来たよってに、

□暇乞い

どないもあらへん。こないなったら、一日も早う東京へ行って、親類の人らびっくりさしてやらんならん、やて」

「ほんに、そんなことを生きがいにしてる人やねんわ」

そう云って三人の妹たちは、ひとしきり姉を俎上《そじょう》に載せて笑い話をしたことであった。

（谷崎潤一郎『細雪』による）

□ 俎上に載せる

（注）1　姐さんかぶり…掃除をする時などの、女性の手ぬぐいのかぶり方。
2　端渓の硯…中国広東省を産地とする石を素材として作られた硯。
3　印材…印章を彫るための素材。
4　書翰文範…お手本となる手紙の書き方を示した書物。

問一　傍線部ｉ・ⅱのカタカナを漢字で記せ。

ｉ［　　］　ⅱ［　　］

問二　傍線部ａ・ｂの本文中における意味として最も適当なものを、それぞれ次から一つ選べ。

ａ　眼の利かなかった
ア　よさを見分ける力がなかった　**イ**　好きでたまらなかった　**ウ**　好奇心を抑えられなかった
エ　値打ちを過大評価していた　**オ**　金に糸目をつけなかった

ｂ　念を入れて
ア　人一倍の真心を込めて　**イ**　嘘いつわりのないようにして　**ウ**　大げさな表現を選んで
エ　十分に注意を払って　**オ**　相手に負けないようにして

ａ［　　］　ｂ［　　］

問三　傍線部⑴について、ここでの幸子の心情を、「父の残した石」「姉の様子」という語句を使い、句読点とも七十字以内で説明せよ。

問四 空欄X～Zに入る組合せとして最も適当なものを次から一つ選べ。

ア X＝抜け目のない　Y＝油断した　Z＝達観
イ X＝慇懃無礼な　Y＝手に負えない　Z＝動揺
ウ X＝非の打ち所のない　Y＝憮然とした　Z＝緊張
エ X＝かいがいしい　Y＝放心した　Z＝興奮

問五 傍線部⑵「彼女」・⑶「義兄」は誰か。文中の固有名詞で答えよ。

⑵
⑶

問六 本文からうかがえるⅠ「三人の妹たち」とⅡ「姉」の人物像はどのようなものか。その組み合わせとして最も適当なものを次から一つ選べ。

ア Ⅰ 他人の言動を記憶することに人一倍長け、興味本位でその身辺や行く末を想像することを好む人物。
Ⅱ ささいなことにも人並み以上の気を使って取り組み、周囲からの反応に人一倍気をもむ小心な人物。
イ Ⅰ 他人の言動を迷惑に感じることがあっても、それを冗談めかして語り合うことのできる明るさをもつ人物。
Ⅱ ささいなことにも人並み以上の気を使って取り組み、周囲からの反応に人一倍気をもむ小心な人物。
ウ Ⅰ 他人の言動を記憶することに人一倍長け、興味本位でその身辺や行く末を想像することを好む人物。
Ⅱ 気持ちの切り替えが極端に早いため、言動が滑稽でちぐはぐに受け取られてしまうことのある人物。
エ Ⅰ 他人の言動を迷惑に感じることがあっても、それを冗談めかして語り合うことのできる明るさをもつ人物。
Ⅱ 気持ちの切り替えが極端に早いため、言動が滑稽でちぐはぐに受け取られてしまうことのある人物。

本文チェック

考え方　人間関係・人物像を整理して考える

その、二度目の電話のあった明くる日の午後に幸子は出かけたが、行ってみると、中前《なかせん》栽《ざい》の向うに見える蔵の戸前が開いているので、

「姉ちゃん」

と、観音開きの所から声をかけながらはいって行くと、姉は二階で、ただでさえ入梅のじめじめする日に、かび臭い匂いの中にうずくまりながら、姐《あね》さんかぶりをして一生懸命片附け物に熱中していた。姉の前後左右には、春慶塗胡桃脚膳《しゅんけいぬりくるみあしぜん》二十人前、吸物椀《すいものわん》二十人前、などと記した古ぼけた箱が五つ六つ積み重ねてある傍に、長持の蓋が開けてあって、中に一杯こまこました小箱の詰まっているのが見えていた。姉は丹念にそれらの箱の真田紐を解いて、志野焼の菓子器とか、久谷の徳利《とっくり》とか、一つ一つ調べては元通りにして、持って行く物、置いて行く物、処分してしまう物、と云《い》う風に分けているのであるが、

「姉ちゃん、これ、いらんの？」

と、尋ねてみても、

「ふん、ふん」

と、上の空で返事をしてはせッせと手を動かしていた。幸子はふと、姉の取り出した箱の中から端渓《たんけい》の硯が現れたのを見ると、父がそれを買わされた時の情景を思い浮かべた。父と云う人は書画骨董《こっとう》には一向に[a]眼の利かなかった人で、何でも高価な物でさえあれば間違いがないと云う風に考える癖があり、時々馬鹿々々しい物をつかまされたらしいのであるが、この硯なども、お出入りの骨董屋が持って来て何百円とか云ったのを云われるままに買ったものなので、幸子は当時その場に居合わせて見ていたのであった。そして、子供心に、硯にもそんなに高いものがあるのかと思い、書家でも画家でもない父がそんなもの

展開

1 幸子が姉を訪ねる（ℓ1〜35）

① 幸子が姉を訪ねていくと、姉は片附けに熱中してろくに返事もしなかった。

を買って何にするのかと思ったことであったが、それよりもなお馬鹿々々しく感じたのは、たしかこの硯と一緒に、印材にする雞血石《けいけつせき》と云う石を二つ買った。父はそれを、後日コンイな医学博士で漢詩を作る人の還暦の祝に贈ろうとして、めでたい文句を選んで彫らせようとしたところ、失礼ながらこの石には交り物があって彫る訳には行かないと、篆刻《てんこく》家から返却して来たことがあったが、高い金を出して求めた品なので、捨てることもならず、長い間何処かに突っ込んであったのを、その後も折々見かけたものであった。

「姉ちゃん、あの、雞血石たら云う石があったわなあ。――」

問三「ふん、………」

「あれ、どないしたやろ。――」

「………」

(1)「なあ、姉ちゃん」

「………」

姉は高台寺蒔絵手文庫と書いてある箱を膝の上に載せて、固くなった桟蓋《さんぶた》の間に無理に指を挿《さ》し込みながら、それを開けることに気を取られていて、そんな言葉など耳にも這入《はい》らない様子であった。

幸子は姉のこう云うところを見せられるのは珍しくなかった。こう云う風に、人の云うことも聞えないくらい熱心に、寸分の隙もなく立ち働く姉を見れば、知らない者は誰でも感心して、何と云う問四シッカリした、X主婦であろうと思うのであるが、ほんとうは、姉はそのようなシッカリ者ではないのであった。問六いつでも何か事件が起ると、最初に先《ま》ず問四茫然《ぼうぜん》としてしまって、Yような状態になるが、暫《しばら》くして、その期間が過ぎると、今度はまるで神憑《かみがか》りになったように働き出す。だから、そんなところを端から見ると、いかにも骨身を惜しまない活動的な世話女房のように思えるけれども、実はもうZしきって

2 姉の性分（ℓ36～51）

② 姉はいつも何か事件が起るとまず茫然とし、暫くすると神憑りになったように働き出す。そんな様子を幸子は妹たちと噂し合った。

いて、問四何が何やら分らなくなり、ただ夢中で動いているだけなのであった。

「姉ちゃん云うたら可笑しいやないか。昨日の電話では泣き声出して、あたしが涙こぼして話しても誰も相手になってくれへん、幸子ちゃん是非聞きに来てほしい云うてた癖に、今日行ってみたら、蔵の中へ這入ったきり、荷物の整理に夢中になってて、『姉ちゃん』云うたかて返事もせえへんなんだわ」

(2)彼女は夕方帰って来ると、妹たちとそんな噂《うわさ》をしたが、

「そう云う人やわ、姉ちゃんは」

と、雪子も云った。

「そんでも、見てて御覧。――今に気イ弛《ゆる》んだら、又泣き出すに違いないよってに」

雪子は、それから中一日置いて、ちょっと来て貰《もら》いたいと姉から電話が懸ったので、どんな様子か今度はあたしが見て来ようと云って出かけたが、一週間ばかり泊って来て、

「荷物の整理は大方済んだらしいねんけど、まだ神憑りに憑ってるわ」

と云って笑った。問五雪子の話だと、姉が彼女を呼び寄せたのは、(3)義兄の名古屋の実家まで夫婦で暇乞いに行くことになったので、彼女に留守を頼むためなのであったが、夫婦は雪子が行った翌日の土曜の午後に立ち、日曜の夜おそく帰って来た。ところで、それから今日でもう五六日になるのだが、その間姉は何をしているかと云うと、毎日机に向ってお習字をしている。何のためのお習字かと云うと、名古屋で辰雄の実家を始め親戚《しんせき》廻りをして、方々でもてなしにあずかったについて、その家々へ礼状をしたためなければならないのであるが、それが姉には大仕事なのである。殊《こと》に辰雄の嫂《あによめ》に当る人、――実家の兄の妻と云うのが、字の上手な婦人なので、それに負けないように書きましょうと思うと、一層気が張るのであろう、いつも、名古屋の義姉に手紙を書こうと云う時は、字引や書翰《しょかん》文範を机の左右に置き、草書のくずし方一つでも嘘にならぬように調べ、言葉づかいにも b念を

3 姉を笑う妹たち（ℓ52～77）

③雪子の話によると、姉は今度、礼状を書くことに熱中しているという。④泣いたり笑ったり、忙しく動き回る姉の様子を、妹たちは話題にして笑い合った。

入れて、幾度か下書きをすると云う風にして、一本の手紙を一日がかりで書くのであるが、まして今度は五六本も書くのであるから、下書きだけでも容易に出来上らないで、お稽古に日を暮している。そして、雪子ちゃん、これでええやろか、何ぞ書き洩《も》らしてえへんやろかと、雪子にまで下書きを見せて相談をする ii シマツなので、今日雪子が出て来る時までには、やっと一通しか書き上っていなかった、と云うのである。

「何せ姉ちゃんは、重役さんの家へ挨拶に行く時かて、二三日も前から口上の言葉を口の中で暗誦《あんしょう》して、独りごとにまで云うぐらいやさかいにな」

「そんで、云うことがいな、――東京へ行く云う話が余り突然やったんで、この間じゅうは悲しいて悲しいて涙が出てしょうがなかったけど、もうちゃんと覚悟出来たよってに、どないもあらへん。こないなったら、一日も早う東京へ行って、親類の人らびっくりさしてやらんならん、やて」

「ほんに、そんなことを生きがいにしてる人やねんわ」

問六 そう云って三人の妹たちは、ひとしきり姉を俎上《そじょう》に載せて笑い話をしたことであった。

出典

谷崎潤一郎『細雪』（一九四三～一九四八年発表）

作者は明治末から昭和中期にかけて活躍した作家（一八八六～一九六五）で、「耽美派」と呼ばれる。『細雪』は、第二次大戦前の大阪を舞台に四姉妹の日常を綴った長編小説。

語彙チェック

ℓ14 **上《うわ》の空《そら》**…他のことに注意を奪われ心が向かないこと。

ℓ23 **還暦《かんれき》**…満六〇歳、数えで六一歳。千支が一巡し誕生年の干支に戻ること。

ℓ37 **寸分《すんぶん》**…ほんのわずか。「すんぷん」とも。

ℓ56 **暇乞《いとまご》い**…別れを告げること。

ℓ77 **俎上《そじょう》に載《の》せる**…話題として取り上げて、論じたり、批評したりする。

100字要約

①幸子が訪ねていくと、姉は片付けに熱中して返事もしなかったが、②茫然としたあと夢中で働くのはいつものことだった。③雪子が訪ねた時の姉は礼状を書くことに熱中しており、④姉の様子を妹たちは話題にして笑い合った。（99字）

これからの学習アドバイス

ここまでお疲れ様でした。本書をやり切ったみなさんは、大学入試に向けた本格的な現代文学習の第一歩を踏み出したわけです。そう、これはまだまだ第一歩にすぎません。いわゆる「受験勉強」に限らず、現代文や「文章」との格闘の日々はこれからもずっと続いていきます。

でも、本書の学習を通して、みなさんは今後の現代文学習、言語活動につながる大切な基礎を身につけてきました。ぜひ、本書を通して習得した現代文へのイメージや学習法、現代文読解の基本となる技術・考え方を今後に生かしていってほしいと切に願っています。みなさんの現代文に対するイメージが、本書を手に取る前とは少し違ったものになっていればこれ以上ない喜びです。

最後に、みなさんの現代文の力をさらに発展させるための、アドバイスをお伝えしておきます。

①実践演習を積みましょう

普段の授業の予習、定期考査、模擬試験は、現代文読解の技術や考え方が定着しているかを試す絶好の機会です。はじめて読んだ文章でも、本書で学んだ読み方・解き方を実践できるか確認してください。こうした練習を積むことによって入試で出題される初見の文章でも、焦らずに取り組むことができるはずです。

②読書を通して「語彙」や「テーマ」の知識を増やしましょう

読書をすることで「語彙」の知識を増やすことができます。知らない言葉に出会ったら、逐一調べる癖をつけておきましょう。意味や使い方を踏まえて、自分の言葉で説明できるようになって、はじめて「その言葉を理解した」と言うことができます。

また、現代文でよく出題される「テーマ」に関する本（たとえば、近代、文化、環境、言語、自己など）を読み、内容を把握しておくことで、はじめて読む難しい文章でも内容を理解しやすかったり、読むスピードを上げたりすることができます。

一冊の本を読んだら、そこに書かれた内容に賛同する本、あるいは反対する内容の本など、枝葉を広げていくこともおすすめです。物事を多面的・多角的に見る練習になるはずです。

③入試問題にチャレンジしてみましょう

大学の入試問題に触れることで、その大学の出題傾向や難度を把握することができます。入試を意識する時期になったら、一度チャレンジすることをおすすめします。はじめは解き切れなくとも、自分の現時点の実力を測ることができるはずです。

また、入試問題は大学が時間をかけて練り上げた良問ばかりですので、実践演習の集大成として取り組んでみてもいいでしょう。

書籍のアンケートにご協力ください

抽選で**図書カード**を
プレゼント！

著者紹介

羽場雅希（はば まさき）

Educational Lounge 代表。1991年千葉県生まれ。大学入学と同時に高校受験進学塾で国語の指導を始め、現在では首都圏の塾・予備校を中心に指導している。「当たり前のことを当たり前に」をモットーに、穏やかな語り口で目の前の文章と正面から真摯に向き合いながら、汎用性の高い考え方を提供する授業には定評がある。

校閲協力

小谷菜津子・藤岡まや子

スマートステップ現代文 学習法・読解ルールからはじめる現代文入門

初版第1刷発行 …………… 2023年3月10日
初版第2刷発行 …………… 2023年5月10日

著者 ………………………… 羽場雅希
編者 ………………………… Z会編集部
発行人 ……………………… 藤井孝昭
発行 ………………………… Z会
〒411-0033　静岡県三島市文教町1-9-11
【販売部門：書籍の乱丁・落丁・返品・交換・注文】
TEL 055-976-9095
【書籍の内容に関するお問い合わせ】
https://www.zkai.co.jp/books/contact/
【ホームページ】
https://www.zkai.co.jp/books/
装丁・本文デザイン・DTP … 川野有佐
印刷・製本 ………………… シナノ書籍印刷株式会社

ISBN978-4-86531-522-6　C7081

Z-KAI

スマートステップ
現代文

学習法・読解ルールからはじめる現代文入門

解答・解説

目次

第2章 読解ルール編 短文演習 解答・解説

第3章 問題演習編 問題 解答・解説

福田恆存『私の幸福論』

※問題は本体P88

解答

問一 イ・ウ（各3点・順不同）
問二 エ（4点）

設問解説

問一 1-1 【テーマ把握問題】 主題となる語句はしばしば文章の中で繰り返し説明されています。この問題文の場合、1段落で**「文化」「生きかた」「知識」「教養」**、2・3段落で**「うまを合せていく方法」**といった語句が繰り返されています。問題文はこれらについて述べたものだとわかり、選択肢から**「文化」「知識」「教養」**を消去することができます。イの「民族」は1段落に一度出てくるだけであり、ウの「文明」は本文に登場しない語句なので、問題文の主題とは言えません。

問二 1-5 【文構造把握問題】 **「うまを合せていく方法」**について、問題文の展開を確認します。

> **「生きかた」とはなにを意味するか。それは、……「うまを合せていく方法」でありましょう。**
> ←
> **といって、この方法は、……個人が生れるまえからおこなわれていたものなのであります。**

一つの共同体には、おたがいが「うまを合せていく方法」があると同時に、各個人は、この代々受けつがれてきた方法と、自分自身との間に、また別に「うまを合せていく方法」をつくりださなければならないはずです。

選択肢チェック

傍線部Ａの前の「それ」は「生きかた」を指しているので、「うまを合せていく方法」それ自体が「生きかた」です。

ア ×　個人個人の「生きかた」によって徐々に培われていく方法である。

傍線部Ａの前に「家庭」「友人関係」などで「うまを合せていく」とはありますが、「結びつける」のではありません。

イ ×　家庭や友人関係と公的な関係を結びつけることを可能にする方法である。

2・3段落を通して「共同体の外」ではなく「内部」で生きていくことを述べています。

ウ ×　共同体の外でも人が生きていくことを可能にするための方法である。

「うまを合せていく方法」は「代々受けつがれてきた方法（＝伝統）」と、「自分自身との間」についてのものです。

エ ○　個人が伝統的な方法と自己との折り合いをつけるための方法である。

各個人は自分と共同体において受けつがれてきた「生きかた」との間で「うまを合せていく」必要があるとはありますが、「次世代に伝えること」が課題とは書かれていません。

オ ×　各個人の努力で次世代に伝えることが必要とされる方法である。

土井隆義『キャラ化する／される子どもたち　排除型社会における新たな人間像』※問題は本体P96

解答

問一　オ（5点）
問二　高感度の対人レーダー（10字・5点）

設問解説

問一　2-1【内容説明問題】①段落は、

A 社会の側に安定した価値の物差しがあった時代には、
＝
時々の場の空気や気分などによって、個々の評価は大きく揺らがなかった
← だから
周囲の人びとによる一時的な評価に翻弄されることも少なかった
← 場合によっては
「我が道を進む」と孤高にふるまうことすらできた……ア
← また
社会の物差しを自分の物差しとし、自己肯定感の安定した基盤を確保できた……イ

対抗文化の物差しを自分の物差しとすることで、自己肯定感を確保できた……**ウ**

↓ **いずれにせよ**

内部の「**ジャイロスコープ**」を支えに一人で立っていることも容易だった……**エ**

という展開です。傍線部**A**は確かな基準があった「かつて」のことを述べていて、続く部分でその状況が**接続語を挟みながら列記されています**。**ア**から**エ**は右の項目に該当していますが、**オ**は②段落の**「今日の社会」にあてはまる**ので、これだけが違うグループに分類されます。

問二 2-2 **【表現把握問題】** ②段落の冒頭の**「しかし」という接続詞**に着目しましょう。

①段落の「かつての社会」に対して、②段落には「今日の社会」のことが書かれています。①段落の最後の「ジャイロスコープ」は、「かつての社会」では人が社会との関わりを通じて自分の内面に安定した基準をもっていたことをたとえています。これに対して**今日の社会では、人は身近で具体的な他者の反応に一喜一憂することを強いられています**。そのようなさまを表すたとえとして、「**高感度の対人レーダー**」という語句が、「**ジャイロスコープ**」と**対照的**に使われています。

解答

問一 ア（5点）
問二 エ（5点）

設問解説

問一 3-2 **【空欄補充問題】** 空欄のすぐ前にある「**そんな**」という指示語をチェックします。

この指示語は、1段落の、

- **・「現代は、さまざまな業績が数字で測られる時代」であること**
- **・「私たちは常に『数字を意識しながら』生活するようになってい」ること**

を受けています。

さまざまな業績が数字に換算して測られ、常に数字を意識して生活していることを受けた言葉が空欄には入ります。また、空欄のすぐあとには「**弊害**」とあるので、空欄には弊害をもたらすような**マイナスの意味合いを表す言葉**がふさわしいとわかります。**「数字」というテーマに触れ、それが「弊害」であると**読み取れる**ア**が正解です。

問二 3-3 **【指示語把握問題】** 傍線部Bのすぐ前にある「**さらに**」は、つけ加える働きをする接続語です。すなわち、傍線部を含む段落は前の段落を一度区切り、別の「実態」を紹介する段落にあたるので、**「こんな実態」は傍線部よりも後ろの部分を指しています。** 次の内容になります。

学力の低い生徒を「障害者」にカテゴライズ
↓
評価対象から排除し、全体の平均点があがるようにした

選択肢チェック

ア 共通テストが、×生徒の学力の向上という本来の目的を果たせなくなったこと。

本来の目的は、3段落にあるように学力の格差をなくすことです。

イ テストの結果、学力の高い生徒と低い生徒の差が×はっきりと出てしまったこと。

逆に、学力の低い生徒の成績を評価から外すことで、学力差は隠されてしまったことになります。

ウ ×英語や数学の学習の中心がテスト対策になり、本来の学習ができなくなったこと。

4段落の内容にあたります。

エ ○学力の低い者を評価対象から外してまで、全体の平均点を上げようとしたこと。

右の説明に合うので正解です。

オ 「落ちこぼれをなくす」という目的のために、×評価が細かく行われすぎていること。

一部の人を評価から外してしまったことが問題とされているので、「評価が細かく行われすぎて」いるわけではありません。

※問題は本体P112

解答

問一　イ（5点）
問二　ア（5点）

設問解説

問一 4-2 **【形式段落把握問題】** 1段落では、高い塔を建てようとした人々の言葉がばらばらになったという「**バベルの塔**」の話を紹介しているので、**「バベルの塔」が「見出し」**として適切です。2段落には、言語の「多様化」と「**単一言語幻想**」のどちらも出てきます。ただし、「言語の多様化」は1段落の内容をまとめた部分にあり、2段落の**新たなトピックは「単一言語幻想」なので「単一言語幻想」の方が見出し**としてよいと判断できます。二つの組合せとして**イ**が正解。

問二 4-3 **【意味段落把握問題】** 3段落は2段落を受けて、「**単一言語幻想**」を背景とする言語の思想について述べています。

← **単一言語幻想＝背景**

ヨーロッパで**普遍言語**の設計などの考えが現れる
↓ 具体例
エスペラントという**人工国際語**
↓
人類が共有できる言語という理想

という文脈です。「単一言語幻想」がおおもとの背景にあって、そこから普遍言語の設計、エスペラント、言語の共有という理想が派生したという関係性を押さえましょう。

選択肢チェック

ア ○単一言語幻想が背景となって、普遍言語や言語の共有という考えが生まれた。
単一言語幻想が「背景」で、「普遍言語」「言語の共有」が派生するという関係は問題文と合っています。

イ 普遍言語や人工国際語を設計しようとする試みは、×ヨーロッパだけで生じた。
ヨーロッパ「だけ」かどうかは問題文からはわかりません。むしろ、言語が単一であることを理想とする考え方の現れなので誤りです。

ウ 言語を人工的に設計することの根本には、×単一の言語に対する不信感が存在する。
話者の数はエスペラントより英語の方が多いと指摘されているだけで、英語が「国際語」かどうかは問題文からはわかりません。

エ エスペラントという人工国際語ではなく、×英語が国際語の役割を果たしている。
3段落の最後に「人類が共有できる言語という理想もある種の単一言語幻想の現れ」だと説明していますが、筆者自身は「共有できる言語」のことを「理想」だと考えているとは述べていません。

オ ×言語を共有するのは筆者の理想であるが、単一言語という発想は幻想でしかない。

解答

問一 ウ（5点）

問二 複雑骨折のような形（9字・5点）

設問解説

問一 5-5 【内容把握問題】 ここは、

> 日本人の思想状況は、Aまるで二階建ての家に住んでいるかのようだ
>
> ＝
>
> 一階には日本人として感じ考えたことが、二階にはプラトンからハイデガーにいたるまでのヨーロッパの学問が並べてある。
>
> ←
>
> 日本人が一階と二階を行き来する梯子は、どこにあるのだろうか

という文脈であり、「梯子は、どこにあるのだろうか」とは、「梯子がないこと」をほのめかす反語的な用法です。すなわち、**「日本人として感じ考えたこと」と「ヨーロッパの学問」が別個にあり、**

両者が結ばれていないことが「二階建ての家に住んでいるかのようだ」とたとえられています。

選択肢チェック

一部の人が受け入れているということではなく、学問と感性がつながっていないことを表しているので誤りです。

ア 外国の文化を積極的に受け入れる ✕ 日本人はごく一部でしかないこと。

学問が入ってきても、それが十分に消化されていないということで、「軽蔑」していたとまでは言えません。

イ 外見上は近代化しても ✕ 心の奥底では西洋の文化を軽蔑していたこと。

「二階建ての家」に「梯子」がないという比喩に合うので正解です。

ウ 日本人としての感性と外国から輸入された学問が ○ 断絶していること。

「梯子」のないことが表す「断絶」が説明できていないので正解となりません。

エ 急激的な近代化によって ✕ 外国の文化が日本に一気に入ってきたこと。

「梯子」がないという状態と合わないので不適切です。

オ 日本人は伝統的な習慣と学問的な思想を ✕ 巧みに使い分けていること。

問二 5-4 **【比喩把握問題】** 第二次世界大戦の敗戦によって「アメリカ的な個人主義・自由主義を、明治維新期以上に強制的に導入することになった」（2段落）結果、明治期の「第一の近代化」は失敗に終わりました（3段落）。そのありさまが「**複雑骨折のような形**」と表現されています。

解答

問一 ウ（5点）
問二 オ（5点）

設問解説

問一 6-4 【換言把握問題】 傍線部Aの次の文の末尾は「～のだ。」となっており、この文は傍線部を含む一文を説明しています。次の展開になります。

> 色や匂いを数値化するなど、それまで主観的なものと考えられてきた感覚を、A客観的かつ科学的に解明し操作できるものとして扱うようになった。
>
> ←
>
> **香料メーカーがラベンダーやローズなどの香りの化学合成に成功し、人工香料が化粧品などに用いられるようになったのだ。**

「～のだ」「～のである」は前の文を説明するという働きをもう一度確認しておきましょう。

以上から、「客観的に解明し操作できるもの」として、筆者は**人工香料**を考えているとわかります。

問二 6-2 【具体例把握問題】 傍線部Bを含む一文の構造を確認しましょう。

> **新しい技術や商品、販売手法は、**B人々の五感の感じ方や感覚を通した周辺環境の認知の仕方にも多大な影響を与えるようになったのである。

「新しい技術や商品、販売手法」が「人々の五感」や「認知の仕方」を変化させたということであり、これと合う事例を選びます。2段落に「**軍隊用の食事の味のみならず香りや色の研究を行っていた**」とあり、次の文の「食事」が「エネルギーや栄養を摂取するためだけでなく、いかにおいしく食べられるか（＝味、香り、色が好ましいか）が重要だった**ということである**」と説明されています。

選択肢チェック

ア 交通網の発達によって人々の行動範囲が広がり、×「遠い」という感覚が衰退した。
「近い」「遠い」は「五感」のどれにも直接はあてはまりません。

イ 技術の革新が進められた結果、×人工の香料と天然由来の香りの区別が曖昧になった。
人工香料がより本物に近づいたという香りの変化であり、人間の感覚の変化ではないので誤りです。

ウ 人工の調味料や甘味料に慣れた人々は、×刺激的で濃い味付けを好むようになった。
問題文にない内容なので不適切です。

エ 都市化に伴って高層ビルが増えるとともに、×里山に郷愁を見出す人々が多くなった。
「里山に郷愁を見出す」とは総合的な感覚であり、「五感」の認知の変化とは言えません。

オ 食べ物の○見た目や香りが、栄養エネルギーと同等かそれ以上に重要視されはじめた。
2段落の事例に合う「視覚（色）」「嗅覚（香り）」の変化の説明となっているので、適切です。

池内了『科学と人間の不協和音』

※問題は本体P136

解答

問一 物質的な欲～とする社会（5点）
問二 ウ（5点）

設問解説

問一 7-1 **【内容把握問題】** 1段落で述べた現代社会を筆者は、2段落の冒頭で「浪費社会」と一言でまとめたあと、「～に対して」と続けて「清貧の社会」を「対極的な社会」と位置付けています。

1**段落 ――「浪費社会」**
2**段落 ――「清貧の社会」**

という対比を読み取り、2段落から「清貧の社会」を定義づけている箇所を探していくと、二つ目の文に「**物質的な欲～とする社会**」（34字）という部分が見つかります。

問二 7-4 **【内容把握問題】** 傍線部**B**のすぐ前にある「**確かに**」は三つあとの文の「**しかしながら」と呼応し、この部分は「譲歩の構文」となっています**。筆者は科学に物質的基盤が必要であることを認めつつ、実際には**科学を推進しているのは創造への意欲である**と考えています。問題文では次のような展開になります。

確かに科学は物質的基盤がなければ進歩しない。 ⇔
しかしながら、あくまで科学を推進しているのは好奇心や想像力、つまり**創造への意欲**であり、精神的欲望がその出発点なのである。

選択肢チェック

ア 物質的な基盤があっても、×確かな仮説がなければ科学は進歩しない。

「物質的な基盤」と対比されているのは「創造への意欲」という精神的なものなので、「仮説」としているのは誤りです。

イ 物質における満足は、×精神の自由な飛翔を妨げるので有害である。

「精神の自由な飛翔」は「清貧の社会」が目指すところですが、「物質における満足」がこれを妨げるとは書かれていません。

ウ 物質的な基盤も大事だが、○創造への意欲の方がもっと大切である。

「創造への意欲」が科学を推進するという趣旨に合うので正解です。

エ 実際には×物質的な基盤さえあれば、科学を進歩させられる。

物質的な基盤だけで「科学を進歩させられる」とは考えていません。

オ ×技術開発が科学者の好奇心や想像力を刺激し、科学を発展させる。

技術すなわち物質的基盤が科学を推進することを筆者は認めていますが、技術が「好奇心や想像力を刺激」するとは問題文に書かれていないので不適切です。

※問題は本体P144

解答

問一 しかなかった。（5点）
問二 ア（5点）

設問解説

問一 8-2 【場面把握問題】 菜月は、ピアノの音が聞こえてきたことをきっかけに、ピアノに憧れていた過去を思い出します。傍線部Bの段落で再び現実へと引き戻されるまで、小学生の頃の回想と、わが子にピアノを習わせたかったという菜月の思いがつづられています。

いいなあ、ピアノ……。
↓
小学生の頃、ピアノが弾ける友達に憧れていたことを思い出す。……（回想1）
↓
その時の残念な気持ちが忘れられず、結婚して妊娠した時は、もし生まれてくる子が女の子だったらピアノを習わせたいと密かに思っていた。……（回想2）
↓
這いつくばるようにして床を拭いていたので腰に痛みを感じ、菜月はゆっくりと立ち上がる。

という文脈です。傍線部Aと傍線部Bとの間に、二つの回想が挟み込まれていて、傍線部Aは一つ目の小学生の頃の回想に関わる部分で「〜諦めるしかなかった。」（ℓ12〜13）までになります。

問二 8-4 **【人物像把握問題】** ピアノを習いたいという菜月の願いは、小学生の頃にも叶わず、また、子どもに習わせたいという願いも果たすことはできませんでした。確かに、そのことを「残念」に思う気持ちはありますが、菜月が「**そういうこともあるよね**」（ℓ22）と受け入れていることに注意してください。「**そういうこと**」とは〈**願いが叶わなかったこと**〉を指していますが、**菜月は願いが叶わなくても、それなりに生きているという現実**を受け入れています。

選択肢チェック

ア ○ 空想から現実に引き戻され、素直に現実を見つめようと思い直している。
問題文の回想の文章構造を踏まえた上で、現実を肯定的に捉えているのでこれが正解です。

イ 何一つとして思い通りにならない、× 現実の厳しさを思い、悲嘆に暮れている。
願いが叶わないことは「現実の厳しさ」とも言えますが、「悲嘆に暮れている」が不適切です。

ウ 思い描いていた夢と現実との隔たりの大きさに、× やりきれなさを感じている。
現実を受け入れていることと合いません。

エ × 身近にピアノがある職場で仕事ができる幸運を、自分に言い聞かせている。
職場に恵まれていることよりも、むしろ子どもが健康に生まれたことを肯定しています。

オ × ピアノとの因縁を意識して忘れ、前向きな気持ちで行こうと思っている。
「意識して忘れ」ようとはしていないので、誤りです。

解答

問一 イ（5点）

問二 如何にも自（5点）

設問解説

問一 9-2 **【心情把握問題】** ここは、**「私」が石から左枝子を遠ざけようとする場面**です。

・「馬鹿。石に左枝子を抱かしてちゃあ、いけないじゃないか。……」
・私は不機嫌を露骨に出していった。
・妻は手を出して左枝子を受け取ろうとした。
【きっかけ】
↓
・すると左枝子は、
A「ううう、ううう」と首を振った。**【反応1】**
・「ううう、ううう」左枝子はまだ首を振っていた。**【反応2】**
・左枝子が切りに、／「いいや！　いいや！」と大きな声を出して呼んだ **【反応3】**

「私」は不機嫌で、妻や石はいやな顔をしながらも「私」の言葉に従おうとします。左枝子の**反応**

としては、**その場の不穏な雰囲気を受け入れ難く感じて**首を振り、「いいや！」と言葉を発しました。

選択肢チェック

ア ×父からの感染を恐れて、馴染みのある石のそばにいたいという気持をいっそう強めている。

左枝子は「感染を恐れて」いないので誤りです。

イ ○周囲の大人たちの不穏な様子を感じ取り、石からどうしても離れたくないと思っている。

「私」が頭ごなしに決めつけたことに、妻や石が困惑していることを左枝子が察知したことが指摘されています。

ウ ×「私」や妻にいじめられる石のことが子ども心にもかわいそうで、石をあわれんでいる。

「妻にいじめられる」「石をあわれんでいる」が合いません。

エ 大人たちの困惑がそれとなく伝わり、どうしたらよいかわからず、×自暴自棄になっている。

「自暴自棄」〈＝希望がなく、やみくもな行動をとること〉ではないので不適切です。

オ 大人たちの都合に振り回されることが我慢できず、×大人を困らせてやろうと考えている。

「困らせてやろう」とまでは言えないのでふさわしくありません。

問二 9-3 **【比喩表現把握問題】** 傍線部Bの「むッ」とあるように、「私」の心情は端的に「**不愉快**」（ℓ13）とあります。そして「私」は自身を「**暴君**」〈ひとり横暴にふるまう者〉にたとえています。

> 私は**不愉快**だった。**如何にも自分が暴君らしかった。**――**それより皆から暴君にされたような気がして不愉快だった。**

山之口貘「生活の柄」／岡崎武志「沖縄から来た詩人」

※問題は本体P160

解答

問一　イ（5点）
問二　しかし、「～を残した。（5点）

設問解説

問一　10-4　【詩の鑑賞問題】表現技法や詩のタイトルなどに留意して作品を分析しましょう。なお、**適当でないもの**を選ぶ問題なので注意してください。

選択肢チェック

前半で繰り返される「寝たのである」とともに用いられ、情景を具体的にイメージさせることに役立っています。

ア　○「夜空」「陸」「草」などの語が効果的に用いられて詩の世界を彩り、読者をその世界へと引き込んでいく。

「夏」「秋」という語は出てきますが、夏が「動的でにぎやか」であるという描写はありません。また、秋には「冷気にからかわれ」とあるので、「静寂」も適切でありません。

イ　×動的でにぎやかな夏と静的で静寂に包まれた秋を対照的に描き、後者のもの悲しさを際立たせている。

秋には「冷気にからかわれ」るという描写には擬人法が使われています。

ウ ○秋の冷気が擬人的に描かれ、冷気が人間をからかうという描写からは詩人のユーモアが感じられる。

「寝たのである」は四回に対して、「ねむれない」は五回登場しており、その繰り返しによって「ねむれない」が強調されています。

エ ○前半で「寝たのである」が反復されるが、後半では「ねむれない」がそれ以上の回数繰り返され、「ねむれない」苦悩が強調されている。

タイトルは詩の主題と関わっており、作者が「生活」の「ありよう」（＝「柄」）を強く意識していたと考えられます。

オ ○詩にも登場する「生活の柄」という表現は詩のタイトルともなっており、詩人は自らの「生活」とそのありようを強く意識している。

問二 10-2 **【表現比較問題】** Bの文章でまず、Aのような山之口貘の詩は「**貧苦、放浪、孤独、自己の探求など、普通なら隠したい『恥』までもが大っぴらに暴露されていた**」と評されます。続けて引用した詩に「糞」や「貧乏」などの語が用いられていることについて、次のようにBの**筆者はそれらの語が抱かせるのとは対照的な印象を詩から読み取っています。**

> しかし、**「糞」や「貧乏」を描いて、**山之口貘の詩は
> ⇔
> **貧相でもなく、品格があり清潔な印象**を残した。

設問に「二面性」とあるので、**相反する二つの性質**が書かれている、この箇所が正解です。

解答

問一 イ・オ（各2点・順不同）
問二 ウ（6点）

設問解説

問一 11-2 【内容把握問題】 **「情報」と「文学」の対比**を軸に、傍線部Aが情報についての説明であると押さえます。傍線部Aの「出所」は情報の発信者を指し、**情報は発信者が明確でなければならない**ということです。それは「誰がそれを口にしたか定かでない情報は、決して信用してはならない」からです。つまり、「発信者が自分の立場を明らかにして責任をもって出した情報ならば信用できる」のであり、「**もし情報が誤っていたら、発信者に責任を追及できる**」ことを意味します。**イ**「発信者が明確であること」と、**オ**「責任を追及できること」が正解。他は、文学に関する選択肢です。

問二 11-4 【要旨把握問題】 「フォースターの考え」と「現代社会」の内容を要約し**対比**を押さえます。

【フォースターの考え】 情報はA出所が明らかでなければならない。
文学は、本質的に誰が書いたかはどうでもよい。

⇔
〔現代社会〕誰がいったのかわからない情報が津波のように襲ってくる。
文学では、逆に、誰が書いたかがもっとも重要……いかなる文学の言葉にも、著作権が発生。

選択肢チェック

著作権料は文学について書かれたもので、問題文では情報の著作権料のことについての言及はありません。

ア 誰が書いたかが明らかであるかそうでないかが情報と文学の第一の違いであるとフォースターは考えたが、現代社会においては✕著作権料が発生するか否かが情報と文学を見分ける第一の指標となっている。

フォースターの述べた情報と文学の理想的な姿が、現代では情報と文学それぞれ入れ替わっている、というのが筆者の指摘です。また、「著作権料の有無で評価される」という内容は問題文にありません。

イ フォースターの時代と現代で異なるのは、✕匿名で発せられた情報の真実と虚偽の区別が曖昧になったこと、文学が美しさや霊感の有無ではなく✕著作権料の有無で評価されるようになったことの二点である。

出所や著者が必須であるか否かが情報と文学の場合で逆転してしまったことが適切にまとめられています。

ウ 情報には出所が必須だが、文学の言葉は美しければ作者は無名で構わないとフォースターは述べたが、○現代社会ではそれと逆に出所のわからない情報が蔓延し、文学では誰が書いたかが強く意識されている。

フォースターは情報と文学を区別しているので、情報が文学へと「変化していくこと」を理想とした、という指摘は誤りです。

エ フォースターによれば、✕誰が書いたかが意識されなくなるに従って情報は文学へと変化していくことが理想であるが、現代社会では文学が次第に情報と化すという正反対の動きがむしろ主流となっている。

※問題は本体P176

解答

問一 ア・ウ・オ（5点・完全解・順不同）
問二 エ（5点）

設問解説

問一 12-2【複数資料の内容把握問題】【資料Ⅰ】のリーフレットにある説明を、具体的に示したのが【資料Ⅲ】であるという関係を確認した上で、対応するものがあるかどうかを順に検討していきます。なお、【資料Ⅱ】の新聞広告は、ここでは問われていないので注意しましょう。

選択肢チェック

ア ○ 言葉の意味も変化していきます。
最新版では「やばい」という語の新しい意味が加筆されています。

イ × 動詞・形容詞を中心に類義語の意味の違いが分かる語釈を追求しました。
類義語に関する用例は載っていないので合いません。

ウ ○ 歴史的な意味変化に沿って語釈を与えるのが『広辞苑』の流儀。
第二版で採用された古典の引用が継続されています。

エ × 新加項目は約一万に達しました。
「やばい」は「新加項目」ではなく、【資料Ⅲ】には合いませんし、約一万という数も【資料Ⅲ】から読み取れません。

端的な語釈が施されています。

オ ○言葉の使用場面を越えた中心的な意味を一読して把握できる

問二 12-5 【対話文と資料把握問題】 【資料Ⅰ】〜【資料Ⅲ】を照合して検討していきます。

選択肢チェック

ア Aさん――最新版でつけ加えられた意味で「やばい」を使うことに私は抵抗があるけれど、抵抗なく使う人もいるよね。新聞広告にある通り、○まさに「ことばは、自由」なんだね。

「やばい」の意味が変化したことを好き嫌いを別に現実として認めています。

イ Bさん――商品の広告っていうのは、まず目に留めてもらうことが第一だよ。○「広辞苑は、やばい」と新聞読者の意表を突いておいて、下に掲げた語釈でその「種明かし」をしているわけだ。

「広辞苑は、やばい」は従来の意味ではネガティブですが、語釈を読めば有効な宣伝であることがわかります。これは人々を引きつける工夫と判断できます。

ウ Cさん――新聞広告の「広辞苑は、やばい」は、なるほどインパクトがあると思う。「やばい」の新しい意味を認めたくない人にはこれは受け入れ難いだろうけど、○意味の変化を知っている人の中にはニヤっとした人もいたんじゃないかな。

「ニヤっとした」は嫌悪感を抱くこととは対極的な、肯定する気持ちを表します。「やばい」の意味変化をすばやく察知して採用した手腕に感心したことと捉えられます。

エ Dさん――この新聞広告はある種の「賭け」に出たわけだ。でも、【資料Ⅰ】に古典の言葉を総点検したとあるから、×「やばい」の新しい意味に置き換わる過程も歴史的に追跡することができるということだよね。

最新版の語釈では、①の従来の意味に②の新しい意味が加筆されています。新しい意味に置き換わったとは言えません。

オ Eさん――うーん、広告も言葉も奥が深いんだな。広告は時として誤解を招く余地を含むぐらいが効果的なこともあり、○言葉には意味の似た言葉や、意味が徐々に変わりながら新しく定着していくものがある……と。

【資料Ⅰ】を踏まえた発言となっているので適切です。

解答

問一 i＝検索　ii＝挨拶（各3点）
問二 a＝エ　b＝ア（各5点）
問三 エ（8点）
問四 [a]社会的身体化されたメディアを[b]使いこなして行動することが、[c]社会活動の前提とみなされること。（44字・10点）

採点基準　a「その」の指す対象―社会的身体化されたメディア（4点）
※「メディアに拡張された能力」のように「身体化」がない場合a2点
b「利用」の具体的説明―使いこなして行動すること（3点）
c「約束」の適切な言い換え―社会活動の前提とみなされる（3点）

問五 ダウングレードして「裸」の状態になる（18字・8点）　**問六** イ（8点）

設問解説

問一 4-6 **【漢字問題】** i「検索」は〈調べてさがし出す〉という意味です。「検」は〈調べる〉、「索」は〈さがす〉の意味で使われています。

ii「挨拶」。子どもから大人まで誰にもおなじみの言葉ですが、いざ漢字で書くとなると意外と出てこないのではないでしょうか。しかし、常用漢字表に載っている漢字ですので、きちんと書けるようにしておかなければなりません。

問二 **4-5** **【語彙問題】** **a**「自明」は〈説明するまでもなく、あたりまえのこと〉という意味です。**エ**「あたりまえだった」が正解です。

b「その都度」は〈そのたびごとに〉という意味です。ここでの「都」は「すべて」、「度」は「～のたび」を意味し、〈そのたびごとにすべて〉という意味を表しています。よって正解は**ア**です。

問三 **6-2** **【具体：内容把握問題】** 傍線部(1)のすぐ前に「**つまり比喩的に言えば**」とあるので、傍線部の「メディアを通じて新しい『身体能力』を獲得していく」とは、3段落までを「**比喩的に**」言い換えたものだとわかります。ここでは**具体と抽象の関係**がポイントになります。

1 メディアの登場、定着（**抽象的に主題を説明した段落**）
↓
2 そろばんや電卓、コンピュータ（**具体例**）
↓
身体的限界を超えて、膨大な情報を蓄積し、共有する（**抽象化**）
↓
3 メディアを経由して「想起」することができる

4　メディアを通じて新しい『身体能力』を獲得していく
←比喩的に言えば

傍線部の例は、本文では2段落のそろばんや電卓、コンピュータがあたります。たとえばパソコンの表計算ソフトを使って計算ができるようになるという場合、「生物的身体」が更新されるわけではありません。しかし表計算ソフトが使用できるようになることで、その人の計算能力は向上していると言うことができます。ここでのポイントは、「**メディアを通したものであること**」「**能力の向上**」の二つです。これを基準にして、選択肢を確認しましょう。

選択肢チェック

ア ×目分量で調味料を調整できること。
「メディア」に関することではないので選べません。

イ 放課後に×英語の読書会を開くこと。
「能力の向上」にはならないので誤りです。

ウ 量販店で×パソコンを購入すること。
「メディア」に関することではないので選べません。

エ ○ライブ配信で公演を楽しむこと。
「配信」は「メディア」を利用する行為であり、「公演に参加する」という「能力」を獲得しているのでこれが正解です。

オ ×鳥の鳴き声を聞き分けられること。
「メディア」に関することではないので選べません。

問四 3-3 **【指示語・具体：記述問題】** 傍線部(2)の指示語「その」は直前の部分を受けており、また、傍線部(2)直後の「メディアによって拡張された能力」を踏まえると、「**社会的身体化されたメディア**」を指すとわかります。まずこれを確認した上で、次に「メディア」が「社会的に埋め込まれた『約束』になる」とはどういうことかを考えましょう。

傍線部を含む一文の冒頭には「このように」という指示語があり、前の部分を受けています。前の段落には、就職活動や電話応対のマナーなどが書かれていますが、これはさらにその前の段落の最後にある「**社会は人々に〜組み込んでいく**」**の具体例**にあたります。次のような構造です。

> 社会は人々に「拡張された能力」が存在することを前提として組み込んでいく
>
> ↑ **（たとえば）**
>
> 就職活動、電子ファイル、電話応対のマナー　など
>
> ＝
>
> このように、……その利用はすでに社会的に埋め込まれた約束になる

すなわち傍線部は、[10]段落の具体例を挟んで、[9]段落の末尾の一文を言い換えたものとなっているのです。したがって、「約束」については、[9]段落末尾のこの部分の表現を使うことができます。

解答にあたっては、「その利用」が「**社会的身体化されたメディアの利用**」であること、次に「利用」とは「**メディアを使いこなして行動する**」ことを指摘し、「社会的に埋め込まれた『約束』」を「**社会的に活動する（ための）前提**」と具体的に言い換えることがポイントです。

問五　6-1　**【同義：表現把握問題】**　傍線部⑶の「埋め込まれた」と「手放す」はそれぞれ、⑪段落の傍線部⑵とその次の文に同じ言葉が見つかります。

> 一度**埋め込まれた**機能を**手放す**こと
> ←
> 社会的に**埋め込まれた**「約束」～**手放す**ことはできない

このあとに「その身体を～『裸』の状態になる」という表現があり、設問の空欄に合う形で抜き出すと、「**ダウングレードして『裸』の状態になる**」があてはまります。

問六　1-2　**【概念・指示語：内容把握問題】**　傍線部⑷を含む一文の主部は「社会的身体は」であり、傍線部の「そのイメージそれ自体だ」が述部にあたります。たとえば、現代ではパソコンを使いこなすことができなければ大きな不便を感じてしまう場面は限りなく多いに違いありません。社会が個人に対して、パソコンを使いこなす能力を「身体に埋め込んでおくこと」を求めているからです。すなわち、**パソコンを使いこなす「身体」をもっていなければならない**、というわけです。

さらに、⑤段落に「**社会的身体とは、生物としての身体そのものではなく、社会的に構築された、個人の身体に対するイメージのことだ**」とある点に着目しましょう。今日の社会で私たちが現代人という「人間」をイメージする場合、それは生物室の解剖図にあるような裸で生身の身体ではなく、「パソコンを使いこなす身体」をもつ人間をイメージすることでしょう。パソコンを使いこなせない人は「現代人ではない」というレッテルを貼られてしまうこともあります。そのように**「社会的な身体」という概念は人間の姿をイメージする場合にも十分有効なもの**となっています。

選択肢チェック

ア メディアの発達に伴って身体とその外部との境界性が曖昧になり、これまで軽視されてきた×「魂」などのイメージが不思議な現実味を帯びるようになったということ。

「魂」は以前の人間の「身体」の対義語にあるイメージなので、それが「現実味を帯びている」のは現代ではありません。

イ 社会的身体とは、それを使わなければ一人前の人間として認められない実用的な機能であるとともに、○その社会に生きる人々のイメージの中核にもなっているということ。

前半で「社会的な身体」を適切に説明した上で、右で確認したことに合う説明が書かれており、正解です。

ウ 現代人の実生活が外部のメディアなくしては成り立たないことと呼応して、×医学的なケアや来世に関わる宗教などにとってもメディアのイメージが不可欠であるということ。

「社会的な身体」が「イメージそれ自体」であることを説明すべきところなので、「メディアのイメージが不可欠」とすることは的外れであり不適切です。

エ 社会的身体を獲得した現代人は、生得的な身体だけでは生きられないのと同様に、×世界のルールや社会の慣行についても具体的なイメージをもっている必要があるということ。

「世界のルールや慣行」とは「きまり」のことで、ウと同様に「(身体の)イメージ」を説明した文章になっていません。

オ ×現代社会特有の現象として、メディアが人々の身体能力を外部化させてしまったことが抽象的で実体のないイメージを溢れさせ、人々を論争に巻き込んでいるということ。

問題文の具体例として状況によって社会的身体に求められる機能＝イメージが示されているので、「抽象的で実体のないイメージ」は誤りです。

解答

問一 i＝稼　ii＝剣幕（見幕、権幕）（各3点）

問二 a＝ウ　b＝オ（各5点）

問三 ウ（8点）

問四 途方に暮れた思い（8字・6点）

問五 エ（8点）

問六 **（例1）**[a]川村さんが年老いた母親を案じながら仕事をこなすことに[b]苦労しているとわかった（37字・12点）

（例2）[a]川村さんから言われた親が歳をとることの悩みや仕事の大変さは[b]本音だとわかった（37字・12点）

採点基準 **a**①「川村さん」と「年老いた母親」、②「仕事」との関係（①・②各4点）

b（「川村さん」が）本音を言っている（苦労している）こと（4点）

設問解説

問一 4-6 【漢字問題】 i「稼」は訓読みは「かせ（ぐ）」、音読みは「カ」。音読みを使った熟語には「稼働」などがあります。また、似た字形の漢字に「嫁」（とつ・ぐ、よめ、カ）があります。「嫁」を使った熟語には「転嫁」などがあります。

ii 「剣幕」とは、〈いきり立った、荒々しい態度や顔つき〉という意味です。

問二 4-5 **【語彙問題】** a 「自嘲する」の「嘲」は〈あざける〉という意味の漢字で、〈自分で自分をあざ笑う〉〈自分をおとしめる〉という意味を表します。

b 「物差し」は「定規」「スケール」のことですが、ここでは比喩的に使われています。「いまの時代の物差し」とは、現代という時代の価値観、尺度に（父母の年齢を）照らしてみると、ということなので、ここでの「物差し」は〈尺度〉〈基準〉という意味合いをもっています。

問三 9-2 **【心情：心情把握問題】** 青田さんは川村さんを乗せた車内の空気を気づまりに感じていましたが、目的地の老人ホームが近づいてきたので、その気づまりな空間からも解放されると思い「肩の力を抜いた」のです。「肩の力を抜く」とは〈気負うことなく楽に構える〉という意味です。

ここまで疲れてしまうのは初めてかもしれない（「**心情**」）
↑
『やすらぎの里』の案内看板を通り過ぎた（「**きっかけ**」）
↑
もうちょっとの辛抱だ、と肩の力を抜いた（「**反応**」）
＝**緊張を解きほぐした**

第2章の**第9節**で学習した**「きっかけ」「反応」というつながり**にあてはめてみると、『やすらぎの里』の案内看板を通り過ぎたことが「**きっかけ**」にあたり、「ここまで疲れてしまうのは初めてかもしれない」と感じていた青田さんは「もうちょっとの辛抱だ」と思って、「肩の力を抜いた」という「**反応**」を示しました。**川村さんを乗せてきた気づまりな雰囲気からもう少しで解放されることがわかったので、緊張を解きほぐした**、というのが傍線部⑴に込められた青田さんの思いです。

選択肢チェック

ア　同級生を客として扱うという状況にどうしても馴染めず、×うろたえている。
もうすぐ客を降ろすという状況と、そのことの「解放感」がこの選択肢にはまったく出ていないので誤りです。

イ　苦手な川村さんと一緒の車内で、×無理に気持ちを落ち着かせようとしている。
間もなく到着することがわかっており、「無理に」自分の気持ちをコントロールしようとしているわけではありません。

ウ　○もうすぐ川村さんを降ろすところまで何とか来られたことに、安堵している。
あと少しで到着という状況は適切です。また「安堵」（＝安心感）という気持ちもこの場にふさわしいので正解です。
「肩の力を抜いた」という表現と合いません。

エ　あと少しのところで何か問題が起こらないよう、×いっそう気を引き締めている。

オ　×客となった同級生を無事に送り届けられそうだと思い、胸をなでおろしている。
ここは「無事に送り届けられそう」という思いではなく、川村さんと一緒の空間から解放されることに対する思いです。

問四　9-2　**【心情：表現把握問題】**　帰りも乗せてくれという川村さんの依頼に対して、すぐ次の行で**「断るわけにはいかない」という事情**が書かれています。いわばこれが**きっかけ**となって、続く部分に「途方に暮れた思いで、こわばった笑みを返した」という**反応**が続きます。

タクシーの乗務員というサービス業であれば、客に対しては明るい表情で接することが求められるでしょう。しかし帰りも川村さんを乗せなければならないことの気づまりを思いやると、**内心は「途方に暮れた思い」であり、笑みは「こわばった」ものになってしまいました。**

以上から、字数の指定も考慮すると、「**途方に暮れた思い**」が正解です。

問五 9-4 **【心情：心情把握問題】** まず「憮然」とは〈失望したり落胆したりしているさま〉を表します。**川村さんの「屈折した冗談」に、青田さんは失望し、腹立たしさややりきれなさを感じました。**

「おふくろ、懐かしがってたぞ」（＝屈折した冗談）［**きっかけ**］
↓
憮然として車を発進させた［**反応**］
↑
面白くもなんともない冗談だ
腹立たしくて、悲しい［**心情**］

青田さんの心情は、「**面白くもなんともない冗談だ**」「**腹立たしくて、悲しい**」という箇所に、**ストレートに表れています。**

選択肢チェック

ア　×母親への不満の矛先を同級生の自分に向けてきた川村さんの身勝手さに納得がいかず、一定の距離を保って接しようと自分に言い聞かせている。

川村さんは青田さんに八つ当たりしたわけではないので、きっかけが誤っています。

イ　久しぶりに会った×自分を引き合いに出して冗談を飛ばす川村さんの無神経さに憤り、川村さんを乗せてしまったことを今さらながら後悔している。

青田さんは「面白くもなんともない冗談」に腹を立てつつも、同時に悲しくなっているという心情にそぐいません。

ウ　母親の見舞いを短い時間で切り上げ×せわしなく仕事の電話をかける川村さんの無情さが腹立たしく、川村さんへの嫌悪感をさらに募らせている。

青田さんの川村さんに対する思いは、川村さんが心ない冗談を飛ばしたことに向けられているのに、この選択肢は川村さんの母親に対する思いを問題にしているので間違っています。

エ　実の母の病状を種にこちらの気分が悪くなることを言う○川村さんの態度にあきれ果てながら、そのような屈折した川村さんの変わりように落胆している。

川村さんの反応、青田さんの気持ちとも的確に説明できているので正解です。

オ　母親のことが気がかりな上に仕事の悩みを抱えながら、×同級生にも本当の思いを正直に告白できない川村さんの心の闇の深さをあわれに思っている。

青田さんが川村さんの「心の闇の深さ」をあわれに思っている、ということは本文からは読み取れません。「腹立たしさ、悲しさ」という気持ちが説明できていないのでふさわしくありません。

問六　8-4　**【人物像：記述問題】**　部下を叱りつけ、激高する川村さんの姿を見て、青田さんは「居たたまれない」と思いました。通話が終わったあと、川村さんは青田さんに「悪かったな」と言ってきましたが、青田さんは「だいじょうぶ」と応じます。そこにはもちろん、乗務員と客という関係もあるでしょうが、続く部分に青田さんが川村さんの内心を推し量る場面が続きます。

「(4)いや……だいじょうぶ」
←
強がりではなさそうだった
←
これもきっと、本音なのだろう

青田さんとしては、川村さんが激高する姿を受け入れることができたわけではありませんが、同時に川村さんの立場を思いやっています。すなわち、**部下を抱えてその不手際に対処し、また母が年老いていくことをただ見守るしかないというのは「強がり」ではなく「本音」だと察しました。**

このように川村さんの内心を察したことが、「だいじょうぶ」という台詞の裏側にはあると考えられます。解答は、**設問に示された文の空欄に合うように書くことが必要です。**空欄のすぐあとに「だいじょうぶ」とあるので、**青田さんが「だいじょうぶ」と言った理由と思われる内容**が入ります。

・**川村さんが、仕事と母親それぞれに対して抱いている思い**
・**青田さんは、川村さんが言った言葉（右の思い）が本音だとわかったこと**

つまり、川村さんは強がりを言っているわけでもなく、ひねくれて嘘を並べ立てているわけでもないと感じたので、青田さんは「だいじょうぶ」という言葉で、川村さんも**苦労している**だろうと思い、苦言を呈するような態度には出なかったのだろうと推測することができます。

第3節 田中克彦『言語学とは何か』

※問題は本体P206

解答

問一 i＝憎悪 ii＝動機（各3点）

問二 a＝現実的 b＝私的（各4点）

問三 ア（6点）

問四 [a]ことばは似ているほどコミュニケーションに便利であるが、[b]民族維持のためには異質で隔絶した言語ほど好都合とみなされるから。（59字・12点）

採点基準 a「似ている言葉ほどコミュニケーションには便利である」指摘（6点）

b「民族維持のためには異質で隔絶した言語ほど好都合である」指摘（6点）

問五 ウ（4点） 問六 エ（6点） 問七 ア（8点）

設問解説

問一 4-6 【漢字問題】 i「憎悪」は〈にくむこと〉を表し、この熟語での「悪」は〈にくむ〉という意味をもちます。なお、「嫌悪」の「悪」も同様に〈にくむ〉という意味で用いられています。

ii「動機」は〈行動の直接のきっかけ〉という意味で、「志望した動機」といった用例で使われます。

問二 4-5 【語彙問題】 a 目指すべき「理想」に対して、今現在の状況を示すのが「現実」であり、**「理想」と「現実」は、対義語の関係**にあります。

b 「公的」の対義語は「私的《してき》」であり、**「公《おおやけ》」の対義語は「私《わたくし》」です**。「公私にわたる付き合い」「公私混同」のように、「公私」を合わせて熟語として用いる場合もあります。

問三 7-1 **【対比：内容把握問題】** 「ことば」と「言語」について、今回は明確に使い分けられています。

ことば → ことば一般
言語 → 固有の言語、「国語」になっているほどの威容をととのえた、特別のことば

「ことば」には各地の方言から、多くの話し手をもつ国の代表的な言語まで、さまざまな性質の言葉を幅広く含んでいるのに対して、言語は「国語」として権威づけられた「特別のことば」だけを指しています。それはまた、民族の独自性を証明するものともなるような言語であるとされています。このような使い分け、すなわち**対比に注意して**本文と選択肢を検討していきましょう。

選択肢チェック

ア ○ 「ことば」はさまざまな母語や方言を含む多様なあり方をしているが、「言語」という時には他の言語と厳密に区別され、多くの場合は民族に固有の国語としてあるものである。

「ことば」と「固有の言語」という対比が、本文に即して正しく比較・対照されています。

イ 「ことば」は×民族に根ざした自然発生的なものであるのに対して、「言語」は国を単位として公式の場で使うことができるように人工的に整備され文法や文字を持つものである。

「ことば」は多様なあり方をする言葉をすべて含むので、「民族に根ざした」「自然発生的なもの」などと限定できません。

「ことば＝話し言葉」対「言語＝書き言葉」という対比は、本文には書かれていません。

ウ　「ことば」は主として話し言葉であり仲間内でのみ通じるものであるが、「言語」は×文字を持ち作家たちがすぐれた数多くの文学作品を創作している国際的に認知されたものである。

むしろ「言語」の方が民族に「固有な」ものとされているので、それを「地域性を持たず」とするのは誤りです。

エ　「ことば」はそれぞれの民族が持つ多様な方言の一つ一つのことであるが、「言語」は方言のような×偏った地域性を持たず世界中で通用する国際語のことである。

先に「正規の言語」があったのではなく、「ことば」のうちあるものを「言語」に「仕立て上げる」ので、「言語」から「ことば」に「派生した」という関係はあべこべです。

オ　「ことば」は×正規の言語から派生した変わりやすいものであるのに対し、「言語」は作家たちが文学を創作する場合にも使用する正統的で変わることのないものである。

問四　7-3　**【対比・理由説明：記述問題】**　「矛盾」とは、〈つじつまの合わない〉という意味です。「矛盾」を説明するためには、「何」と「何」が「どう」つじつまが合わないのかを説明します。第2章第7節で見た通り、「矛盾」という言葉の背後に、二つの対立する考えや概念を読み取り、二つを対比させていきます。傍線部のすぐ前にある「これは」は、すぐ前の文の「自分たちの言語が、～好都合なのである」を指しています。そして、続く文にこれと「矛盾」した言語の姿が書かれています。

自分たちの言語が、他の、とりわけ隣接言語とは異質で、隔絶していればいるほど

民族の維持には好都合

⇔　**矛盾**

コミュニケーション

隣接の言語とたがいに共通点が多く、似ていれば似ているほど、……本来の目的……役立つ

民族の維持という観点からは、言語は異質で他と隔絶しているほど望ましいとされます。言語が他と違えば、それだけ民族として独自性があり、簡単には他の民族に飲み込まれることがないからです。しかし一方で、コミュニケーションのためには、言語は似ていればいるほど通じやすいはずです。この場合には、言語は他と「似ている」ほど望ましいということになります。同じ「言語」でありながら、「違っていること」と「似ていること」という相反した姿が望まれることが、ここでの「矛盾」の内容です。解答にあたっては、言語が「他と違うことが、民族の維持のためには望ましい」ことと、「他と似ていることが、コミュニケーションのためには望ましい」ことを、互いに対立する（矛盾する）関係にあることとして理由説明の記述にすればよいでしょう。

問五 **3-3** **【指示語・対比：内容把握問題】** 傍線部⑶を含む一文全体の構文を確認すると、主部は「……と主張する人たち」であり、この「人たち」は、次のように矛盾した行動に出ているとわかります。

- ・⑶そんなものは……存在しえないと主張する
- ⇔
- ・**「雑種言語」になりさがるまいとキャンペーン（＝「国語の純化」運動）に立つ**

この「人たち」は「そんなもの」はないと主張しながら、「国語の純化」運動に乗り出します。この「人たち」は「国語の純化」運動を現にするので、**「存在しえない」のは「国語の純化」運動ではありません**。つまり、この「人たち」が「存在しえない」とするのは、「**国語の純粋性**」です。

世界中には数多くの言葉があり、それぞれが交流するうちに言葉の姿は定まってくるので、どの言葉も混じりけのない純粋なものであることはできません。多くの知識人にとってそのことは自明であり、だから「国語の純粋性など存在しえない」と日頃は言っていながら、時に「国語の純化運動」を起こしたりする、という矛盾した行動に出ることを、筆者は指摘しているのです。

問六 **6-1** **【同義：内容把握問題】** 傍線部⑷のすぐ前に「少し誇張して言うと」とあり、傍線部は前の部分を「少し誇張して」述べた部分になります。傍線部の「国家」「個別言語」という語に注目すると、この部分に対応するのは、二つ前の文にある**「国家が、言語に、〜単位を与えた」**です。すなわち、「○○語」というものがあらかじめあったのではなく、また言語学が「○○語」という言語を認めたのでもありません。**言語を区分して「○○語」「××語」という単位を創り出したのは国家です。言語学は国家が認めたものをそのまま受け取り、研究しているというその姿勢を、筆者は傍線部に続く部分で「国家に従属した」と述べています。**

選択肢チェック

ア　国家は言語を×純粋な形で維持しようとする努力を後押しし、言語学はその目的を遂行するために尽力するということ。

国家がある言語を「○○語」と認めることと、「純粋な形で維持しようとする」ことは違います。前者は「○○語」という「権威あるもの」と認めることを指します。

イ　国家に属する国民が使うべき公用語は×自然と統一されてくるもので、言語学はそれを研究

「自然と統一されてくる」のではなく、国家がある言語を認めるとは、いわば主体的に認めることなので誤りです。

する学問であるということ。

「機能的」かどうかを基準にして国家は言語を認めるわけではありません。自ら独自の民族だと主張・説得するためという政治的な関わりで決めることが多いと言えるでしょう。

ウ　世界中には多種多様なことばが存在することを認めた上で、国家は×自国の言語が最も機能的だと主張するということ。

国家が言語を決め、言語学はそれに従うという関係が正しく説明されているので正解です。

エ　どのことばを個別の言語として認めるかは○国家の都合によるもので、言語学はその決定を疑問に思わないということ。

時間の経過とともに言語が変化するというのは、国家が主体となって言語を認めることとは無関係です。

オ　国家の境界が定まってしまうと、×時間の経過とともに国境線を境として言語に変化が生じ、次第に固定するということ。

問七　**5-2**　**【比喩：表現把握問題】**　最後の段落では、言語学の研究を生物学の研究にたとえています。この段落最初の「このこと」は、すぐ前の「小さな、固有の～価値が高い」を指します。そのような研究を「小さな昆虫や雑草」の研究にたとえ、傍線部(5)ではこれを端的に「ダニ」と言っています。一方「サラブレッド」は「ダニ」すなわち「小さな昆虫や雑草」の対極にあるもので、言語で言えば話し手の多い言語を指しています。この関係を整理すると、次のようにアが正解になります。

> ダニ＝小さな昆虫や雑草　――　**小さな、固有の生活を維持している集団の言語**
> ⇔　　　　　　　　　　　　　　⇔
> サラブレッド　　　　　　――　**大きな、話し手の多い言語（国家の「国語」など）**

解答

問一 i＝率直　ii＝ふんいき（各3点）

問二 a＝ア　b＝ウ（各4点）

問三 X＝イ　Y＝オ（各4点）

問四 [a]自分の小説を歓迎してくれた全国の読者や書店の方々の[b]元へと出向いて、[c]絵を入れたサイン本を手渡すこと。（49字・10点）

採点基準　a 自分の小説を歓迎してくれた人がいること（4点）

b その人たちの元へと出向くこと（2点）

c 絵を入れたサインを直接手渡すこと（4点）

問五 エ（4点）

問六 一冊の本に対する並々ならぬ情熱と愛情（18字・6点）

問七 ウ（8点）

設問解説

問一 4-6 **【漢字問題】** i「率直」は、〈ありのままで偽りのないこと〉を表します。

ii「雰囲気」は〈場やそこにいる人たちが自然に作り出している気分〉のことです。「雰」＝「ふん」、「囲」＝「い」、「気」＝「き」のように一文字ずつ対応させていけば「ふんいき」と答えられるはずですが、うっかりすると「ふいんき」と読み方を間違えがちなので、注意しましょう。

問二 **4-5** **【語彙問題】** **a**「矜持」は〈誇りやプライド〉のことで、**ア**の「自負」も同じ意味です。**b**「報われる」は、〈努力したことや苦労したことに対して、それに見合う成果が得られる〉ということを意味します。

問三 **2-1** **【接続語：空欄補充問題】** **X**空欄の前後は、筆ペンでサイン本に描く絵と絵筆で画仙紙に描く水墨画とを比較している箇所です。筆ペンで書く方が楽ではないかという常識的な考えに対して、消耗度は「ほとんど変わらない」と筆者はまず断定します。その上で、**それを言い直して、「技法の制約は大きく、〜」とサイン本には別個の苦労があると述べます**。言い直し、さらに程度が上であることを表す「**むしろ**」が入ります。

Y空欄の前後では「話すように〜できるし」と、「話しながらも……できる」のように**類似する表現**が並んでいます。**「話すように」という比喩に対して、（比喩ではなく）現に話をしながらサインをしたという体験を語っています**。「現に」という意味の「**実際**」がふさわしいとわかります。

問四 **9-3** **【心情・指示語：記述問題】** 傍線部(1)のすぐ前にある「それ」について、直接は直前の文「僕は自分が〜伝えたいと思っている」という内容を受けていますが、「それ」の内容だけだと設問で求められる具体的内容には足りないので、具体的に筆者が何をしているかを前の部分から探します。

すると、5段落に**〈サイン本に名前と絵を入れ、落款まで押す〉という手間をかける描写**がありま
す。この設問では「具体的にどういうことか」とあるので、以上のことを踏まえ、次の二つを解明
した上でまとめることが必要です。今回は「感謝」という心情が問われていますが、**エッセイや随
筆の場合、著者の心情が問われることもあるので注意しておきましょう。**

> ①自分が感じている気持ち（＝傍線部の「感謝」）とは、誰に対する、どのような「気持ち」か。
> ②具体的にはどのようにすることか。

①については、「感謝」の語を手がかりに2・3段落にまでさかのぼると、**〈自分の小説を歓迎してくれた人たちに感謝の思いを伝えたいという気持ち〉**とまとめることができます。
また、②については、どのようなサインをしているかを考え、すでに確認した通り、5段落から**〈時間をかけて丁寧にサインをすること〉**とまとめられます。
解答は、**小説を歓迎してくれた人たち（全国の読者や書店の方々）に対する感謝の気持ちを伝えること、そのために出向いて、絵を交えたサインを渡している**ということで「具体的にどういうことか」という設問の要求を満たすことができます。

問五　**3-3**　**【指示語：内容把握問題】**　傍線部⑵の直前には「だから」とあり、「その二つ」は前の段落を受けています。

言葉は思いの形を伝えるけれども、思いそのものを伝えたりはしない。
けれども**絵**は、思いの形を伝えはしないけれど、思いそのものを伝えることができる

この段落は二つの文からなっていますが、二つ目の文の最初には逆接の「けれども」があり、**「言葉」と「絵」が対照的に記されています**。このように対照的な二つのものを使えば、自分の思いを伝えることができるのではないかと筆者は考えています。

以上から、「この二つ」とは「言葉」と「絵」を指すとわかります。

問六 6-1 **【同義：内容把握問題】** 傍線部⑶は、筆者が書店員たちのことを思っている場面であり、「想い」とは書店員のそれを指しています。12～16段落を振り返ってみましょう。

12 訪問した書店の方々から、本の感想と共に様々なエピソードをうかがう。**一目惚れでした、とか、大好きです**、といった本に関する率直な感想を聞く度に本当に、……

←

13 丁寧に飾り付けられた棚や手書きのポップで⑶想いは、はっきりと伝わってくる。

16 書店の方々のお話から感じるのは、**一冊の本に対する並々ならぬ情熱と愛情**で、……

このように傍線部を挟む形で、書店員の想いや感想が書かれています。

傍線部では、ただ「想い」と書かれていますが、前の部分では「一目惚れ」「大好き」、後ろの部分では「一冊の本に対する並々ならぬ情熱と愛情」と言い換えられています。

字数の条件などから「**一冊の本に対する並々ならぬ情熱と愛情**」が正解です。このように「想い」という語と同じ意味の言葉をつなげていくことで、正解が浮かび上がってきます。

問七 12-5 **【対話文・比喩：複数テクスト問題】** 傍線部(4)の意味を考える際、対話文でヒントとなるのは次の箇所です。

生徒C　……ここでの**「線」は人生とか、そういうことの比喩**なんじゃないかな。

↓

生徒A　水墨画の画家でもある筆者の書いた一冊の本が、読者から好評のうちに迎えられた。

筆者の書いた小説は**読者から好評のうちに迎えられ、かつて孤独な思いで作品を発表していた筆者は読者への感謝を込めて全国をめぐる旅に出ました**。傍線部で「僕」は「一冊の本」が「線」を生み出し、その「線の中」を歩いていると感じています。このことと右の対話を重ねてみると、次のように整理できるでしょう。

一冊の本（＝筆者の著書）

↓

読者や書店の方々に受け入れられる

線（＝筆者の歩く人生）

ここで筆者の歩く「人生」という「線」とは、いわば**読者や書店の方々へ思いを伝える旅の中で芽生えた線**だと考えてよいでしょう。

選択肢チェック

ア 筆者はこれまで水墨画の画家として順風満帆な人生を歩んできたけれど、今は ×読者が用意してくれた作家というまったく別の「線」の上を歩み始めているということだね。

「作家」は筆者自身が選んだものであり、また水墨画の描き手でもあるので「まったく別の」とするのは誤りです。

イ 筆者が追い求めてきた水墨画の世界と小説には接点はないはずだったが、×読者という仲立ちを得て「点」が「線」へと昇華し、その道筋を辿っているということだね。

筆者は自分の小説を歓迎してくれた読者によって一筋の「線」ができたと感じていますが、「点」が「線」になったという感じ方があったことは本文に書かれていません。

ウ 水墨画の画家として孤独に「線」を書いていた筆者は、○小説の読者や書店の方々の想いに応えて全国を回るという形で、「線」の中を歩いていると感じているということだね。

読者への感謝の思いを伝えるという思いがあることを踏まえて、「一本の『線』」のたとえも適切に説明できています。

エ サイン会の場で小説の読者に絵を描いて提供することで ×水墨画と小説は一本の「線」で結ばれ、筆者の中で自分の人生が一つにつながったと意識されたということだね。

「線」とは水墨画と小説を結ぶものではなく、作家として歩んでいく人生の線のことだと考えられるので不適です。

解答

問一 i＝由来　ii＝蓄積（各3点）

問二 a＝エ　b＝ウ（各4点）

問三 イ（8点）

問四 [a]薪炭から石炭や石油などの化石燃料へと転換したエネルギー革命が[b]地中の炭素を大気中に放出させ、[c]地球温暖化という環境の異変を引き起こしたから。（68字・12点）

採点基準
a化石燃料への転換というエネルギー革命が原因（4点）
b地中の炭素が大気中に放出されることになった（4点）
c地球温暖化という環境の異変を引き起こした（4点）

問五 オ（8点）

問六 ア（8点）

設問解説

問一 4-6 **【漢字問題】** i「由来」は〈物事の起源や経歴のこと〉です。たとえば「AはBに由来する」では、Bが起源でAがその結末や結果にあたります。

ii「蓄積」は〈たくわえること〉〈たくわえ〉を意味します。

問二 **4-5** **【語彙問題】** a「対象」という熟語の一部です。「タイショウ」と読む熟語には、他に「対照」「対称」「対症」などがあり、「対象」は〈行いをする目標や相手〉を指すのに対して、「対照」は〈二つのものを比較すること〉、「対称」は〈釣り合っていること〉、「対症」は〈病気などの症状に対処すること〉を意味します。

b「脅威」という熟語の一部です。「キョウイ」と読む熟語には、他に「驚異」「強意」などがあります。「脅威」は〈存在を脅かす物事〉、「驚異」は〈驚くべきこと〉、「強意」は〈意味を強めること〉を意味します。

問三 **6-1** **【同義・接続語：内容把握問題】** 傍線部(1)のある[2]段落は、近代テクノソフィアのもたらした結果を述べた段落です。この段落では「結果」という単語が繰り返されており、これらを結ぶと、段落最後の「すなわち」という接続語ではじまる文に内容がまとめられているとわかります。

> すなわち、**人間は自分の行為が自らの生存を脅かすという結果を生み出しているということを、その結果に直面することによってはじめて知ったのである。**

近代テクノソフィアは地球環境問題という結果を招きましたが、当のテクノソフィアはその結果を自ら予測していたのではなく「**意図せざる結果として**」招いたのでした。

ここの選択肢のほとんどは、本文の[1]・[2]段落の表現をもとにして作られています。ただ「本文に書いてあるから」というだけでは正解を選べません。傍線部と関わりのある箇所を適切につなぐことで、設問の箇所と関係する部分がはっきりしてきて、正解へとたどりつくことができるのです。

選択肢チェック

ア ×知のあり方を変化させるだけでなく、わたしたちの生きる環境をも過激に改変するものであった。

これは1段落にある「技術」を説明したものです。取り違えているので不適です。

イ 環境を改変する技術であったが、○どの程度環境に影響を与えるかを予測することはできなかった。

確認したように「意図せざる結果」であったことを指摘しているので、正解です。

ウ ×一人の個人による発明でありながら、個人を超えた巨大なシステムとして作用することになった。

1段落に「個人のもつ能力」とはありますが、近代テクノソフィアについては一人の人間が発明したものであるとは書かれていません。

エ 個人の知的活動としては無力であったが、×技術がこれを支配したために強い影響力をもち始めた。

「近代テクノソフィア」という科学技術は、技術と科学の融合なので、「技術がこれを支配した」という点が不適です。

オ 人間自身の生存の根幹にある知として、×環境問題を解決する可能性をも秘めていると考えられる。

「近代テクノソフィア」は環境問題を引き起こした原因であり、「解決する可能性」を含んでいません。

問四 2-3 【因果関係・理由説明：記述問題】 傍線部(2)のある4段落は「ところで」からはじまっ

ています。「**ところで**」は話題転換を示す接続語なので、設問の手がかりは④段落よりも後ろの部分にある可能性が高いと考えられます。

本問で答えるべきことは、**「環境の問題」と「エネルギーの問題」がどのような「関係」にあるのかということ**ですが、そもそも「環境の問題」「エネルギーの問題」とはそれぞれどのような「問題」なのでしょうか。

⑤段落以降で展開されているのは、エネルギーに関する話題です。一九五一年前後を境としてエネルギーの中心は電気となり、化石燃料が主役となるエネルギー革命が起こりました。そして、化石燃料は地中の炭素を放出し、そのことが地球の大気変動を引き起こしたと⑦段落にあります。要するに、**「エネルギーの問題」とはエネルギー革命、「環境の問題」とは地球温暖化のこと**で、この二つの関係は、次のように整理できます。

> エネルギーの問題＝化石燃料に転換したエネルギー革命　**原因**
> ↓
> 地中化した炭素を大気中に放出する
> ↓
> 地球の温暖化（＝環境の問題）を生み出す　**結果**

このように「炭素の放出」というキーワードを間に挟むことで、**「エネルギーの問題」と「環境の問題」が因果関係**でつながりました。

解答にあたっては、**aエネルギー革命が化石燃料への転換であったこと**、**bそのことが地中の炭素を大気中に放出させたこと**、**c結果として地球温暖化という環境問題を生み出したこと**、という三つのポイントに注意しながら理由説明として制限字数内でまとめていきましょう。

問五 6-4 **【同義・指示語：内容把握問題】** 傍線部(3)の「このこと」とは直前の「『想定外』と語った」ことを指しています。筆者はそれが「重要なことを意味している」というのですが、どのように重要であるかは続く文で説明されています。それは、次の文が「……である」で終わっていることからもわかります。**「（の）である」は前の文を説明する構文でした**（↓**第2章** **第6節**を参照）。

この部分をわかりやすく言い換えると、**近代テクノソフィアは原子力発電所の建設に関わりながら、「想定外」すなわち「視野に入れることができない」ことがあることを自ら認めた**ということです。

10段落の最後の文によれば「『そなえ』の視野の外」に自ら開発した技術を置いたということです。

選択肢チェック

ア 近代テクノソフィアが ✕「想定外」を隠ぺいし、責任を転嫁したということ。

「想定外」を隠ぺいしたのではなく認めたのであり、他者に責任を押し付けたわけではありません。

イ 近代テクノソフィアが ✕「想定外」を生み出し、規模を縮小させ始めたこと。

「想定外」を生み出したのではなく認めたのであり、規模を縮小したという事実も書かれていません。

ウ 近代テクノソフィアが「想定外」に対して、✕「そなえ」を始めたということ。

逆に「想定外」の現象を「そなえ」の視野の外に置いたので不適です。

「可能性が芽生えた」というプラスの意味ではなく、「そなえ」ができない危機的な事態に陥っているということです。

エ　近代テクノソフィアの「想定外」に、✕未知への可能性が芽生えたということ。

「想定外」の存在を認め、それに「そなえ」はできない限界を認めたという文の趣旨と合っています。

オ　近代テクノソフィアに「想定外」という○限界があることを自ら認めたこと。

問六 12-5 **【資料・対話文：複数テクスト内容把握問題】【話し合いの様子】**中の**空欄を含むBさんの言葉は、その前のCさんによる「フロネーシス」と「社会」の関わりという問いに対する回答にあたる箇所です**。「フロネーシス」と「社会」に関わるところについて、**本文**および**【資料】**から読み取ると次のようになります。

本文

⑷そのようなフロネーシス＝進化したフロネーシス

←

想定外に対する「そなえ」のできる**知的能力**

【資料】

フロネーシスは、社会生活を営む**知的能力**でもあり……

人間が社会的な動物であるという点を考慮するならば、高度なフロネーシスは……行為の構造や行為の目的と手段、行為をめぐるさまざまな課題、社会的な動物としての人間の本質につい

> て考察するであろう……
> こうした領域にあるのは、**純粋で厳密な認識ではなく、すぐれた行為を行い、よりよい社会を実現するための選択である**

「純粋で厳密な認識」と「よりよい社会を実現するための選択」が対比されていることに注目しましょう。

前者の「純粋で厳密な認識」はいわばテクノソフィアに関わるものであるのに対して、後者の「よりよい社会を実現するための選択」がフロネーシスにあたります。そして、「そなえ」に対しては「社会」という観点から適切な行為を選択していくことが有効ではないかと、**【資料】**は述べているといえます。

想定外に対する「そなえ」のできる知的能力として筆者が想定するのは、フロネーシスです。

これまでの人間の知はソフィアに偏り、効率性や経済性という一面的な尺度が幅を利かせ、原子力の推進などの政策が進められてきました。しかし、**フロネーシスの力に頼ることで、社会の持続性や安全性などを考慮して政策を選択していくといった方向性を想定することができる**ということです。

選択肢チェック

ア　「社会的な動物」である人間が生きていくためには、フロネーシスによって○広い視野で環境に配慮するなどの思慮深い行動を実践することが必要だということでしょう。

「広い視野で」「思慮深い行動」が「社会」「フロネーシス」の要素を満たしています。

イ　人間が社会的な存在として生を全うするためには、×フロネーシスとは何かをめぐって各人が激しい政治的論戦を繰り広げることも時には必要だということでしょう。

「フロネーシス」はすでに「思慮深さ」と定義されているので、それが「何かをめぐって」「論戦を繰り広げる」必要はありません。

ウ　社会が想定外の事態に直面することがないように、×人間はフロネーシスという思慮深さを自然についての真理を解明するために用いるべきだということでしょう。

人や国家が「社会的存在」として存在するための能力という【資料】の記述と反しているので不適切です。

エ　社会生活を営む知的能力を衰退させてしまわないために、×フロネーシスとソフィアという人間に固有の能力が相互に監視し合うことが望ましいということでしょう。

「フロネーシスによって『想定外』に対する『そなえ』をする」という筆者の掲げる課題に合っていません。

高柳克弘『どれがほんと?——万太郎俳句の虚と実』

※問題は本体P236

解答

問一 i＝要 ii＝過程 (各3点)

問二 a＝イ b＝ウ (各5点)

問三 下町に生ま〜取った俳人 (った俳人。) (7点) 問四 ア (7点)

問五 a「東京に出なくていい日」の解放感を表すためにミソサザイはぴたりと合うので、b実際にいたかどうかに関わりなく虚構であってもそこに置くのがふさわしいという意識。(77字・12点)

採点基準 **a**「東京に出なくてい〻日」の解放感を表すためにミソサザイがぴたりと合う (6点)

b 実際の存在に関わりなく虚構であってもそこに置くのがふさわしい意識 (6点)

問六 オ (8点)

設問解説

問一 4-6 【漢字問題】 i「要」は訓読みでは「かなめ」と読み、〈最も大切な部分〉という意味です。たとえば「組織の要」のように使います。

ii「過程」は〈進行中の経過〉を意味します。同じ読みの漢字に「課程」がありますが、こちらは〈一定の期間の学業〉を表します。たとえば「中学の学習課程」のように使います。

問二 **4-5** 【語彙問題】 a 「普遍的な」は〈どのような場合にも幅広く通用する〉という意味です。なお、**「普遍」の対義語は「特殊」**で、その場合にしか通用しないことを意味します。

b 「たちどころに」は、〈その場ですぐに・たちまち〉という意味です。

問三 **6-1** 【同義：表現把握問題】 「下町の抒情俳人」というのは、久保田万太郎に貼られた「レッテル」（→**語句チェック**を参照）です。この「**抒情俳人**」「レッテル」という語句を、本文の他の箇所へとたどっていくと、次のように結ぶことができます。**同じ意味の言葉を結んでいく読解法**です。

「下町の抒情俳人」(1)という評価（3段落）

＝

万太郎に貼られた、「**下町の抒情俳人**」というレッテル（4段落）

←

下町に生まれ、その人情あふれる雰囲気を、衒いなく書き取った俳人。――そんなレッテルを、剥がしたくなった。（8段落）

8段落に「下町に生ま〜取った俳人（。）」（31〜32字）が見つかり、字数も設問の条件に合います。

問四 **10-2** 【韻文：俳句の鑑賞問題】 **第2章** **第10節**で学習したように、韻文の意味をつかむ場合には、表現技法に着目することで手がかりを得られることが多くあります。また、韻文と合わせて文章がある場合には、その文章も参考にします。

まずAについて。「時計」という語が二回繰り返されています。句末の「ほんと」は体言止めにあたるとしてよいでしょう。本文ではどう解説されているでしょうか。7段落に**「時間という概念の不思議さに切り込んだ、普遍的な詩情の句」**とありますので、次のようにまとめます。

> 作者は春の夜に時計屋の店先に並ぶいくつもの時計を見た。売り物の時計には、てんでばらばらの時刻が示されていて、どれが「ほんと」かわからなくなる。春の夜の空気の中で、これまで当然のように受け止めていた時間という観念がふとゆらいできたように感じられた。

次にBについて。表現技法としては「なに」の反復、「うそ」「ほんと」の対照、そして「かな」の切れ字に注目できます。また、内容としては12段落の**「現実にとらわれない、虚構の要素の重要性」**と関連づけることができます。**感動・詠嘆を表す切れ字の「かな」があるので、作者の感情の中心は「寒さ」です**。さらに、これは気温が低いというよりも、**心理的なものだと考えられます。そして、そこに「うそ」「ほんと」が重ね合わされています**。これを問題文の「虚構」と合わせると、次のような感懐を読み取ることができます。

> 俳句などの表現の世界では、虚実の境は曖昧である。「うそ」「ほんと」について考えると「寒さ」を感じるほど恐ろしくなる。

選択肢チェック

Aは「どれがほんと」というつぶやきと合っており、Bも「なにがうそ」「ほんと」という問いかけと合っています。

ア　A＝春の夜の時計屋の店先に並ぶ時計はどれもばらばらで、○時が自明のものでなくなってくるようだ。
B＝○「うそ」「ほんと」の区別は曖昧で、考えているうちに恐ろしくなって「寒さ」を感じている。

Aについて「春の夜」という舞台は揺らがないので「季節まで吹き飛んだ」は誤りです。

イ　A＝時計屋の店先に並ぶたくさんの時計を見ているうちに、×季節まで吹き飛んだ錯覚に襲われる。
B＝○「うそ」「ほんと」の区別は曖昧で、考えているうちに恐ろしくなって「寒さ」を感じている。

Aは「どれがほんと」というつぶやきと合っていますが、Bは〈夏の寒さ〉と〈冬の寒さ〉を比較する句ではなく、「なにがうそ」「ほんと」という問いかけと合いません。

ウ　A＝春の夜の時計屋の店先に並ぶ時計はどれもばらばらで、○時が自明のものでなくなってくるようだ。
B＝夏には寒さは嘘のように実感できないが、冬にはこの寒さが×この上もない現実としてあることだ。

Aは「春の夜」という舞台は揺らがないので「季節まで吹き飛んだ」は誤っており、Bもウと同様に誤りです。

エ　A＝時計屋の店先に並ぶたくさんの時計を見ているうちに、×季節まで吹き飛んだ錯覚に襲われる。
B＝夏には寒さは嘘のように実感できないが、冬にはこの寒さが×この上もない現実としてあることだ。

問五 6-2 **【具体・指示語：記述問題】**「そういう意識」とは、万太郎の意識を指しています。万太郎は**「虚構の要素の重要性」**（12段落）を強く意識していました。

設問に従って、Cの句に即して考えてみましょう。「東京に出なくていゝ日」の解放感を表現するために鷦鷯（ミソサザイ）がぴったりだと思った万太郎は、ためらうことなく句に鷦鷯を登場させました。このように鶺鴒を登場させた万太郎の根底にある意識とは、**「なにがうそ／ほんと」といううつぶやき、伝統的な言葉で言えば「虚実論」です**。目に見たもの、実際にあるものしか登場させてはいけない、という狭い意識ではなく、**イメージに合えば「虚」であっても自由に登場させて構わない**、と考えていた万太郎にとって、鶺鴒が実際にいたかどうかは大した問題ではありませんでした。**「東京に出なくていゝ日」の解放感を象徴するような存在として、鶺鴒が感じられたので**、句に鶺鴒を登場させたというわけです。解答にあたっては、**「具体と抽象」**を意識しましょう。

・「東京に出なくていゝ日」の解放感を表すために鶺鴒（ミソサザイ）はぴったりと合う
＝Cの句に即した**「具体」**
・実際にいたかどうかに関わりなく虚構であってもそこに置くのがふさわしいという意識
＝万太郎の考えを簡潔にまとめた**「抽象」**

問六 **7-1** **【対比・同義：内容把握問題】** 傍線部⑶は、「俳句という十七音の小さな器」が「ほろっとこぼれ出た万太郎の本音を受け止めた」ということです。傍線部の段落の冒頭には、

万太郎は、**本業であるはずの戯曲や小説**よりも、**俳句の中でこそ、「上手に嘘をつく」ことができた**。

とあり、**俳句と戯曲・小説が対比されています**。「虚実論」は古来さまざまな分野で取り上げられてきたものですが、万太郎の場合は、俳句において本音、すなわち実感を表現することができたため、

万太郎の俳句の評価は高い、と筆者は考えています。万太郎が**「虚実」を自由に表現して本音を表現したこと、その表現はとくに俳句の場合にすぐれたものとなった**、という二点がポイントです。

選択肢チェック

ア 万太郎は虚と実の微妙な関係を日本の文芸の本質と考え、それを意識した作品を目指していたが、×俳句は本業ではなかったので、本心だけを述べることができた。

本文の趣旨は、万太郎の俳句は戯曲や小説以上に「虚と実」を巧みに表現できていたというものなので、「本心だけを述べることができた」は不適切。また、「本業かそうでないか」が理由であったとも書かれていません。

イ 万太郎の文芸活動は×日本古来の虚実論とはかけ離れたものであったが、その真意は近代的な戯曲や小説よりも伝統ある俳句の場合に作品として結実することが多かった。

虚構の要素と重要性を指摘した支考の俳句論と「あざやかな一致」を見せている、とあるので、この部分が不適切です。

ウ 万太郎にとって「うそ」と「ほんと」の違いは取るに足らないものであったが、×俳句では「うそ」と「ほんと」を逆転させる手法を駆使して本音を巧みに織り込んでいた。

「なにがうそ」「ほんと」というように虚と実を織り交ぜる手法を用いていたので、「逆転させる手法」としてはいけません。

エ 万太郎は真実を述べることをよしとする窮屈な芸術観を一笑に付したが、×世間の戯曲家や小説家はそれを非難した一方で俳人たちは大いに賛同してこれを受け入れた。

本文で対比されているのは「万太郎の戯曲・小説」と「万太郎の俳句」であって、「世間の戯曲家や小説家」と「世間の俳人」としている点で間違っています。

オ ○万太郎は嘘を巧みに織り交ぜてみせることが文芸にとって本質的なことだと考えていたが、その本領は「本業」であった戯曲や小説ではなく俳句の場合により発揮された。

「その本領」は「虚と実」に関わることで、それが万太郎自身の俳句において発揮されたという説明は、右で確認したポイントを満たしていて、これを選べます。

佐倉統「科学技術は暴走しているのか」

※問題は本体P246

解答

問一 i＝富裕　ii＝遍在（各2点）

問二 a＝イ　b＝ウ（各3点）

問三 X＝オ　Y＝エ（各3点）

問四 [a]豊かな暮らしができる人と、失業などにより貧しくなる人との経済格差は大きくなるが、[b]社会全体の生産性は向上し経済の格差が固定するまでにはならないだろうということ。（79字・10点）

採点基準　a①豊かな暮らしができる人と、②失業などにより貧しくなる人との③経済格差は大きくなる（①〜③各2点）

b①社会全体の生産性は向上し、②経済の格差が固定するまでにはならないだろう（①・②各2点）

問五 人類に害悪をもたらした技術（13字・6点）

問六 ア（6点）　問七 ①＝イ（4点）　②＝ア・イ（各4点・順不同）

設問解説

問一 4-6 【漢字問題】 i「富裕」は〈裕福で富んでいること〉です。同じ読みの語に「浮遊」がありますが、同じ文で「被支配層」と対比されているという関係から、「富裕」の方が適切です。

ii「遍在」は〈偏りなく広範囲に分布して存在していること〉です。「遍」の訓読みは「あまね（く）」

で、〈広く・すえて・わたって〉という意味。同じ読みの語に「偏在」〈＝特定の場所にだけかたよって存在していること〉があり、**意味が正反対**なので注意しましょう。ここはすぐ前に「あらゆるところに」とあるので、「遍在」が正解です。

問二 4-5 **【語彙問題】** a 「非人間的」の「非」は「あら（ず）」と訓読みして、主にあとに続く語の意味を打ち消す働きをします。**ア**「非常識」、**ウ**「非凡」、**エ**「非行」、**オ**「是非」は、この用例にあたります。一方、**イ**「非難」の「非」は〈そしる〉という意味で用いられています。

b 「被って」の「被」は〈受ける〉という意味で用いられています。**ア**の「被爆（曝）」、**イ**の「被告」、**エ**の「被害」、**オ**の「被弾」はこの用例にあたります。一方、**ウ**「被服（覆）」の「被」は〈着る〉〈おおう〉の意味で用いられています。

問三 7-4 **【譲歩・接続語：空欄補充問題】** Xは文の初めに「だが」とあり、前の文とは逆接の関係で結ばれています。農耕が行われるようになれば食料の安定した生産ができるので、人口は増えます。しかし実際には農耕がはじまった初期には人口は減少しました。**前の文で予想されることとは反対のことが起こっています**。空欄には「**言い直し**」を表す「**むしろ**」が入ります。

Yは前の文の最初に「もちろん」があることに注目しましょう。前の文は、メリットがデメリットを上回ったから技術が定着したとあります。Yに続く「その一方で」以下では、技術につきまとう負の側面があることが書かれ、**前とは逆のことを述べている**ので、空欄には**逆接**の「**だが**」が入るとわかります。これは**前の文の「もちろん」と呼応して、「もちろん〜だが」という譲歩の構文**です。

問四 **7-1** **【対比・段落：記述問題】** 傍線部(1)では、一部の人たちが予想した「限りなく暗い」すなわち悲観的な未来像が紹介されています。この流れが変わるのは、5段落の「しかし、ちょっと待っていただきたい」以下です。それに続いて、あとの農耕の例を挟み、10段落に**筆者の想定する未来像**が書かれています。

> 失業者は出るだろう。仕事の中身も変わるだろう。一方で社会全体の生産性は上がるだろう。その恩恵を被ってさらに豊かになる人々もいる一方で、新しい技術を使いこなせずに貧しくなる人もいるので、経済格差は大きくなるはずだ。だが、その格差が支配層と奴隷のような被支配層とに分かれて固定するまでになることは、まずないだろう。

この部分の要点を制限字数内でまとめればよいわけですが、これは傍線部(1)の**「限りなく暗い」未来像と対比されているので、「暗い」面よりも「明るい」面が答案の中心になる**と判断できます。

> **負の側面——失業者の発生、経済格差は大きくなる**
> ⇔
> **正の側面——社会全体の生産性は上がる、格差は固定化しない**

解答では**前半に「負の側面」をまとめ、そのあとで逆接の接続語を挟むなどして後半に「正の側面」を書くことで、文末の結びに「正の側面」を置き、解答の中心としています。**

問五 6-2 **【具体・段落：表現把握問題】** 5～10段落の構成を確認しておきましょう。

5 **科学技術の暴走**
6～8 **〈具体例1〉** 農耕
9 **〈具体例2〉** 武器など
10 **技術の非人間性**

このように、二つの具体例を挟んで科学技術の暴走という主題が語られています。設問の「どのようなことの例」という問いかけは、**具体例に対する「抽象」的な書き方をした部分を探すことを求めています**。それは端的には「**科学技術の暴走**」ですが、右の段落の範囲からこれにあたる表現を探すと、次のような表現が見つかります。

・科学技術が暴走する（5段落）
・人類に害悪をもたらした技術（9段落）
・技術が、非人間的なのは（10段落）

言葉としてのまとまりや、条件の字数に合うものとして、9段落の「**人類に害悪をもたらした技術**」が正解となります。

問六 4-4 **【段落・要旨：空欄補充問題】** 空欄に入る四つの語句は、12～15段落で**筆者が「第一に」から「第四に」まで列記した事柄**です。それぞれの段落の主題を一言で表した語句を考えます。

一つ目(12段落)は、先端技術の場合には「人間が機械に従うような方向性の働きかけをする」こと、「機械から人へという方向に情報を発信する機能」などの特徴がありますが、従来の道具の場合には道具が人間に従属していたことと対比すると、**機械は主体的、自律的に動いている**とまとめることができます。

続いて同様に、二つ目（13段落）は機械が**環境**のように人間を取り囲み、遍在しているという性質。三つ目（14段落）は、「**人体の内部**に技術が入り込んでいること」。四つ目（15段落）は「ＡＩやロボットは**人の代わり**となっていろいろな仕事をしてくれる」こと。

以上を踏まえると、アの「自律化、環境化、内部化、代理性」を選ぶことができます。

問七 12-5 【ノート・対話文：複数テクスト問題】 ① 1～4段落では、ＡＩやロボット技術が世界を一変させるほどの進化について、具体例を交えて、**近未来に対する予測の一例**を挙げています。空欄Ⅰは、善悪ではなく「科学技術が人間の生活にどう影響するかという問い」とまとめられます。

16～17段落は本文全体のまとめにあたる部分であり、最終的な結論として筆者は「これが将来どのような帰結をもたらすのかは、現在のところはよくわからない」（17段落）としています。筆者は**あくまでもさまざまな可能性に言及しているだけであり、「新しい技術の導入は、少しずつ様子を見ながら進めていくしかないだろう」としている**ので、この部分の「見出し」としては「新しい技術との接し方に関する筆者の基本姿勢の提示」が適切です。**ア・ウ**の空欄Ⅱにある「諸刃の剣」と言い切れるほど技術の正負の面がはっきりとわかっているわけではありません。

② 選択肢中の会話文と問題文の内容を、それぞれ照合して考えます。

選択肢チェック

2段落は、科学技術の発展に対する危惧が示されているのであり、先端技術の豊富な事例が示されているのではありません。

ア　生徒A——2段落の冒頭「同じようなことが」以下では、×豊富な事例が畳みかけるようにして数多く提示され、技術が飛躍的に進歩したことが印象深く効果的に記述されているよ。

「暴走」という比喩は「滑稽さ」を感じさせるとは言えません。

イ　生徒B——イメージということでは、5段落には「ぼくたち」「ずーっと」など口語的な表現があえて用いられていて、×「暴走」という比喩とあいまって滑稽さを感じさせ、読者としては続きをもっと読みたくなるね。

問題文では農耕の正負の面を比較しながら、論を進めていますので、合致します。

ウ　生徒C——対比的な記述も巧みに使われているよ。○7段落では農耕のメリット、8段落ではデメリットが語られ、9段落では読者の注意を他の技術のデメリットに向けさせている。この書き方は小論文を書く場合にも参考になると思う。

先端技術の持つ四つの性質が、それぞれ並んで表記されています。

エ　生徒D——僕は12〜15段落の「第一に」から「第四に」までの書き方も大いに参考になると思ったな。○箇条書きに書いてしまうと単調になることもあるかもしれないけれど、筆者の論点は正しく伝わるからね。

「見られたとしても」は「慎重を期す」表現であり、「もちろん〜だが」は「譲歩」を表す構文（第2章第7節）で、立ち止まって考えさせたり、反論を予測して記した上で自分の説を強調したりする働きがあります。

オ　生徒E——16段落の「見られたとしても」、17段落の「もちろん〜だが」では、○さまざまな可能性を考慮して強引に断定することを避け、慎重に論が進められている。こういうところも大いに参考になるな。

※問題は本体P258

解答

問一 i＝懇意　ii＝始末（各3点）

問二 a＝ア　b＝エ（各5点）

問三 [a]父の残した石の行方が気になって尋ねたが、[b]荷物を仕分けすることに夢中で返事もしない姉の様子を見て、[c]いつものことだと思いながらもあきれている。（69字・12点）

採点基準　a 父の残した石の行方が気になって尋ねた（4点）
b 荷物を仕分けすることに夢中で返事もしない姉の様子を見た（4点）
c いつものことだと思いながらもあきれている（4点）

問四 エ（6点）

問五 (2)＝幸子　(3)＝辰雄（各4点）

問六 イ（8点）

設問解説

問一 4-6 【漢字問題】 i「懇意」は〈仲がよく付き合っているさま〉を表します。「懇」は「ねんご（ろ）」と読み、〈まごころをつくす・親しくする〉という意味です。

ii「始末」は〈始めと終わり〉〈事の次第〉〈最終的な状況〉という意味です。

問二 4-5 **【語彙問題】** a 「眼が利く」は、〈ものの値打ちや価値を適切に判断できる〉という意味です。この場合の「眼（目）」は〈ものの値打ちや価値を見通す眼力〉という意味であり、「目にかなう」「目利き」「目が高い」などの「目」も同様の意味で使われています。

b 「念を入れる」は、〈間違いがないように気を配って何かをする〉という意味です。「念には念を入れよ」というように重ねて使う例もあります。

問三 9-2 **【心情：記述問題】** 傍線部(1)の二行前の「あれ」は「**父の残した石**」を指します。姉の片附けに立ち会っていた幸子はふと石のことを思い出し、その行方が気がかりになりました（a）。一方、姉はと言えば、片附けに夢中になり、上の空で幸子の言うことなど**耳にも入らない様子でした**（b）。

これはなにも今回だけのことではなく、**姉のいつもの行動でした**。幸子は妹との会話の中で、**姉のそのような様子をあきれながら「姉ちゃん云うたら可笑しいやないか」**と語っています（c）。

傍線部のように幸子が言った「**きっかけ**」は「**父の残した石の行方が気になったこと**」（a）、これに対する**姉の「反応」は荷物の仕分けに夢中で返事もしなかったこと**（b）、以上を押さえた上での**幸子の心情として、いつものことだと思いあきれていること**（c）をまとめることがポイントになります。

問四 6-1 **【同義：空欄補充問題】** 人物の心情や性格を表す語句を入れる空欄補充問題ですが、その要領は評論文での空欄補充問題の場合と同じです。すなわち、**前後の部分との関係を手がかり**として適切なものを選んでいきます。

何と云うシッカリした、X

「寸分の隙もなく立ち働く」姉の姿は、「シッカリした」と評価されます。**空欄はこの「シッカリした」と並んでいるので、これと並んで不自然ではない言葉**が入ります。**ウ**の「非の打ち所のない」あるいは**エ**の「かいがいしい」が合います。**ア**の「抜け目のない」は準備に抜けのないことを意味しますが、「自分の利益になりそうなことの機会を逃さない」のように負の評価を併せ持つ場合もあるので注意しましょう。

茫然としてしまって、Yような状態

「茫然と」と並んでいるので、**何も手につかないさまを表す言葉**が入るとわかります。**エ**の「放心した」が合います。

Zしきっていて、何が何やら分らなくなり

「何が何やら分らなくなり」「夢中で動いている」と並んでいるので、**筋道を立てて考えることができず、あわてふためいているさま**が入ります。**イ**の「動揺」、**エ**の「興奮」が適切です。

以上の検討を組合せて、エが正解になります。

問五 8-3 **【人物関係：内容把握問題】** 傍線部(2)の「彼女」は、直後の箇所で「姉ちゃん」の噂話に興じています。傍線部の前で「彼女」が話している内容は、傍線部(1)の前後での**幸子と姉の会話を繰り返したものとなっている**ことから、この話し手、すなわち「彼女」は「**幸子**」のことだとわかります。

傍線部(3)「義兄」とは「義理の兄」という意味で、ここでは「配偶者の兄」のことです。傍線部を含む一文は指示代名詞などが入り組んでいてわかりにくいのですが、次のように整理できます。

> 雪子の話だと、姉が彼女を呼び寄せたのは、義兄の名古屋の実家まで夫婦で暇乞いに行く
>
> 彼女＝雪子　義兄＝**姉の夫**　夫婦＝**姉とその夫**

そして二つあとの文に「**名古屋で辰雄の実家を始め～**」とあるので、「辰雄」という人物が義兄なのだろうと推測できます。

問六 8-4 **【人物像：内容把握問題】** 妹たちについては、本文の末尾に次のように書かれています。

> 「ほんに、そんなことを生きがいにしてる人やねんわ」
>
> **そう云って三人の妹たちは、ひとしきり姉を俎上に載せて笑い話をしたことであった。**

「俎上」とは「まないたの上」のことで、**「俎上に載せる」とは物事や人物を取り上げ、それについて論じたり批判したりすること**です。妹たちは姉の家を訪れ、いつものように姉がてんてこまいする様子に立ち会ってきたわけですが、お互いにそのことを報告し合い、「俎上に載せ」て笑いあっています。妹たちは**姉の言動に振り回され、迷惑がりながらも面白がっているようなところがある**と言えるでしょう。

そのような妹たちの噂の的になっている人物、それが姉です。姉の性格はすでにここまでの設問でも確認した通りです。**姉は何かことが生じるとまずうろたえ、そののち「神憑り」になったように動き出す人物**でした。また、引っ越しの忙しい時に、礼状をしたためるにも相手の反応を気にして一通書き上げるのに何日もかかることや、挨拶の口上を二、三日も前から暗誦して準備するなどのエピソードから、気の小ささもうかがえます。

選択肢チェック

Ⅰは姉に接するうちに行動パターンを読んでいるとは言えますが、「記憶することに人一倍長け」とまでは言えません。

ア　Ⅰ ✕他人の言動を記憶することに人一倍長け、興味本位でその身辺や行く末を想像することを好む人物。
Ⅱ　ささいなことにも人並み以上の気を使って取り組み、○周囲からの反応に人一倍気をもむ小心な人物。

Ⅰは本文末尾の「姉を俎上に載せて笑い話をした」に合い、Ⅱは気を使って礼状を書いていたことと合います。

イ　Ⅰ　他人の言動を迷惑に感じることがあっても、○それを冗談めかして語り合うことのできる明るさをもつ人物。
Ⅱ　ささいなことにも人並み以上の気を使って取り組み、○周囲からの反応に人一倍気をもむ小心な人物。

Ⅰは「記憶することに人一倍長け」とは言えず、Ⅱも上の空になったり「神憑り」になったりしてはいますが、その変わりぶりは「暫くして、その期間が過ぎると」などとあるように、「極端に早い」とは言えないので誤りです。

ウ　Ⅰ ✕他人の言動を記憶することに人一倍長け、興味本位でその身辺や行く末を想像することを好む人物。
Ⅱ ✕気持ちの切り替えが極端に早いため、言動が滑稽でちぐはぐに受け取られてしまうことのある人物。

Ⅰは本文末尾の「姉を俎上に載せて笑い話をした」に合いますが、Ⅱは変わりぶりが「極端に早い」とは言えません。

エ　Ⅰ　他人の言動を迷惑に感じることがあっても、○それを冗談めかして語り合うことのできる明るさをもつ人物。
Ⅱ ✕気持ちの切り替えが極端に早いため、言動が滑稽でちぐはぐに受け取られてしまうことのある人物。

学習チェックシート

学習後にチェックをして、問題の合計点と小計を記録します。小計には第1章・第2章の参照項目を掲載しているので、間違えた場合などは該当の項目に戻って振り返りましょう。このページをコピーなどして繰り返し使うと効果的です。

章	チェック	節項目	合計点	小計 問一	小計 問二
第１章 学習法編	□	第１節 現代文学習をはじめる前に――現代文学習のよくある誤解			
	□	第２節 学習モデルを「見える」化する――自己分析フローチャート			
	□	第３節 身につけたい「力」を知る――読解と知識の両立			
	□	第４節 取り組み方を「分類」する――「王道」の現代文学習法			
	□	第５節 学習時間を「デザイン」する――時間管理と電子メディア			
	□	第６節 自分の課題を「意識」する――よくある現代文Q&A			
第２章 読解ルール編	□	第１節 テーマ・概念・助詞――日本語の文の「ほどき方」を知る 短文演習 福田恆存『私の幸福論』	合計 点	問一 1-1 点	問二 1-5 点
	□	第２節 接続語・因果関係――接続語を生かして「論理的」に読む 短文演習 土井隆義『キャラ化する／される子どもたち』	合計 点	問一 2-1 点	問二 2-2 点
	□	第３節 指示語の働き――文を「まとめ」「つなぐ」働きを理解する 短文演習 伊藤亜紗・中島岳志・若松英輔・國分功一郎・磯崎憲一郎『「利他」とは何か』	合計 点	問一 3-2 点	問二 3-3 点
	□	第４節 段落の考え方――「文章全体」をつかむためのステップ 短文演習 加藤重広『言語学講義』	合計 点	問一 4-2 点	問二 4-3 点
	□	第５節 比喩の役割――「たとえ（比喩）」に込められた真意をつかむ 短文演習 青木貞茂『キャラクター・パワー』	合計 点	問一 5-5 点	問二 5-4 点
	□	第６節 具体・同義の関係――「同じ」ものをつないで全体にせまる 短文演習 久野愛『視覚化する味覚』	合計 点	問一 6-4 点	問二 6-2 点
	□	第７節 対比・譲歩の捉え方――「構造」を意識しながら読む 短文演習 池内了『科学と人間の不協和音』	合計 点	問一 7-1 点	問二 7-4 点

章	チェック	節	合計	問一	問二	問三	問四	問五	問六	問七
第２章 読解ルール編	□	第8節 小説① 場面展開と人物像――「小説の読み方」を知る 短文演習 藤岡陽子『金の角持つ子どもたち』	点	8-2 点	8-4 点					
第２章 読解ルール編	□	第9節 小説② 人物の心情――「きっかけ」「反応」から心情を考える 短文演習 志賀直哉「流行感冒」	点	9-2 点	9-3 点					
第２章 読解ルール編	□	第10節 韻文のきまり――「少ない言葉」を手がかりに考える 短文演習 山之口貘「生活の柄」／岡崎武志「沖縄から来た詩人」	点	10-4 点	10-2 点					
第２章 読解ルール編	□	第11節 文章の大意・要旨――意味段落を「関係」づけて要約する 短文演習 四方田犬彦『世界の凋落を見つめて』	点	11-2 点	11-4 点					
第２章 読解ルール編	□	第12節 実用文・図表・言語活動の読解――国語学習の「新機軸」に備える 短文演習『広辞苑』リーフレット	点	12-2 点	12-5 点					
第３章 問題演習編	□	第1節 論理的文章①――メディア論×文構造 問題 荻上チキ『社会的な身体』	点	4-6 点	4-5 点	6-2 点	3-3 点	6-1 点	1-2 点	
第３章 問題演習編	□	第2節 文学的文章①――小説×現代 問題 重松清『旧友再会』	点	4-6 点	4-5 点	9-2 点	9-2 点	9-4 点	8-4 点	
第３章 問題演習編	□	第3節 論理的文章②――言語論×表現 問題 田中克彦『言語学とは何か』	点	4-6 点	4-5 点	7-1 点	7-3 点	3-3 点	6-1 点	5-2 点
第３章 問題演習編	□	第4節 文学的文章②――随筆×生徒の話し合い 問題 砥上裕將「サインを描く旅」	点	4-6 点	4-5 点	2-1 点	9-3 点	3-3 点	6-1 点	12-5 点
第３章 問題演習編	□	第5節 論理的文章③――環境論×資料文 問題 桑子敏雄『何のための「教養」か』	点	4-6 点	4-5 点	6-1 点	2-3 点	6-4 点	12-5 点	
第３章 問題演習編	□	第6節 文学的文章③――俳句論×鑑賞文 問題 髙柳克弘『どれがほんと？――万太郎俳句の虚と実』	点	4-6 点	4-5 点	6-1 点	10-2 点	6-2 点	7-1 点	
第３章 問題演習編	□	第7節 論理的文章④――科学論×学習ノート 問題 佐倉統「科学技術は暴走しているのか」	点	4-6 点	4-5 点	7-4 点	7-1 点	6-2 点	4-4 点	12-5 点
第３章 問題演習編	□	第8節 文学的文章④――小説×近代 問題 谷崎潤一郎『細雪』	点	4-6 点	4-5 点	9-2 点	6-1 点	8-3 点	8-4 点	

語句索引

凡例

*第2章・第3章の 語彙チェック で取り上げた語、および、第3章問一・問二の漢字・語彙問題の索引です。

*語句を五十音順に並べ、本文チェックの掲載ページ数、および、別冊解答・解説のページ数（「別」表記）を示しています。

*色文字は掲載語句の読みを示しています。

***色文字の太字**は『現代文キーワード読解』にも掲載されている語であることを表します。

学習項目一覧

※本冊のページ数を掲載しています。学習内容の振り返りに活用しましょう。

Z-KAI